对外汉语教材概论

石慧敏 著

学林出版社

序

对外国人的汉语教学,简称对外汉语教学,是一门新兴的学科。经过几代学者的探索耕耘,于今已成气象。

这门学科发展成长的一个特点是:它的理论是在无数一线教师实践探索的基础上总结提炼出来的。这门学科发展成长的另一个重要特点是对外汉语教学学科理念的发展,大大受益于汉语语言学、语言学与应用语言学和教育学、心理学等相关学科理论的滋养。赵元任先生的《中国话的文法》,老舍的《言语声片》都是珍贵的历史资料。中华人民共和国成立后,语言研究所、语言应用研究所、北京大学、北京语言大学的学者、教授们,如吕叔湘、朱德熙、林焘、陆俭明、王还、吕必松、赵金铭等等都为这门学科的发展和成长做出了历史性的贡献。

本书作者石慧敏教授是对外汉语教学领域中"教而优则书"的学者型教师。她从上海师范大学中文系毕业后就在母校从事对外汉语教学,可算是上海师范大学对外汉语教学领域的一位筚路蓝缕的开拓者;她先后师从范能船教授、吴为善教授获得了硕士、博学学位。

这本《对外汉语教材概论》是石慧敏教授多年在对外汉语教学岗位上辛勤耕耘的成果,资料丰富、述评有据、解析精当,是一本有用的好书。

尽管孔老夫子的传统号称"述而不作",但现代学术论坛更希望有更多"述而有评""述而有作"的理论著作。这也是我们对石慧敏教授的期待。

范开泰

2023 年 9 月 1 日

目　　录

序 ……………………………………………………………………………………… 1

第一章　绪论 ………………………………………………………………………… 1
　　第一节　对外汉语教材的性质和地位 …………………………………………… 1
　　　一、教材的定义 ……………………………………………………………… 1
　　　二、对外汉语教材的性质和地位 …………………………………………… 2
　　　三、对外汉语教材与学科发展 ……………………………………………… 2
　　第二节　对外汉语教材的功能与作用 …………………………………………… 4
　　　一、教材是教学工具 ………………………………………………………… 4
　　　二、教材是文化使者 ………………………………………………………… 5
　　　三、教材是学科研究的镜子 ………………………………………………… 6
　　第三节　对外汉语教材的理论基础与依据 ……………………………………… 7
　　　一、对外汉语教材与语言学理论 …………………………………………… 9
　　　二、对外汉语教材与教育学理论 …………………………………………… 13
　　　三、对外汉语教材与心理学理论 …………………………………………… 19

第二章　对外汉语教材的发展轨迹 ………………………………………………… 27
　　第一节　古代对外汉语教学及汉语教材的发展轨迹 …………………………… 28
　　　一、明末以前的对外汉语教学及教材 ……………………………………… 28
　　　二、明末至清末的对外汉语教学及教材 …………………………………… 31
　　第二节　近代对外汉语教学及汉语教材的发展轨迹 …………………………… 39
　　　一、20 世纪初中期对外汉语教学及教材概说 …………………………… 39
　　　二、20 世纪初中期对外汉语教学及教材的个案研究 …………………… 40
　　第三节　新中国建立以来对外汉语教材的发展轨迹 …………………………… 45
　　　一、对外汉语教材的草创时期:20 世纪 50 年代 ………………………… 46

二、对外汉语教材的探索时期:20世纪60年代初中期 ·············· 46

三、对外汉语教材的恢复时期:20世纪70年代 ················· 47

四、对外汉语教材的发展时期:20世纪80年代 ················· 54

五、对外汉语教材的昌盛时期:20世纪90年代 ················· 57

六、对外汉语教材的繁荣时期:进入21世纪 ················· 59

第三章　对外汉语教材与教学大纲 ························· 66

第一节　教学大纲的定义与分类 ······················· 66

一、教学大纲的定义 ···························· 66

二、教学大纲的分类 ···························· 67

三、主要教学大纲类型简介 ······················· 67

第二节　对外汉语教学大纲的发展轨迹 ··················· 70

一、对外汉语教学大纲的研制和发展概述 ················· 70

二、对外汉语教学大纲的发展轨迹 ···················· 72

第三节　对外汉语代表性教学大纲与教材的编写 ·············· 80

一、对外汉语教学各类大纲简介 ····················· 80

二、相关教材的介绍与分析 ······················· 93

第四章　对外汉语教材的评估 ·························· 98

第一节　对外汉语教材评估的必要性 ···················· 98

一、对外汉语教材编写中存在的问题 ··················· 98

二、教材评估的范围、内容及意义 ···················· 105

第二节　教材评估的类型与要求 ······················ 106

一、教材评估的类型 ··························· 106

二、教材评估的要求 ··························· 108

第三节　对外汉语教材的评估标准 ····················· 109

一、教师视角的评估标准体系 ······················ 110

二、学习者视角的教材评估体系 ····················· 118

三、对外汉语优秀教材的评选 ······················ 123

第四节　不同语言技能汉语教材的评估 ··················· 124

一、精读教材的评估与分析 ······················· 124

二、口语教材的评估与分析 ······················· 130

　　三、听力教材的评估与分析 ·· 133

　　四、汉字教材的评估与分析 ·· 136

第五章　对外汉语教材的设计与编写 ·· 141

　第一节　对外汉语教材的编写原则 ·· 141

　　一、关于对外汉语教材编写原则的研究 ·································· 141

　　二、对外汉语教材设计与编写的基本原则 ·································· 147

　第二节　对外汉语教材的编写程序与实践 ·································· 152

　　一、对外汉语教材的编写程序 ·· 152

　　二、对外汉语教材的编写实践 ·· 155

　第三节　对外汉语教材的内容设计与编写研究 ·································· 172

　　一、课文话题的选择研究 ·· 172

　　二、语法项目的编排研究 ·· 173

　　三、教材练习的编排研究 ·· 176

第六章　对外汉语教材与中国文化 ·· 185

　第一节　对外汉语教学中的文化教学问题 ·································· 186

　　一、关于语言教学与文化 ·· 186

　　二、对外汉语教学界文化研究的阶段 ·································· 187

　　三、对外汉语教学中文化教学的内容 ·································· 194

　　四、对外汉语教学中的语言文化因素 ·································· 196

　第二节　对外汉语教学中文化类课程的设置 ·································· 202

　　一、文化类课程的性质和意义 ·· 202

　　二、文化类课程的教学形式 ·· 202

　　三、文化类课程的个案分析 ·· 204

　第三节　对外汉语文化教材的编写 ·· 206

　　一、文化大纲与文化项目研究现状 ·································· 206

　　二、文化教材编写的探索与实践 ·································· 211

　　三、文化教材编写研究现状 ·· 213

第七章　汉语国别教材的编写与研究 ·· 219

　第一节　汉语教材的国别化问题 ·· 219

一、教材国别化的由来 ……………………………………… 219

二、教材国别化的研究 ……………………………………… 220

三、教材国别化的类型 ……………………………………… 223

第二节 国别教材的多元化探索与研究 …………………… 223

一、一版多本教材的本土化 ………………………………… 224

二、日韩本土化教材的编写与研究 ………………………… 227

三、东南亚本土化教材的编写与研究 ……………………… 234

主要参考文献及对外汉语教材研究文献辑录 …………………… 241

后记 ……………………………………………………………… 258

第一章　绪　　论

中华人民共和国成立 70 多年来,我国对外汉语教学事业得到了前所未有的发展。其间经历了 20 世纪 50 年代的初创阶段、60 年代初期到 60 年代中期的巩固和发展阶段、70 年代初期到 70 年代后期的恢复阶段,以及 70 年代末以来到 90 年代初的蓬勃发展阶段,新世纪前后更是进入了一个前所未有的繁荣发展阶段。据不完全统计,目前除中国(含港、澳、台地区)之外,全球学习使用汉语的人数已超过 2 亿。全国开展对外汉语教学的单位或部门估计在 1 000 家以上;有近 370 所大学开设了汉语国际教育专业,已经拥有了一支颇具规模的师资队伍;语言理论、语言教学理论、语言习得理论的研究都取得了相当令人瞩目的成就。各院校对外汉语教学的课程设置已经形成了自己的体系,与之相应的教材建设也取得了较好的发展。

第一节　对外汉语教材的性质和地位

一、教材的定义

一提起教材,人们往往首先会想到学校发给学生供课堂教学使用的教科书。确实,狭义的教材就是指教科书,但现在的教材已经是今非昔比了。广义的教材指课堂上和课堂外教师和学生使用的所有教学材料,如课本、练习册、讲义、补充练习、辅导资料、录音带、录像带、计算机光盘、复印材料、报纸杂志、广播电视节目、图表、照片、卡片、教学实物等。总之,广义的教材不一定是装订成册或正式出版的书本。有的学者甚至认为凡是有利于学习者增长知识或发展技能的材料都可称为教材。[①]

教材是一个十分宽泛的概念,翻开《中国大百科全书·教育》(1985),关于"教材"它有两种解释:(1)根据一定学科的任务,编选和组织具有一定范围和深

[①]　程晓棠:《英语教材分析与设计》,外语教学与研究出版社 2002 年版。

度的知识和技能的体系。它一般以教科书的形式来具体反映;(2)教师指导学生学习的一切教学材料。它包括教科书、讲义、讲授提纲、参考书刊、辅导材料以及教学辅助材料(如图表、教学影片、唱片、录音、录像磁带等)。本书主要讨论的是作为教科书使用的对外汉语教材。

　　详细说明教材的定义,是为了让我们对对外汉语教材有一个正确的认识,这样有利于我们从宏观上把握教材,认识当代教材的多元化发展趋势,有利于我们更新教材理念,充分利用各种学习资源和教学材料,丰富教学内容;也有利于我们有效地评价和选择现有教材,积极开发和拓展新型教材。

二、对外汉语教材的性质和地位

　　对外汉语教学是"对外国人的汉语教学"的简称,英文直译是"the teaching of Chinese to foreigners"。因为是对外国人的汉语教学,所以,它既是一种第二语言教学,又是一种外语教学,和作为第二语言和外语的其他语言的教学,如和作为第二语言和外语的英语教学、法语教学等,属于同一性质。①因此,对外汉语教材和英语教材等同样是语言课程实施的重要组成部分,是完成教学内容和实现教学目标的重要前提条件。

　　吕必松(1993)指出:"语言教学包括总体设计、教材编写、课堂教学和测试四大环节"。教材编写是对外汉语教学的一个重要环节,教材建设是对外汉语教学的一项基础工程。

　　一本好的教材蕴含着系统的语言知识、文化知识、教学法和丰富的教学经验,是科研成果和教学经验的结晶。"把简单的话语编成使外国人容易接受的语言教材需要很大的学问,让不懂汉语的外国人掌握汉语需要一套特殊的本领"。(吕必松,1993)因此,一部高水平、高质量的对外汉语教材对教师、学生、教学过程以及教学结果都起着积极的作用,在对外汉语教学过程中占据着举足轻重的地位。

三、对外汉语教材与学科发展

　　经过70多年的努力,对外汉语教材得到了迅猛的发展。"三教"之一的教材在对外汉语教学中有着举足轻重的地位,学界一向都很重视。例如,2010年8月在辽宁省沈阳市举行的第十届国际汉语教学研讨会,会议主题就是世界汉语教学的新教材与新教法,会议的主要议题有教学模式和教学方法、教材与教学资源、教材

---

① 吕必松:《对外汉语教学概论(讲义)》(续五),《世界汉语教学》1993年第3期,第206－219页。

使用培训与市场推广、教材与测试、新信息技术与教材研发等,都与教材相关。

翻阅 1980—2021 年刊载有关对外汉语教材研究的主要刊物,如《世界汉语教学》《语言教学与研究》《语言文字应用》《汉语学习》《海外华文教育》《华文教学研究》《对外汉语研究》等,还有历届《国际汉语教学讨论会论文选》以及其他刊物及论文集,我们可以发现其中刊载教材研究的论文颇多。

同时,对外汉语事业的工作重心从"请进来"向"走出去"转移。2005 年 7 月,世界汉语教学发展到一个前所未有的新时期,以首届"世界汉语大会"的召开为契机,我国的对外汉语教学在继续深入做好来华留学生汉语教学工作的同时,开始把目光转向汉语国际推广。

对外汉语事业的工作重心转移有两个明显的标记:

第一个标记是孔子学院的设立。

为了增进世界人民对中国语言和文化的了解,发展中国与各国的友好关系,促进世界多元文化发展,从 2004 年年底开始,我国在借鉴英、法、德、西等国推广本民族语言文化经验的基础上,采取中外合作办学的方式,探索在海外设立以教授汉语和传播中国文化为宗旨的非营利性公益机构,取名为孔子学院。截至 2019 年 6 月,全球已有 155 国家(地区)设立了 530 所孔子学院和 1 129 个孔子课堂。

2020 年 7 月 5 日,教育部发布公告:为适应国际中文教育事业发展的需求,教育部设立中外语言交流合作中心,简称语言合作中心。语言合作中心为中国教育部直属事业单位,是发展国际中文教育事业的专业公益教育机构,致力于为世界各国民众学习中文、了解中国提供优质的服务,为中外语言交流合作、世界多元文化互学互鉴搭建友好协作的平台。孔子学院品牌将由中国国际中文教育基金会全面负责运行。该基金会是由多家高校、企业等发起成立的民间公益组织,将会同孔子学院中外方合作伙伴,继续支持全球孔子学院的发展。

尽管孔子学院的归属有所变化,但有一点却没变,即国内外仍然需要大量的知识和能力结构合理,具有国际视野、跨文化沟通和理解能力的汉语师资,也需要大量具有针对性的、本土化教材。

第二个标记是学科名称的调整。

对外汉语事业工作重心的转移,从学科名称的调整上也可以看出这一变化。"汉语国际教育"最早出现在为培养海外汉语师资的硕士生培养方案中。2007 年 5 月 31 日,国务院学位委员会办公室下达《关于开展汉语国际教育硕士专业学位教育试点工作和推荐全国汉语国际教育硕士专业学位教育指导委员会委员人选的通知》,批准 24 所大学试点开设汉语国际教育硕士专业学位(Master of

Teaching Chinese to Speakers of Other Languages)。这 24 所大学是北京大学、中国人民大学、北京师范大学、首都师范大学、北京外国语大学、北京语言大学、南开大学、吉林大学、东北师范大学、黑龙江大学、复旦大学、华东师范大学、上海外国语大学、南京大学、南京师范大学、浙江大学、山东大学、武汉大学、华中科技大学、华中师范大学、中山大学、暨南大学、四川大学、云南师范大学。

　　2008 年汉语国际教育列入一级学科中国语言文学之下的二级学科，硕士专业学位可以招收应届毕业生。“国际”可以把对国内少数民族的汉语教学排除在外。值得注意的是，“教育”的英文是“Teaching”，而不是“education”。2012 年，教育部颁布实施新的《普通高等学校本科专业目录》，将原有的对外汉语、中国语言文化和中国学合并统称为汉语国际教育专业。2013 年，正式用汉语国际教育专业替换对外汉语专业。

　　任何语言都与经济和文化分不开，经济越发展，文化越发达，其语言的地位与作用就越大。随着中国提出“一带一路”的伟大倡议，中国的经济要大发展，也为各国提供了无限商机。世界的许多公司还在不断地进驻中国，越来越多的外国人为了在中国立足和找到好差事都在努力学汉语。作为文化的载体，汉语的地位越来越高。当然，对外汉语教材建设与教材研究也同样进入一个新时期。以上提及的众多论文和专著几乎涵盖了教材编写与研究的方方面面，为我们的教学和研究提供了丰富的参考文献。

第二节　对外汉语教材的功能与作用

　　关于教材的作用，国内外众多学者都有过阐述，下面主要参考刘珣（2002）、赵金铭（2004）两位学者的观点，结合具体的事例进行介绍和分析。

一、教材是教学工具

　　教材的作用首先体现在它是一种教学工具，具有“用之于教学”的功能，这是任何教材都具备的共同的作用。教材是教师教学和学生学习所依据的材料，在教学活动的四大环节中，教材占有很重要的地位。它是总体设计的具体体现，在教材中反映了培养目标、教学要求、教学内容、教学原则等；同时教材又是课堂教学和测试的依据。①

---

①　刘珣：《对外汉语教育学引论》，北京语言文化大学出版社 2002 年版，第 312 页。

英国语言教学法专家、著名教材设计专家路易·亚历山大曾把语言教学的核心问题归纳为"教什么"和"怎么教"。刘珣(2002)认为,教材体现了语言教学最根本的两个方面:教什么和如何教。教材水平的高低不仅能反映教学理论和教学法研究的深度,而且在很大程度上决定教与学的效果。

优秀的教材作为实用又好用的工具,反过来还可以促进教学。例如,20世纪80年代,对外汉语教学界在课程设置上,把一门综合课训练多种技能改为几门课分别训练单项技能,教材编写随之跟上。鲁健骥主编的《初级汉语课本》(1986)包括与之配套的《阅读理解》《听力练习》《汉字读写练习》,教材的系列化与课程设置相配合,在教学中各个单项技能得到充分的训练。教材为教和学提供了良好的保障,打下了坚实的基础。

其次,在课堂教学活动中,师生之间往往要通过教材这个"媒介"来实现彼此的教学行为和学习行为。赵金铭(2004)指出,教师传授语言和文化知识、培训语言交际技能,学习者习得知识、获得技能,都要凭借教材来完成。明确了教材的这一功能,编写教材、使用教材时就要考虑教材的设计思想、教材所体现的教学方法和教学原则等,既要符合语言规律和语言教学规律,便于教,易于教;又要符合语言学习规律和学习者的认知风格,便于学,易于学。这样才能更好地发挥教材在课堂教学过程中的纽带作用。①

通常情况下,以功能为纲为编写理念的教材,比较有利于学生的交际和运用。以《体验汉语·基础教程(上)》为例,该教材采取了功能·结构·文化相结合的编排思路,改变了以往大多数基础汉语教材以语法项目为主要脉络组织安排教学内容的思路,而是把语言功能放在首位。例如,通过"询问"功能解决"问路,问时间,问住址"等实际问题,课上学了这一功能,在课下马上就能运用,达到活学活用的目的。该教材把初级阶段100多项甲级和乙级语法由易到难地编入到每一课的功能话题中,既便于教,也易于学。

二、教材是文化使者

在一定程度上教材还是文化交流的友好使者,因为不管是什么样的教材,总是自觉不自觉地通过语言要素(包括文字)和课文内容来反映目的语国家的社会历史和文化习俗。语言和文化是相辅相依的,学习一种语言,离不开依托在这种语言上的文化。

---

① 赵金铭:《对外汉语教学概论》,商务印书馆2004年版,第159-160页。

　　一方面,语言系统本身就是一种文化,语言要素特别是词汇在相当程度上反映着一个民族的历史和文化,而课文内容往往都会涉及目的语国家的历史、文化和当代国情;另一方面,第二语言教学本身也要求解释语言中所蕴含的文化因素,介绍目的语国家的历史、文化和现状。(赵金铭,2004)可见,教材还具有文化交流的功能。例如,《桥梁——实用汉语中级教程》(北京语言文化大学出版社,2000 年第二版)这套教材的内容非常丰富,有主课文、副课文,内容包括教育、职业、婚姻家庭、经济、法律、道德、文化、交通、健康、环境等 10 个方面的题材,学生在学习的过程中,对中国尤其是当代中国各方面的情况也有了一定的了解,《桥梁——实用汉语中级教程》无形中起到了一种媒介、纽带和桥梁的作用。

三、教材是学科研究的镜子

　　好的教材是学术性和艺术性很好地结合,体现了编者在教学内容和教学方法方面的研究成果。[①]

　　一般而言,我们总是结合学科的性质和特点,来确定对外汉语教学的总目标和汉语人才培养的规格,并根据这一点制定出相应的教学大纲,根据教学大纲确定教学对象、教学目标和教学内容等,再进行课程设计并制定相应的课程计划,根据课程计划所确定的课程目标、类型、结构、内容和教学方式等,来编写和选择相关的教材。[②]可见,教材不仅在教学活动中发挥着重要作用,而且在对外汉语教学的学科发展中同样有着不可轻视的特殊作用。

　　从教材中我们可以了解学界对教学理论和教学法研究的高度和深度。纵观对外汉语教学发展的轨迹,我们可以发现一种新教学法或教学理论的提出,往往需要通过代表性的教材来加以体现和传播。

　　例如,《基础汉语课本》(外文出版社,1980—1982 年,共 5 册)是一部集历年教材之大成的著作,是到那时为止按照结构法的思路编写的一部最成熟的教材。特别是语法点的编排和解释,把研究成果和教学经验融为一体,其科学性、针对性都是以前的教材所无法相比的。

　　又如,1981 年问世的《实用汉语课本》是我国出版的第一部专供国外使用的基础汉语教材。它从汉语的特点出发,以句型、功能、结构相结合为原则,通过句型训练、功能项目操练、语法分析等综合训练,来达到语言教学的最佳效果。替换练习是句型操练的具体形式,第 25 课则主要针对程度补语的不同句型进行了反复的操练。

姜丽萍(2018)指出,每一部优秀汉语教材的编写都不是既往经验和研究的简单继承,而是在继承的基础上,根据时代的特点、学习者的需求、市场的反馈等有所突破和创新,从而在众多的教材中脱颖而出,经受住时间和市场的检验。

进入 21 世纪,任务型语言教学在汉语教学界产生了很大影响,无论是教学理念、教材编写还是课堂教学、都不同程度地体现了任务型的教学理念。以任务型语言教学为指导编写的教材也大量涌现,如高等教育出版社 2007 年陆续出版的多版本、多语种《体验汉语》系列教材,以及赵雷主编的《任务型中级汉语口语》(2013)教材等。

正因为好的教材往往可以体现学界对教学理论和教学法研究的高度和深度,因此,刘珣(2002)认为"教材可以看作教学理论研究和第二语言教学学科发展的前沿阵地和突破口。"

另外,教材的创新可以带动教学策略和学习策略的更新。

多媒体教材的出现可以说对教与学都是一种冲击,必然影响教师的教学方法以及学生的学习策略。例如,中美网络语言教学项目——《乘风汉语》项目是第一个以大型网络教学课件身份出现的教材,它的设计理念不仅为对外汉语教学注入了新鲜的血液,也促进了对外汉语教材编写的深入研究。

综上所述,教材在对外汉语学科建设中占有重要的地位,起着重要的作用。

第三节　对外汉语教材的理论基础与依据

有学者说,教语言应先研究语言;同样地,使用、编写教材,应该先研究教材。对外汉语教材绝不仅仅是我们给外国学生上课时拿在手上的那些教科书那么简单。教材跟语言学理论、语言学习理论、语言教学理论等都有着密切的关系。

第二语言教学的学科理论基础研究,一直是第二语言教学理论研究的重点。汉语作为第二语言教学的理论研究同样十分重视对学科理论基础的研究。关于这方面的研究国内外都已经有了丰硕的成果。

早在 1982 年,吕必松先生就在《关于语言教学法问题》中指出:"语言教学法实际上是语言规律、语言学习规律和语言教授规律的总和",探索和阐明这些规律,"必须依靠语言学、心理学(心理语言学)和哲学的理论指导","所以,语言学、心理学(心理语言学)和哲学是语言教学法的理论基础"。

　　盛炎(1990)在《对汉语教学理论研究中几个热门问题的思考》中认为,汉语教学理论体系的理论基础"应该是多学科性的,其中,哲学、语言学、心理学和教育学是必不可少的"。

　　张亚军(1990)在《对外汉语教法学》中认为,语言学理论基础和教育学理论基础是中国对外汉语教学体系的理论基础。也就是说,对外汉语教学的理论基础"是以现代语言学理论和传统语法为语言学理论基础,以中国传统的教育学理论中的合理因素作为教育学基础,同时它也借鉴了其他外语教学法理论的研究成果"。

　　刘珣(2000)在《对外汉语教育学引论》中指出:"作为一门交叉学科,对外汉语教学受到多种学科的启示和影响。其中,语言学、教育学、心理学和文化学已成为对外汉语教学最直接、最重要的理论基础"。

　　李泉(2012)在《对外汉语教材通论》中指出,外语教学的历史表明,一定时期的语言教学理论是在一定的哲学、语言学、教育学、心理学、文化学等学科的相关理论影响和指导下形成的。这些学科的相关理论深刻影响着外语教学理论的形成和发展,同时也深刻地影响着不同时期外语教材的编写理论与编写实践。

　　由此可见,同行专家对对外汉语教学的学科理论基础的认识基本上是一致的。

　　不仅国内学者有此看法,实际上,国外同行也早就有此共识。例如,Campbell(1980)认为,语言学、心理学、社会学和人类学理论是外语教学理论的源泉;Stern(1983)认为外语教学的理论基础包括语言教学史、语言学、社会学、社会语言学、人类学、心理学、心理语言学、教育学等研究成果。[①]

　　总的来看,学者们提到的第二语言教学或外语教学的学科理论基础,主要包括哲学、语言学、教育学、心理学、文化学这五个学科,因此哲学、语言学、教育学、心理学和文化学是对外汉语教学最重要的理论基础。

　　对外汉语教材在对外汉语教学过程中占据着举足轻重的地位。虽然目前专门研究对外汉语教材理论基础的文章并不多见,但关于教材的编写依据,不少学者在论著中都有所提及。刘珣(2000)在谈到"教材的依据是什么?"这一问题时指出,语言学、心理学、教育学是理论基础;教材编者要具有理论语言学、心理语言学、社会语言学、心理学、教育学等方面的理论知识,并用以指导教材的编写。李泉(2012)认为,哲学是外语教学及其教材编写最深厚的理论基础;语言学是外

---

　　① 束定芳、庄智象:《现代外语教学——理论实践与方法》,上海外语教育出版社 1996 年版。

语教学及其教材编写的核心理论基础;教育学是外语教学及其教材编写不可或缺的理论基础;心理学则是外语教学及其教材编写的重要理论基础;文化学也是外语教学及其教材编写的重要理论基础。

教材作为对外汉语教学学科的一个重要组成部分,必然受学科理论的影响,由各种理论依据作支撑。因此,我们认为对外汉语教学的学科理论基础同样也是对外汉语教材的理论基础,教材编写和教材研究都应该体现并围绕这些理论依据来展开。下面主要以语言学、教育学、心理学为例进行分析。

一、对外汉语教材与语言学理论

(一) 语言学理论对对外汉语教学及教材的影响

语言学是对外汉语教学核心性的理论基础,也是对外汉语教材重要的理论依据。语言学是研究语言的本质、结构和功能等语言现象的科学,第二语言教学是研究教授和学习语言规律的科学。前者以语言为研究对象,后者以语言为教学内容;前者研究语言是什么,后者研究语言怎么教和怎么学,两者之间有着天然的联系。

第一,语言学对汉语作为第二语言教学的教学目标的确定、教学大纲的制定、教材编写、评估测试等提供理论依据和指导。

第二,汉语语言学的语音、词汇、语法和篇章等的研究成果可以直接或间接地应用到汉语作为第二语言教学的课堂教学及教材编写中去。

戴浩一(1988)[1]基于认知语言学的理论,在对汉语动词与处所词之间关系的研究中发现,动词前的处所词跟动词后的处所词作用不同。例如:

A. 小孩在床上跳。

B. 小孩跳在床上。

根据戴浩一的分析,A 中的"在床上"表示动作发生的地点,B 中的"在床上"表示动作涉及的目标。

张黎(2003)[2]指出,汉语的不少处所状语在动词前后可以构成镜像,互为镜像的成分具有主观意义上的差别。例如,"在黑板上写"具有施事的主观选择性,而"写在黑板上"表达的是受事的客观性。显然,这些研究对汉语教学都是很有帮助的。

---

① 戴浩一:《时间顺序和汉语的语序》,《国外语言学》1988 年第 1 期,第 10 - 20 页。

② 张黎:《"有意"和"无意"——汉语"镜像"表达中的意合范畴》,《世界汉语教学》2003 年第 1 期,第 30 - 39 页。

　　另外,陆俭明(1994)①对汉语同类词连用规则的研究,他发现了一系列同类词连用的组合规律。如方位词"东、南、西、北"遵守下列顺序组合原则:东＞西＞南＞北,按此顺序,前面的可以跟后面的任意组合,组合所得的格式都是合法的。文章给出了指人名词连用、处所词连用、时间词连用等现象中名词性成分的类别及连用规则,并且指出能愿动词的连用规则为:可能动词 A＞必要动词＞可能动词 B＞愿望动词＞估价动词＞许可动词;动词连用遵循的时间顺序原则;副词连用规则为:语气副词＞时间副词＞限定副词＞程度副词＞否定副词＞协同副词＞重复副词＞方式副词;语气词连用规则为:时态语气词＞疑问、祈使语气词＞态度情感语气词。这些组合规律的研究成果可以直接应用到对外汉语教材编写和课堂教学中去。

　　20 世纪 80 年代是句型研究最辉煌的时期,可以说也是这一历史阶段所取得的最明显的成就之一。从研究的范围及数量、深细程度看,到今天为止都值得肯定。当时整个语法学界对句型重要性的认识达到了一个前所未有的高度和自觉状态。如史存直(1982)指出:"人类说话总是一句一句说的,把一种语言的无数句子拿来做一番结构分析,我们就会发现,这些句子虽然在意思上千差万别,可是它们的结构却只有为数不多的若干格式,这也就是说用词造句有一定的规律,语言所以能起语言作用,正是靠这些规律,如果没有这些规律,把词杂乱无章地堆砌在一起,那也就不成其为语言了。"胡裕树(1991)也认为:"句子的结构分析的终极目的,是为了确定句型"。这一时期,从事语法教学研究的工作者也大都认为,句型研究是语法研究的中心课题。正是基于这样的总体看法,整个 80 年代该课题的研究取得的成就相当可观。②

　　在这样的背景影响下,80 年代的对外汉语教材开始以句型、功能、结构相结合为原则,通过句型训练、功能项目操练、语法分析等综合训练,来达到语言教学的最佳效果。

　　第三,语言学及其分支学科是外语教学法流派最直接的理论基础。尽管不是所有的语言教学法流派都是从语言学派生出来的,但是认真分析一下,每一种教学法流派都和某种语言学理论有联系。(黎天睦,1987)

　　一些重要的教学法流派则是直接以语言学为基础的,例如,听说法以结构主

---

　　①　陆俭明:《同类词连用规则刍议——从方位词"东、南、西、北"两两组合规则谈起》,《中国语文》1994 年第 5 期,第 330 - 339 页。

　　②　崔应贤:《现代汉语语法学习与研究入门》,清华大学出版社 2004 年版。

义语言学为基础,交际法(功能法)以社会语言学为基础。这些重要的教学法流派都对教材编写产生了直接影响。①

由此可见,语言学从宏观到微观,从理论到实践,多层面、多角度地为第二语言教学提供帮助和对第二语言教材编写提供指导,因此,它是第二语言教学核心性的基础学科,也是对外汉语教材的核心理论基础。

(二)语言学在教材编写及教材研究中的体现

作为第二语言教学的汉语教材首先是一本语言教材。教材是理论研究和理论应用的桥梁和载体,教材应集中体现语言本体研究的最新成果。

顾顺莲(2004)认为,对外汉语教材的编写必须是在对外汉语研究的基础上进行的,应及时地将研究成果融入教材编写之中,使研究成果能及时地得以检验,从而使成果得以扩大。不过,我们应该对有关的理论研究成果加以整理,进行综合研究,使其形成一定的系统,为教材编写者做好教材编写的前期准备工作,从而使研究成果能够及时地反映到教材中去,最终在课堂教学中得到应用。因此,一套好的教材应该是能够滚动更新的。这不仅是新鲜语料的要求,也是研究成果能够及时地得到应用的要求。

这里以汉语语法点的选择与排序研究为例。汉语语法点的选择和排序研究是决定教材总体语法框架的前提。赵金铭(2002)认为,我们不是为传授语法知识而进行语法教学,而是为了解决学习者的语言能力问题。可以说,语法教学主要是用法教学。……学习语法是为了更好地掌握一种语言。因此,"作为语言教学的教科书,它的语法体系与语法书相比所要求的完整性和系统性是相对的、有所选择的,决不必勉强求全"。"教科书与语法书的最大区别就在于它用于教学,它必须适应于一定的教学目的、教学对象"。"减轻学生负担,降低难度,有利于集中精力去掌握经过精选、数量有限的更符合语言实际的语法项目"。②

因此,在编写对外汉语教材时,选择汉语语法点既要兼顾语法的系统性,又要根据外国留学生这一特定的教学对象、各种层次的教学目的等实际情况来确定,这样所选择的语法点才能具有科学性、针对性、实用性。

顾顺莲(2004)从教学及教材编写的角度对语法点的编排提出了自己的看法,认为语法点的排序要遵照从易→难、从简单→复杂的循序渐进的原则。无论是词汇、词组、句子成分,还是单句、复句等各项,每一项语法中的排序都应遵循

---

① [美]黎天睦:《现代外语教学法——理论与实践》,北京语言学院出版社 1987 年版。
② 吕文华:《汉语教材中语法项目的选择和编排》,《语言教学与研究》1987 年第 3 期,第 117-127 页。

上述的原则排序。

拿宾语来说，先讲单宾语，再讲双宾语。（例如，我学习汉语。//我给他一本书。）补语类型多、意义丰富，对留学生来说，是句子成分中比较难学的一个语法点。像补语中的趋向补语，应先讲简单趋向补语，再讲复合趋向补语；在复合趋向补语中，先讲基本义的用法，再讲引申义的用法。（例如，他从那边走过来了。//他终于抢救过来了。）单句中，如被动句，先讲带"被"字的被动句，再讲意义上的被动句（例如，弟弟被老师批评了。//衣服淋湿了。王冕死了父亲。）；比较句，先讲简单的"A 比 B……"，再讲"A 没有（不及）B……""A 不比 B……"等句型。

吕文华(1999)认为："我们主张语法分级在横向上应体现循序渐进，即将语法教学内容按先易后难的原则分布于教学的整个过程。初级阶段虽可安排较完整的语法系统，但教学量要尽量减少，应只出现最基本、最简单的语法项目；中高级阶段在语法教学内容上应有较大的补充和扩展的余地。"[1]

例如，动态助词"了""着""过"，在初级阶段讲解的可以是其最基本的内容："了"表示动作的完成，"着"表示动作的进行，"过"表示动作的过去。但是在中高级阶段讲解时内容上应该有不少的扩展。

以动态助词"了"为例。"了"表示状态的出现和动作行为的完成。先讲"了"的基本意义和必须用"了"的情况。然后，再进一步扩展内容：即使表示动作的完成或过去，也不一定用"了"的情况（可用可不用的情况或不能用"了"的情况）；即使表示未来完成的动作，也不一定不能用"了"。

我们必须将汉语语法体系按由浅入深、循序渐进的原则，贯穿在汉语教学的全过程中，螺旋式地、循环递进地进行教学。而这样的想法很大程度上必须通过教材来体现。

在涉及对汉语语法点难易的确定时，我们必须清楚地认识到：首先，留学生在汉语语法方面的难点，与中国的学生不一样；其次，不同国家的留学生在汉语语法方面的难点，也会有所差异。因此，语法点的选择和排序，必须根据留学生的语言习得规律以及实际的需要。一般来说，对外汉语通用教材中的语法排序，只能采用面向大多数留学生的基本排序。如果要体现国别"差异"，最好是在定向教材中解决。（吕文华，1999）

以上通过语法点的选择与排序问题，分析说明了语言学和教材的关系，以及

---

[1]　吕文华：《对外汉语教学语法体系研究》，北京语言文化大学出版社 1999 年版。

研究成果对汉语教材编写的影响，另外，那些面向对外汉语教学的语音、词汇等方面的研究成果同样会对教材编写产生影响，会有很直接的指导意义。

二、对外汉语教材与教育学理论

（一）教育学理论对对外汉语教学及教材的影响

教育学是对外汉语教学不可或缺的理论基础，也是对外汉语教材研究与编写重要的理论依据。

1. 从教学活动本身来看

对外汉语教学是一种教学活动，教学活动必须遵循教育学特别是教学论的一般原理和一般规律。如教学内容的科学性、系统性、连贯性，教学方法的直观性、趣味性、灵活性，以及教学原则方面的循序渐进原则、讲练结合原则、复习巩固原则，等等，这些教育和教学的一般原理和规律，对各类学校教育、学校的各门课程都具有重要的指导作用，汉语作为第二语言或外语的教学自然也不例外。

2. 从教学原理的指导作用来看

教育和教学的一般原理和原则，对对外汉语教学的全过程和各个环节都有指导作用。比如：对教学大纲的制定、课程设计、教材编写、教学方法的使用等都有指导作用。

脱离教育和教学一般原理和原则的指导，对外汉语教学活动可能会陷入无章可循的局面，教学效果也将无法得到根本的保障。

3. 从两者产生的基础来看

教育学和教学论是外语教学法流派产生的基础。实际上语言教学法流派往往或明或暗、或多或少地体现出教育和教学的基本原理和要求。

而语言教学法各流派在其发展过程中都对教材编写产生直接的影响，并通过所编教材体现出来。关于这一点我们将在下面一节中进一步阐述。

（二）教育学在教材编写及教材研究中的体现

1. 教学法理论与教材

在语言学理论和心理学理论的发展历史中，曾产生过许多不同的教学法，如翻译法、直接法、听说法、认知法、情景功能法等。

刘珣（2000）指出，编写教材一定要受某种教学法理论特别是教学原则的指导；每种教材总是体现一定的教学法或受到多种教学法的影响。

每一种特定的教学理论和方法要求有特定的能够体现其特点的教学大纲，又相应地要求有一套严格执行和体现这一理论特点的教材，还要求有相应的课堂教学手段(或教学艺术),以及检验这一理论方法成果的测试系统。因此,教学法理论是教学体系中的纲领,它统领了整个教学活动的各个环节。

教材不仅是教师发挥、展开教学法理论的材料,也是学生领会知识、掌握技能、获得语言能力的范本。一本成功的教材的背后总是有相应的教学理论的支撑,在教材的字里行间也能体会到这一教学法思想。

亚历山大的英语教材《新概念英语》(New Concept English)可以说是我们见到的教学法思想最为鲜明的教材,美国麦克米公司的《英语 900 句》(English 900)融汇了交际教学法的思想精髓。没有教学法理论指导编写的教材,很难想象会受到学习者的普遍欢迎,更不可能具有永久的生命力。

回顾新中国建立以来对外汉语教材的历史不难发现,不同时期的教材虽然大多以语法结构为纲,但各有各的特点。各个时期的教材都或多或少地带有那个时期较为流行的语言教学法理论的影响:1958 年的《汉语教科书》受到语法翻译法理论的一些影响;1971 年的《基础汉语》明显地反映了直接法的某些理论;1977 年的《汉语课本》和 1980 年《基础汉语课本》突出句型,是吸收了听说法的某些长处;1981 年的《实用汉语课本》则汲取了功能法的优点。

可见,教学法理论对于教材编写来说是十分重要的。下面以任务型教学法理论为例,具体说明其对教材编写的影响以及在教材中的体现。

2. 任务型教学法与教材

任务型教学法是 20 世纪 80 年代西方英语教育一个具有重要影响的语言教学流派,是在交际教学法基础上的最新发展。在中国的外语学界,任务型教学法很受重视。早在 20 世纪 80 年代末教育部制定的《高等学校英语专业基础阶段英语教学大纲》便倡导:"设计某些以完成任务为目的的语言活动"。2000 年修订的《高等学校英语专业英语教学大纲》中进一步规定:"在教学中要多开展以任务为中心的、形式多样的教学活动",赋予了任务更加突出的地位。另外,在 2001 年教育部制定的《全日制义务教育普通高级中学英语课程标准》中也明确规定,教师要"尽量采用'任务型'的教学途径"。可见任务型教学法在中国的外语教学界已被广泛接受。

随着教学理念的更新,语言教学的模式需要不断创新,需要与时俱进。20 世纪 80 年代以来,在我国对外汉语教学领域,任务型教学法成为人们讨论的热点。

(1) 任务及任务型教学法。

《现代汉语词典》中对"任务"的解释是:"指定担任的工作;指定担负的责

任"。《朗文语言教学及应用语言学辞典》中对"任务"一词的解释是:"(语言教学中)指为达到某一具体的学习目标而设计的活动"。广义的任务就是做事情,可能涉及语言,也可能不涉及语言,如打扫卫生、到邮局寄包裹等。狭义的任务是从语言教学角度来考虑的,限定在语言活动的范围内,需要通过语言来做事情。我们这里谈的"任务"主要是指狭义上的。

任务型教学法是在交际教学法思想的土壤中生长出来的一种新的教学思想,作为一种教学法流派,它正日益受到重视,并对对外汉语教学及教材产生影响。

(2) 任务型教学法在对外汉语教材中的体现。

崔永华在《二十年来对外汉语教学研究热点回顾》一文中谈到,目前国内外外语教学都在提倡和推广任务型语言教学法。……以至于 20 世纪末、21 世纪初在应用语言学上可被称为"任务年代"。教育部 2001 年公布的《全日制义务教育英语课程标准》明确提倡应用任务型教学法,而对外汉语界对"任务年代"无动于衷,是不是有些迟钝呢?(崔永华,2005)一种教材必须以某种教学法原则为指导进行编写,而一种有特色和内涵的教学法也应该有与之相匹配的教材。

在对外汉语学界,由于任务型教学法研究起步比较晚,因此,应用任务型教学法指导下的教材研究与编写也还刚刚开始,数量不多。为了探寻任务型教学法在对外汉语教材编写思想中的发展轨迹,本人指导一名研究生考察了 1989—2006 年出版的近 20 本对外汉语口语教材,在体现编者指导原则的教材前言中,试图寻找任务型教学法在对外汉语口语教材中的一些发展轨迹。[1]具体举例如下:

《汉语会话 301 句》(1989):本书注重培养初学者运用汉语进行交际的能力,采用交际功能与语法结构相结合的方法编写。

《新汉语情景会话》(1993):遵循"主要通过人物活动时所出现的场景,反映一定的语言环境,使初学者对汉语能够有实际的体验,懂得如何运用,将理解和使用结合起来,以提高学习效率为目的"的原则编写。

《外国人学中国话》(1995):从教学法体系来讲,本套教材采取的是突出交际法原则的一种综合教学法。交际法原则近年来在语言教学(主要是外语教学)中使用很广,并取得显著成效。但在对外汉语教学中使用的历史不长,很值得进一步试验和推广。

---

① 肖亚西:《基于任务教学法的对外汉语口语教材研究》,上海师范大学硕士学位论文,2007 年。

《说汉语》(1999)：针对外国人在中国学习和生活的实际需要，贯彻功能和语法相结合的原则。

《汉语口语速成》(2000)：我们试图吸收任务型教学法的一些经验，力求每一课都能让学生掌握并应用一项或几项交际项目，学会交际中所应使用的基本话语和规则，最终能够顺利地完成交际活动。

《汉语口语教程》(2001)：基于对口语课课程性质的这一认识，在编教中我们确定的编教原则是：以话语作为学习的中心，以表达作为训练的目的。

《路·外国人学汉语会话课本》(2002)：既然是一门口语教材，就应该把着眼点放在培养学习者运用汉语进行口语交际的能力上。本书以交际功能为纲，以语言点的解释为辅。

《日常口语》(2002)：以结构、功能、文化三者结合为编写原则。课本力求体现第二语言习得规律。第二语言教学的发展，使人们越来越认识到：在"教"和"学"中，学生是主体。"教"应当根据"学"的需要和特点来进行。

《魔力汉语》(2003)：在以话题情景为纲组织教材内容的同时，还以《汉语水平考试》(HSK)的甲级语法点和词汇点为依据安排语言知识的学习，侧重培养学习者听和说的能力。

《外国人实用生活汉语》(2004)：本书的另一个特点是实用性。当今海外的外语教学(包括对外汉语教学)，注重培训学生在实际生活中的交流能力。而刚到中国生活的外国人更是希望学以致用，希望可以把在课堂上学到的东西马上运用到现实生活中去。

《生活汉语》(2004)：在编写过程中，我们遵循了汉语口头言语交际规律，把语法、语义、语境有机地结合起来，以汉语的交际功能为主线，以情景会话为平面。

《实践汉语·入门》(2004)：编者对目前市场上的短期初级对外汉语课本以及数十年来中外对外汉语教学法做了广泛的调查研究，以交际任务型为主要编写原则。

《汉语韵律会话》(2005)：这套系列教材以交际功能为主线，同时兼顾词汇的重复率和语言结构的递进性。……课文采用富于韵律的语言编写，朗朗上口，便于记忆。

《聆听与说话》(2005)：本教材始终注意贯彻语感教学法的基本原则。

《汉语商务通·中级口语教程》(2005)：本教材参照了留学生汉语教学等级大纲(中级)的相关部分，结合口语课的特点，注重交际功能。

《汉语世界》(2005)：这是一部集视、听、说为一体的多媒体教材，结合认知教学法和交际教学法的特点……强调以学习者为中心的教学理念。

《体验汉语》(2006)：这本教材是以短期留学生的生存需求为依据，以实用的交际任务为主线编写的任务型教材，注重听说，淡化语法。

从以上编者说明中可以看出，从 20 世纪 90 年代中期开始，交际法在教材的编写指导思想中始终占据着统治地位。与此同时，"体验""学生是主体""自然学习""以学习者为中心""语感"等新的思想也出现了，从中我们仿佛听到了任务型教学法由远而近的脚步声。

体验：任务的参与者之间运用语言进行理解、交际的过程，是一种互动的过程，学生在这一过程中体验语言，顿悟语言知识规律，讨论有关话题。

自然学习：许多研究表明，把知行分开是错误的，知识总是要适应它所应用的环境、目的和任务。为了使学生学习和保持并能运用所学知识，我们应该使之在自然环境中学习并使用。

以学生者为中心：基于建构主义的任务型教学法倡导以学生为主体，重视学生在学习中的体验和经历。通过某一具体任务，引起学生的兴趣和共鸣，激发学生积极参与与语言思维活动的欲望。

这些词汇和概念，都在一定程度上反映了任务型教学法思想逐步生长的轨迹，反映了新的语言教学理念在我国对外汉语教学界的产生和发展。任务型教学法在教材编写思想中从无到有，从部分吸收（试图吸收任务教学法的一些经验）到完全采用任务型（以交际任务型为主要编写原则，以实用的交际任务为主线编写的任务型教材），从与交际法的结合到分离独立，经历了一个萌芽、生长的过程。

这是对外汉语教材编写受教育学理论影响的最有力的例证。

任务型教学理论的代表人物是 Willis，她于 1996 年出版的专著 *A Framework of Task-based Learning* 为教师在课堂中开展任务型语言教学活动提供了操作层面上的指导，标志着任务型教学开始从理论走向实践。她在书中提出了任务实施需遵循的五项原则：要接触有意义且实用的语言，要使用语言，在任务环的某一点上要关注语言本身，在不同阶段关注语言的程度相应不同。Willis把任务型教学看作传统的 PPP 模式的倒置，她把任务教学过程分为任务前（pre-task）、任务环（task cycle）和语言分析（language alalysis）三个阶段。任务前阶段包括：介绍话题和任务；激活语言储备和文化知识储备；介绍有用的表达方式；帮助学生进行内容和语言方面的准备。任务环阶段包括：学生分组按照要求分步骤地完成任务,并派代表向全班汇报任务完成的结果;在报告之前,小组成员应一起就如何报告结果进行准备。其他小组成员和教师可以对结果作简单的比较和评价。语言分析阶段也叫语言焦点(language focus)阶段,包括分析和操练。教师引导学生有意识地关注完成任务的过程中所接触到的材料中的有关语言现象,在观察和探究的基础上,教师加以适当地归纳和总结。Willis 认为,在任务型语言教学中进行明确的语法教学是有价值的。①

下面以《体验汉语·留学篇》为例,从教材的目录来看任务型教学法在教材中的体现。

《体验汉语·留学篇》的前言中说:"本书是根据体验式教学理念和任务型教学思想而设计"。这本教材明确表示是以任务教学法为指导来编写的。我们认为,教材如何从"教本"转变为以学生为中心的"学本",是任务型教材编写的关键问题。

表 1-1　《体验汉语·留学篇》的目录

1. 你好	1. 学会打招呼
	2. 学会说自己的名字和国籍
	3. 学会数字 1—10
2. 我是留学生	1. 认识新朋友
	2. 学会说明住处
	3. 学会数字 11—20
3. 现在几点	1. 学会最基本的时间表达方式
	2. 学会说明每天的计划
4. 一共多少钱	1. 学会钱币的表达法
	2. 学会问商品的价格
5. 烤鸭很好吃	1. 学会点菜
	2. 学会点主食
6. 请问,洗手间在哪儿	1. 学会简单的方位词
	2. 学会问路
	3. 学会询问和说明某一物体的基本方位

---

① 吴中伟、郭鹏:《对外汉语任务型教学》,北京大学出版社 2009 年版,第 3—4 页。

续表

7. 师傅,我去天安门	1. 学会乘坐出租车的常用语
	2. 学会询问和说明乘车路线
8. 我忘了带钥匙	1. 学会住宿服务的常用语
	2. 学会在房间求助
9. 我不舒服	描述常见病状
10. 喂,马丁在吗?	1. 学会打电话的礼貌用语
	2. 学习简单的邀约
11. 我喜欢游泳	1. 学会说明爱好
	2. 学会介绍家庭成员
12. 我们经常联系吧	1. 说明学习汉语的原因
	2. 学会留地址和与朋友告别

从目录中可以看出,《体验汉语·留学篇》的课文标题也是以话题为主线,这些话题紧紧围绕留学生来中国后的生活需求,从一开始想认识新朋友,想和别人打招呼到日常生活的安排,再到外出乘车、市场买东西等,都是与留学生的生活息息相关的。这也是本书体现任务型教学法的一个明显特点。

因为学生一到中国,交际需要就已经客观存在,教材和教师的任务就是要给学生提供交际手段。教材一开始就给学生提供如何问候、如何自我介绍和如何了解对方等语言材料和手段,使学生在这种交际活动中学习词汇和语法,逐渐领悟语言使用规则,不断提高在什么场合说什么话的能力,不断改进交际策略,最终不断完善自己的交际能力。

另外,从目录中还可以看到,这本教材中的每一课还设置了1—3个目标任务。做任何事情都有一定的目标,概括地说,目标都是为了提高学生的语言运用能力,但宽泛抽象的目标不利于具体的教学操作。因此,每一课细致而具体的目标任务不仅使学生明确学习语言的目标和所要达到的交际能力的目标,也使老师能围绕任务目标设计课堂教学活动。

以上以任务型教学法为例,说明了教学法流派对语言教学与教材的影响,从中可以看到教育学理论与对外汉语教材之间的密切关系。

三、对外汉语教材与心理学理论

(一)心理学理论对对外汉语教学及教材的影响

心理学是对外汉语教学的重要理论基础,也是对外汉语教材重要的理论依据。对外汉语教学包括教和学两个方面的内容。在对外汉语教学学科理论中,不仅要研究把哪些语言知识和什么样的技能,通过何种方式和方法传授给学习者,而且要研究学习者学习语言知识和掌握语言技能的过程和规律,这就需要心理学的支持。

首先,心理学是研究人们获得知识、掌握技能和发展智能的心理规律和心理机制的科学。第二语言或外语教学依据心理学的一般原理,可以更科学、更富有成效地培养语言学习者获得语言知识、语言技能和语言交际技能。

其次,要研究语言学习者的学习过程,就要分析第一语言习得和第二语言习得的不同过程,研究儿童习得母语与成人学习、习得第二语言的不同特点,而这样的研究离不开心理学的理论支持。

最后,心理学跟语言学、教育学一样,也是外语教学法流派产生的重要基础。例如,听说法以行为主义心理学的刺激—反应学说为心理学基础;认知法主要建立在认知学习理论基础之上的。而听说法、认知法等教学法流派都跟教材编写与研究密切相关。

在对外汉语教学界,不少学者都已经意识到心理学对学科研究的重要性。

邓恩明(1998)明确提出,编写对外汉语教材要进行心理学思考,他认为教材要针对学生已有的认知结构,针对他们的学习目的进行编写。因为从心理学的角度说,一切新知识的学习都是在原有知识的基础上进行的。我们是为学习汉语的外国人编写教材,就应该对学习者已有的认知结构有所了解,有所研究。另外,教育心理学认为,学习目的与学习动机是紧密联系的。学习动机是学习的内驱力,是学习行为的动因;学习目的则是学习动机所追求的结果。教材只有适应了学生的需要,才能不断地激发、保持他们的学习动机,从而保证他们达到预期的学习目的,实现教学的总目标。我们在探讨学生知识掌握与技能形成的过程时,在探讨教材的趣味性时,其实都离不开心理学这个依据。

徐子亮(2004)指出,学习理论研究跟心理学关系密切,对外汉语教学界对汉语学习理论的研究已经有 20 多年的历史,大致可划分为三个阶段:

(1) 1992 年以前,在对比分析的基础上,致力于偏误分析;

(2) 1992—1997 年,基于中介语理论研究的偏误分析成为热点,并开始转向语言习得过程的研究;

(3) 1998—至今,在原有基础上研究深化、角度拓展,出现了学习策略和学习心理等研究成果。

李泉(2012)认为,外语教学及其教材编写遵循心理学、学习心理学的一般原理,可以更科学、更富有成效地培养学习者获得语言知识、语言技能和语言交际技能。比如,教材编写中对汉字、词汇、语法等知识的教学以及听说读写等技能的训练,就应该借鉴陈述性知识(关于某个事物是事实的、静态性的知识)和程序性知识(关于怎样进展各种认知活动的、动态性的知识)的理论,把理解、认知与用法(写法、说法)、动手(动口等)结合起来。

(二)心理学在教材编写及教材研究中的体现

在进行任何学术研究的过程中,观念领先十分重要,因此,我们必须不断转变观念,不断学习,不断探索跟语言学习相关的各种新的理论,用以指导教材的编写与研究。这里主要通过一些具体的例子来谈谈语言学习理论对对外汉语教材的影响。

1. 二语习得理论与对外汉语教材

(1)汉外语言对比研究。

汉外语言的对比研究是认识外国学生在第二语言习得中正迁移和负迁移的关键。只有知己知彼,才能在确定语法点时做到有针对性。

顾顺莲(2004)认为,要研究外国学生学习汉语中产生的偏误,最好的办法就是结合学生的母语进行对比分析,这样才能追根究源。例如,通过汉日语音的对比研究,我们认识到,日本学生在学习汉语语音时产生的口型、送气、卷舌、声调等方面的偏误,是与其母语语音的干扰有关的。口型的偏误(口张不大、唇收不圆)是受日语发音方法(开口度小、无圆唇音)的干扰;送气的偏误(送气不送气比较随意)是受日语中送气不送气与辨义无关的干扰;卷舌的偏误(卷不起或卷起后放不下)是受日语中无卷舌音的干扰;声调的偏误(二声上不去、四声下不来)是受日语声调起伏不大的干扰。认识了造成这些偏误的原因后,我们在编写对日汉语教材的语音部分时就可以有的放矢。

又如,通过汉日定语标志"的"与"の"的对比研究,我们可以知道,"的"是汉语定语形式上的一个标志,但并非所有的汉语定语都有"的"这个标志;"の"是日语定语形式上的一个标志,但并非所有的日语定语都有"の"这个标志。我们分别把"的"与"の"进行逻辑性的语法定位,明确了二者各自的语法规则。然后将"的"与"の"放在同一坐标上加以对应比照,其异同一目了然,原来二者对应很少。由此我们知道,在编写对日汉语教材中,无论是生词解释还是语法点的编排,都应该考虑如何安排结构助词"的"这个看似简单的语法点。

因此,汉外对比是我们认识汉语与外国学生母语之间差异的重要途径。同时,汉外对比也是我们探究外国学生汉语学习中产生偏误的有效方法,只有找到了病根,才能对症下药,以便编写教材时在源头上采取"防病"的措施。就可以增加练习题量,加强这方面的训练。

（2）偏误分析研究。

从学生的学习现状出发,进行偏误分析研究,这对教材编写也具有很重要的指导意义。

钱玉莲(1998)从偏误分析的角度提出了对外汉语教材编写的设想。她"赞成把学生在学习过程中产生的偏误分为两类:一类是正常偏误,另一类是不必要的偏误。所谓不必要的偏误,是由有缺点的教材与讲解及有缺点的学习造成的"。她着重分析了因为有缺点的教材与有缺点的讲解所引起的不必要的偏误,并且通过例析指出了现行教材编写中存在的一些相关问题。

文章主要从两方面分析、研究了留学生学习汉语产生的语言偏误与现行教材的关系。

① 从留学生词语偏误看现行教材中英文注释等问题。

教材中词语简单化或生硬的对应引起学生偏误的情况很多。例如,北京语言大学李德津、李庚生主编的《现代汉语教程·读写篇》:

"知道"（动）,to know

"认识"（动）,to know;to recognize

学生预习生词后造句:

我刚来北京三个月,我还不知道北京。

你认识他是哪国人吗? /我认识他的名字。

"知道""认识"和"了解",在现行的对外汉语教材中都用"to know"注释,但事实上这三者在汉语中的意义、用法都是有区别的。"知道"指有某一方面的知识;"认识"侧重于"辨认、识别";"了解"指打听、调查或知道得很清楚。

从大量的例子中可以看出留学生用词的偏误与现行汉语教材中词语英文注释间的关系。

② 从留学生语法偏误看教材中语法、英文翻译等问题。

文章认为留学生语法偏误与教材中语法英译的问题有关。语法点的解释虽然很详尽,但并不实用。英文解释只局限于说明"是什么",而很少涉及"为什么""怎么用"。我们应该清楚,给外国人讲解词语及语法侧重在于从语言应用的角度来传授一种语言技能,而不是语言知识。为此,文章提出要"从汉语实际出发编写汉语教材","把'语用'引入对外汉语教材"。①

---

① 钱玉莲:《偏误例析与对外汉语教材编写》,《汉语学习》1996 年第 3 期,第 43 - 46 页。

以上以汉外对比分析以及偏误分析研究为例,说明了汉语学习理论研究成果对教材编写的影响。

2. 建构主义学习理论与对外汉语教材

自 20 世纪 90 年代以来,随着心理学家对人类学习过程中认知规律研究的不断深入,认知学习理论的一个重要分支——建构主义学习理论已成为一股新兴潮流,大有后来居上之势。著名教育心理学家 Slavin(1994)就曾指出,在教育心理学中正在发生着一场革命,尽管人们对它有不同的称呼,但更多地把它称为建构主义的学习理论。

建构主义学习理论的内容很丰富,其核心就是以学生为中心,它既强调学习者的认知主体作用,又不忽视教师的指导作用。建构主义学习理论认为,情境、协作、会话和意义建构是学习环境的四大要素。

由于建构主义所要求的学习环境得到了当代最新信息技术成果的强有力支持,这就使建构主义理论日益与广大教师的教学实践普遍地结合起来,从而成为国内外学校深化教学改革的指导思想。建构主义学习理论对于对外汉语教学及教材研究也有指导意义。

(1)建构主义理论在中级汉语口语教学与教材中的体现。

汉语难学是外国留学生普遍的感受。到底怎样建构留学生的语言知识,使他们在短短的一两年内消除由于文化背景的不同而带来的理解、运用的障碍,提高其用汉语的思维方式思考、解决语言问题能力,在语言能力和交际能力方面取得较大的飞跃,这既是对外汉语教学面临的一大难题,也是对外汉语教材需要研究和解决的问题。

在这一背景下,本人指导一名硕士研究生进行了"建构主义视野下的中级汉语口语教学研究",其中,有些章节在分析当前中级汉语口语教学及教材现状时,就谈到了建构主义理论对中级汉语口语教材的要求和影响。①

武荣强(2007)指出,吕必松先生在论述教与学的关系时就指出:"我个人赞成'以教师为主导、以学生为中心'的观点。"(吕必松,1993)建构主义理论的核心就是以学生为中心。这些年来,越来越多的对外汉语教师也开始接受以学生为中心的理念。可是在实际教学中,他们依然习惯于以教师为中心。建构主义的教学理论是建立在建构主义学习理论基础之上的。只有了解了学生"怎么学",才能为"怎么教"提供依据。

---

① 武荣强:《建构主义视野下的中级汉语口语教学研究》,上海师范大学硕士学位论文,2007 年。

　　建构主义主张创设真实、自然的情境,通过互动与合作来建构知识,特别强调要通过互动与合作进行学习,学生只有通过与周围的人进行互动、与同伴合作,才能激活内在的各种因素。教学应为学生提供机会,让他们参与真实自然和有交际意义的活动,提出问题、建构自己的模式、概念和策略。

　　教材是教学法思想的体现,是课堂教学的基础。对于教师来说,他们更关心的是教材是否好用,是否有利于组织教学;对于学生来说,教材是学生主动建构语言能力的支点和认知工具,容易学以及语言交际能力有实实在在的提高是他们最关心的。

　　留学生们希望教材每课能集中地表达某项交际活动,如在不同场合、对不同的人,用汉语怎么介绍合适等。从现有的教材来看,《阶梯汉语——中级口语》比较符合学生这方面的需求。

　　周小兵主编的《阶梯汉语——中级口语》共有四册。据教材的前言介绍,该教材是"以功能为纲进行编写"的。其依据是"对中级阶段的学生而言,口语面临的问题是如何丰富口语的表达、在不同的场合说不同的话,即如何表达得得体。以功能为纲进行编写,可以突出语言的功能运用,即在不同的情景下用不同的语言方式进行表达,帮助学生在具体的语言情境中根据不同的角色说话。"

　　下面以《阶梯汉语——中级口语》为例,来具体分析一下这套教材"以功能为纲"的编写原则。从功能项目上来看,该教材的主要特点是:

　　① 以学生为中心,突出语言的功能运用。

　　对于刚步入中级阶段的学习者而言,社交活动仍然是他们迫切需要得体表达的,于是,在中级阶段选用的"社交活动中的表达功能"8 项功能中,第一册就占了 5 项,涉及介绍、祝贺、问候、邀请、感谢等功能;随着 10 周左右学习的结束,"对客观情况的表述"作为学习的重点,中级阶段四册"对客观情况的表述"共选用了 8 项,其中第二册就占了 5 项,涉及列举、比较、交涉、概括、咨询等功能;随着学习的深入,学习重点转到"对理性认识的表达",中级阶段四册"对理性认识的表达"共选用了 11 项,第三册就占了 7 项,涉及批评、估计、相信、打算、同意、反对、犹豫等功能;在这个阶段的学习过程中,"对主观感情的表达"始终贯穿学习阶段的全过程,中级阶段四册"对主观感情的表达"共选用了 16 项,第一册选用 3 项,第二册选用 3 项,第三册选用 4 项,第四册更是选用 6 项来强化对主观感情的得体表达。

　　② 中级阶段各层次的学习重点不同。

　　由统计表可以看出,中级阶段口语学习者的学习重点依次是第一册的"社交活动中的表达功能"、第二册的"对客观情况的表述"、第三册的"对理性认识的表达"、第四册的"交际策略的表达","对主观感情的表达"作为重点,贯穿口语表达的学习全过程,并逐步增大训练不同功能的力度。

③ 根据学习难度,体现循序渐进的原则。

"交际策略的表达"第一、二、三册未涉及专篇,仅在第四册出现"引入话题、改变话题、结束话题"这三个训练专篇;"对理性认识的表达"第一册未涉及专篇;"对客观情况的表述"第三册未涉及专篇;"对道德情感的表达"第三、四册未涉及专篇。这从一个侧面反映了这套教材更有利于学生对知识的主动探索、主动发现和对所学知识意义的主动建构。

(2)建构主义理论对对外汉语口语教材编写的要求。

经过武荣强(2007)的调查发现,纸质教材表现的只是口语的"文本表现"。虽然一般的出版社都会给纸本教材配上磁带或 MP3 格式的音频文件。但这些磁带或者音频文件大多是生词及课文的朗读。如果听一听这些录音材料,就会发现大多并非口语,只不过是书面语言的口头化而已。跟纸质教材相比,以多媒体的形式记载的汉语口语往往是比较真实、标准的汉语口语。

建构主义学习理论要求创造真实、自然的情景,对教材编写也就提出了更高、更新的要求。国家汉办在《全国对外汉语教材工作会议纪要》中曾指出:"更新传统观念,打破教材编写陈规,突破已有的编写框架,推出合乎时代需求的精品教材,成为摆在对外汉语教学界面前的突出任务"。(赵金铭,1998)这就是说,对外汉语教材要创新。创新的出路之一就是教材的现代化。新一代对外汉语教材必须建立在体现新世纪信息技术发展的思维模式的基础上。

由此可见,对外汉语口语教材不仅要有纸质教材,也应该依据信息技术所提供的强大支持,进行多媒体教材的研制与开发。对外汉语口语教材的媒介由纸张到多媒体,应该说是一个传媒时代的跨越。多媒体教材无论从容量上还是编写和表现方式的多样性上,都远远超过以纸张为媒体的教材,它可以实现基于计算机的交互式教学和学习,它可以模拟真实的交际情境。但是,多媒体教材的出现并不排斥纸质教材,相反,它是纸质教材重要的、有益的补充,两者结合,会更有利于学习者提高口语交际能力。

综上所述,对外汉语教学是一门以语言学、教育学、心理学等学科为基础的交叉学科,语言学、心理学、教育学是教材编写的基础与依据,它们从各个方面对对外汉语教材提供直接或间接的指导。

当然,除了这三个重要的理论基础之外,对外汉语教材与哲学、文化学也有密不可分的关系。

哲学为任何一门具体学科提供认识论和方法论的指导。毫无疑问,哲学也必将在认识论和方法论上为对外汉语教材研究和编写提供指导。因为哲学为人们认识语言的本质和语言使用的本质,为认识第二语言习得过程和教学过程的本质,为认识教材的本质、地位与作用提供认识论基础。同时,解决教材研究与编写过程中的各种矛盾也离不开哲学的帮助。因此我们可以说,哲学是对外汉语教学最深厚的理论基础,从而间接地指导对外汉语教材的编写。

语言是文化的载体,语言中包含文化因素,语言和文化关系密切。李泉(2012)认为,文化学也是外语教学及其教材编写的重要理论基础。外语教学是一种跨文化的教学,不仅教学过程本身是跨文化的教学过程,语言学习者日后以目的语为工具从事的交际活动更是真实而具体的跨文化交际活动。这样,与语言交际有关的文化知识和文化因素也就必然地成为外语教学及教材编写的内容。……教材中如何处理语言教学跟文化教学的关系,如何选择、呈现和解说文化内容等,是教材编写与研究的永恒性课题,是教材编写实践无法回避的问题。

当对外汉语教学中的文化教学意识由不自觉逐渐走向自觉之后,依托文化编写语言类教材就成为教材成功与否的重要因素之一。现行受欢迎的语言类教材,如汉语精读教材、汉语口语教材、汉语阅读教材等无不包含着丰富多彩的文化内容。而专为开设文化课程而编写的对外汉语文化教材数量和种类明显地呈逐年增加的趋势。因此,文化学也是对外汉语教材重要的理论基础。

总之,不管是编写教材还是研究教材,我们都必须重视理论语言学、心理语言学、社会语言学、心理学、教育学、文化学等方面的理论知识,重视方法论,并用以指导对外汉语教材的编写和研究。

第二章　对外汉语教材的发展轨迹

对外汉语教材的发展轨迹与对外汉语教学的历史进程密不可分。长期以来,在对外汉语教学学科建设方面,对教学史的研究相对滞后和薄弱。已有的成果不仅数量有限,而且涉及的时段也多集中在新中国成立以后,对于近代乃至古代的情况,则鲜有论及。这种状况不仅与源远流长的对外汉语教学实际严重不符,而且也极易让人产生一种错觉,认为中国的对外汉语教学只不过是近几十年以来的事。[①]

张西平(2002)指出,任何一个成熟的学科都由理论和历史两部分构成,前者确定学科的基本范畴、逻辑体系,后者梳理学科形成的过程、范畴演化的历史。一个没有自己学术史的学科,肯定不是一个成熟的学科。目前,汉语教学史和对外汉语教学史是一个亟待开拓的研究方向,它必将极大地提升对外汉语教学的学术内涵。董明(2001)也认为,有史有论是一个学科发展的必备条件。

总的来说,对外汉语教学作为一门学科,"论"较充分,但"史"还不足。对外汉语教材更是如此,在笔者有限的阅读范围内,对外汉语教材史方面的研究还很少见,但在我们看来又是十分重要的。

日本汉学家六角恒广(2000)说过这样一句话:"要考察一个国家的语言(包括汉语)教学史,教科书无疑是非常重要的方面,甚至说是基础和起点"。[②]

本章现有的资料、在前辈时贤的研究成果基础上,以汉语教材为主要线索,梳理一下对外汉语教材的历史轨迹,也可从中初步了解我国汉语教学所走过的历史足迹。

---

① 耿虎:《对外汉语教学史研究的一部力作——〈古代汉语汉字对外传播史〉评介》,《语言文字应用》2004年第1期,第130-134页。

② [日]六角恒广:《〈日本中国语教学书志〉"译后语"》,王顺洪译,北京语言文化大学出版社2000年版。

第一节　古代对外汉语教学及汉语教材的发展轨迹

一、明末以前的对外汉语教学及教材

关于这段历史,研究的论著还不多,我们主要收集和梳理散落在文献、论著中的一些资料信息,与大家分享一下已有但还不多的成果。

董明(2001)指出,"至迟秦汉时期,汉字已经在中国周边的一些国家和地区有所传播;汉代以后,随着中外文化交流的频繁、深入,其传播范围更逐渐扩大,不仅东亚、东北亚、东南亚、中亚、西亚、西南亚,甚至欧洲的一些国家和地区,也陆续受中国文化的影响,不同程度地接受了汉字的传播。伴随着汉字的向外传播,古代史上不只中国曾经长时期开展过汉语作为外语的教学活动,受到中国文化影响的外国也都有着悠久的汉语教学的历史,并积累了许多这方面好的经验和方法。……国外的情况暂且不谈,即以我国古代的对外汉语教学而言,不仅开始时间早,持续时间长,而且内容极其丰富,形式多种多样。"

有教学必定会涉及教材。下面主要结合明清时期的汉语教学概况,来介绍一下中国古代汉语教材的一些基本情况。

也许有人会提出疑问:为什么要以明末为分界线呢?这里我们借鉴北京语言大学施光亨教授的研究成果。施光亨(2004)认为,就面向世界的汉语教学来说,其历史大体上可分为两个时期:明末以前和明末以后。

就古代汉语教学的整个情况来看,我们认为这种提法是有一定的道理的。根据施光亨(2004)[①]的研究,明末以前,学习汉语的人以亚洲各邻国的学生为主。其中,唐代以日本学生占多数,另有朝鲜半岛的高丽、百济、新罗等国的学生,明代来华学生中以琉球(现属日本)为最多,其次是日本、暹罗(现属泰国)、占城(现属越南)、高丽等国;难得的是琉球学生中有女生4人。他们学习汉语的目的,正如日本国王所说的"吾国虽处扶桑之东,未尝不慕中国!",还有高丽国王所说的仰慕中华"声名文物之盛"。[②]

这些国家开展汉语教学的途径有两条。第一条途径是由中国派去教师,例如,据日本史书《古事记》记载,公元284年(或285年)(西晋武帝年间),百济王仁东渡日本去教皇太子菟道稚郎子汉语,带去《论语》10卷、《千字文》1卷。这就

---

① 施光亨:《历史上的汉语教学:向着第二语言教学走出的第一步》,《海外华文教育》2004年第4期,第1-9页。

② 黄明光:《明代外国官生在华留学及科考》,《历史研究》1995年第3期,第181-185页。

是当时所用的教材。唐代也常派遣有学问的、"善与讲论"的人出使新罗。①

　　更多的是第二条途径，即随同外交使臣来华。中国的史书中有这样的记载：608 年（隋炀帝时期），日本曾派留学生、学问僧 8 人随我使者来华。唐代的遣唐使来华则常有伴送或迎返日本学生的职责。自唐代开始以来，除唐末内乱时期外，日方派出遣唐使不下 13 批，每批都有留学生、学问僧多人，仅 653 年（唐高宗年间）的两批就各有 120 余人，最多时一次就有 500 人。各国学生的成分多为王室和大臣子弟。来华后就读于国子监、国子学、太学。明代更为留学生免费提供食宿和四季衣物，并有探亲制度，而对中国教师则严格禁止收受学生礼物。②

　　当时的教学内容或者说教材，除了上面提到的《论语》《千字文》等外，唐玄宗礼贤下士，曾要国子监下属四门学的助教去日本使者寓所教授儒经。唐、明两代还允许他们参加中国的科举考试，明代更有免乡试、不受名额限制等优惠的明确规定。③

　　由此，我们可以知道，这些外国留学生的学习内容和教学要求与中国儒生无异。他们不少人回国后在政治上，尤其在促进本地区文化、教育的发展上都作出了重大贡献，其中，新罗、日本学生回国后分别利用或模仿汉字创制了新罗文字和日本的假名。

　　除了这些史书记载的官派留学生以外，不应忽视的是民间方式。其实，就像现在的留学生一样，既有公派留学生，也有自费留学生，而且自费留学生的数量往往还大大超过公派留学生。元末高丽人汉语学习用书《老乞大》中有这样的记载：

　　"如今朝廷一统天下，世间用着的是汉儿言语。我这高丽言语，只是高丽地面里行的。过的义州，汉儿地面来，都是汉儿言语。有人问着一句话也说不得时，别人将咱们做什么人看？"

　　这些话生动地描述了他们学习汉语的迫切心情。关于具体的教学活动，书中说，他们进的是"汉儿学堂"，师傅是"汉儿人"，学生中"汉儿、高丽中半"。教材是"《论语》、《孟子》、小学"。每天上午由老师讲课，下午写仿书、对句、吟诗，最后到师傅面前讲书、背书：背得不好，就受罚。这里描述的就读学校、教材和教学方法等完全是传统塾学的汉族人语文教学模式。

　　民间交往既有事务性的需求，更涉及社会生活的各个方面。随着相邻地区

---

①③　韩国磐：《隋唐五代史纲》，人民出版社 1994 年版，第 243 页。

②　黄明光：《明代外国官生在华留学及科考》，《历史研究》1995 年第 3 期，第 181－185 页。

人员的往来日趋频繁,仅仅学习《论语》《孟子》《小学》就远远不够了,于是,就出现了《老乞大》《朴通事》这样的教材。

高丽朝末期的《老乞大》和《朴通事》这两本汉语教材,都是以情景为主编写的会话课本,形式上采用对话体,使用的是明代纯正的北京口语,其中有单句、有复句、有句群,并且含有不少固定词组和民间谚语,所依托和表现的是当时普通朝鲜人的实际生活,本质上已同我们现在为外国人学汉语而编写的会话课本没有太大的不同。

董明(2001)认为:"在此之前,朝鲜人虽然也在学习汉语,却始终没有现代意义上的汉语教材,而主要以儒家经典和中国诗文作品作为学习材料。严格地说,这不符合汉语口语的特点和语言学习规律,从而注定了其学习效果欠佳,具体表现就是学习者的汉语听说能力和实际语言交际能力的低下……二书的出现,则将很大程度上改变了这种状况,因为它们为朝鲜人提供了相对适宜的汉语学习材料,使朝鲜人的汉语学习更贴近了汉语口语和语言学习规律,从而可望获得更理想的学习效果。因此也可以说,二书的出现标志着朝鲜人对汉语口语特点及汉语学习规律、学习途径、学习方法的认识有了重大飞跃。"

据推算,汉文本《老乞大》使用了至少400年,可能是迄今为止使用时间最长的对外汉语教材,蒙文本《老乞大》存在了374年,满文本《老乞大》存续了130年。

关辛秋(2004)指出,《老乞大》这本教材有三大编写特点:

① 采用向母语(汉语、满语、蒙语)人逐句核准的修改方式,重新修订教材;

② 创造了一套严密的注音方法,用朝鲜语为第二语言教材释义、注音;

③ 总结出一套实用的语言功能项目。

《老乞大》的内容以路途往返、交易买卖为主,《朴通事》则涉及名物制度、风俗习惯、饮食起居、休闲娱乐等诸多方面。

吴淮南(1995)从教材体例、教材内容、语言特点、编排特色等方面对《朴通事》进行了深入的研究和分析。《朴通事》是朝鲜古代有代表性的著名的汉语口语教材之一。从内容上看,其著作年代大约在高丽后期,中国是元末明初,在14世纪,距今约600年。后来,边退、朴世华等人经过考证编成了《朴通事谚解》,当时朝鲜是在肃宗初年,中国是康熙年间,距今约320年。

《老乞大》、《朴通事》是最早的外国人学习汉语的教材。它们的出现是对把传统的语文教学模式的一种挑战。尽管它们满足的只是"下层人"语言交际的需要,也没有资料说明它们曾经为学校所采用,不会受到官方和社会的重视,外国人学习汉语还是以官学模式为主流,但是,它们的出现却表现了对外国人的汉语教学还存在着另一种需求和方式。反映这种需求和方式的变化主要发生在明末以后。

施光亨(2004)指出,我们之所以把明末(1573—1619年)以后作为历史上对外国人的汉语教学新时期的起始线,是因为教和学的主体及其教学目的、教学内容、教学方法、教材等方面,在这以后都发生了巨大的变化。明末以后,大批西方传教士、外交使臣和商人来华学习汉语,成为这方面最为活跃的群体,主导着外国人汉语学习的发展。他们的目的主要是为了传布教义和政治、外交、商业等方面的利益,跟以前仰慕、学习中华文化有很大的不同。

那时的对外汉语教学有以下两个基本特点①:

① 在教与学的关系上,学方是主动的,教方是被动的,也就是说,并不是中国人主动地开展对外汉语教学,而是入华的传教士们主动学习汉语,中国人才被动地开始了这项工作。这种教与学上的特殊关系是与当时明代的整个政策联系在一起的,对于长期持有"夷夏之分"观念的中国人来说,当时根本还没认识到这项工作的意义。

② 对外汉语老师的工作具有很大的私人性。因为教是被动的,这样从中国一方来说很难有有组织的教学,因而老师的汉语教学完全是私人性的。传教士们聘用小书童当语言老师就是一个典型的例子。利玛窦在《利玛窦中国札记》中曾记载了他们第二次进北京时,太监们为了让他们学好官话"在南京买了一个男孩作为礼物留给神父们。他说他送给他们这个男孩是因为他口齿清楚,可以教我纯粹的南京话。"②这说明他们不仅聘请有声望的学者当老师,也买小书童留在身边当口语老师,但无论聘谁当老师,完全是传教士个人的事情。

二、明末至清末的对外汉语教学及教材

(一)明末——1840年鸦片战争前

明末以后,早期来华的西方人也曾以"四书""五经"为教材。

意大利传教士利玛窦(1552—1610)1582年8月来华,一到澳门就学习汉语,日常的语言交际似乎已能应付,并开始讲道,但是他还是在来华后的第11年(1593年)起,开始攻读"四书"。他感慨地说:"在老年期又做了小学生"。这既

---

① 施光亨:《历史上的汉语教学:向着第二语言教学走出的第一步》,《海外华文教育》2004年第4期,第1-9页。

② 何高济等译:《利玛窦中国札记》,中华书局1983年版。

是利玛窦的无奈,又是早期的西方人进入一个他们非常陌生的语言环境的必然。

法国传教士马若瑟(1666—1735)在 1728 年撰写的《汉语札记》中记述的情况具有一定的代表性。他说:"当我开始我的中文学习时,我得到的是'四书'"。新来的传教士"应该尽最大的努力学习中国的'四书',就像中国的学童从小就用心学习那样。"学了《孟子》《论语》《大学》《中庸》("四书")以后,"更高的一级"是《诗经》《书经》《易经》。他认为学习汉语是个"平淡而又漫长的过程"①。但是他们并不能适应这个过程。

除了来自意大利、法国等国的传教士外,还有俄罗斯、英国、西班牙等国的传教士。最早来北京学习汉语的俄罗斯驻华宗教使团也是"直接以中国古典书籍为教材"。俄罗斯东正教主教公会 1742 年曾命令宗教使团成员"在北京必须同当地居民自由交谈,以便改善传道方法"。但这个命令无法实现,因为先行来华的宗教使团成员回答说:"据说要了解它(汉语),那些在北京住了七年的人都不能做到"。②

不管是无奈还是无望,这些肩负着特殊使命的西方人必须寻找汉语学习的新的途径。以上种种迹象也表明,汉语作为第二语言学习的呼声正在响起。至少他们已经注意到要完成自身的特殊使命,要尽可能快地达到"同当地居民自由交谈"的水平,必须把精力放在口语学习上。而口语的发音,经常使用的词语的意义和句子的理解,又是这些对汉语知之甚少的西方人必须解决的难题。

我们知道,第二语言学习的特点是学习者多有明确的目的、有良好的母语能力和知识、有成年人的认识、理解语言的能力等;而早期来华学习汉语的西方传教士、外交使臣在这些方面比起一般第二语言学习者们有着更强的优势。他们一旦在一定程度上掌握汉语以后,就必然会以同中国传统的语文研究不同的角度、理论,对汉语进行更为全面、深入的观察和研究。

事实也正是如此,西方传教士们在学习汉语的同时,也在研究汉语方面取得了丰硕的成果。在明末清初时期的成果主要集中在语音、词汇和语法三个方面:(1)创制了罗马字拼音制式;(2)编写了双语辞书;(3)撰著了语法著作。罗明坚、利玛窦编纂的以罗马字注音的双语词书《葡汉词典》(1588),创制第一个罗马字汉语读音方案的利玛窦的《西字奇迹》(1605),中国拼音文字运动史上起过重大作用的罗马字注音的利玛窦、金尼阁(1577—1628)的《西儒耳目

---

① 张西平:《西方人早期汉语学习调查》,中国大百科全书出版社 2003 年版,第 227 - 230 页。
② 李逸津:《俄罗斯汉语教学与汉学研究的发端》,《天津师范大学学报》2004 年第 4 期,第 60 - 64 页。

资》(1626 年)，西班牙传教士瓦罗(1627—1689)编写的《华语官话语法》(1703)，马若瑟的《中国语志略》(1728 年编成，1831 年面世)，英国传教士马礼逊(1782—1834)的《华英词典》(1823)，马若瑟的《汉语札记》(1831)等，都编写或出版于这一时期。

　　这一时期来华西方人中的先行者们的研究及其成果不仅在学术史上有其自身的价值，也为汉语作为第二语言教学的形成提供了必要的条件，做了很多基础性的工作。

　　实际上，《葡汉词典》《西字奇迹》《西儒耳目资》《中国语志略》等，就是西方最早的"汉语教材"。

　　英国外交官威妥玛(1818—1895)在他的《语言自迩集》的初版序言中说"本人的职责之一，即指导为女王陛下驻中国公使馆录用人员的诸公的学习；……本书主旨是帮助公使馆的见习生，使他们在中国官话上，在书本或公函或公文中阅读的书面语上，尽量少费时间。"从这里我们可以看到，无论是传教士学习汉语、政府派遣留学生，还是外交官编写汉语教材，从明末开始，西方人来华学习汉语的动机和需求同以前以东方国家为主的汉语学习者已经有了很大的不同。可以说，西方人来华学习汉语的高潮是由基督教传教和资本主义势力东进的需要催生的。

　　施光亨(2004)注意到，18 世纪初，由于天主教耶稣会传教士要求中国教徒改变祭天、祭祖、祭孔的传统，有些传教士还参与了清政府的内部纠纷等原因，1723 年(雍正元年)清政府严禁他们在内地的传教活动，只许在澳门居住。以传教士为主体的西方人学习汉语相对走入低潮。

　　1807 年马礼逊入华以后，拉开了基督教新教传教士学习汉语的序幕。此时，中国社会日益走向封闭，逐步关闭了与外界联系的大门。

　　在这种环境下很少有人再敢教外国人学汉语，这一时期有名可查的教外国人学汉语的中国人十分有限。其中，较有代表性的人物是江沙维(1781—1841)，江沙维是天主教传教士，葡萄牙里斯本科学会海外会员。江沙维 1813 年抵达澳门，在澳门居住 28 年。其主要成就是汉语教学和研究，他所编写的汉语教材《汉字文法》(Arte China)是当时一部很有影响的汉语教材，"全书分九章，包括汉语语音、汉字笔画和部首、汉语语法、以问答编排的专题实用课文、中国俗语、中国历代史、作文笔法、公文程式等内容。该书不但内容丰富，包容面广，而且在多章节的编写中，溶化了汉语教学的经验，运用了自己独特的方法"[①]。此外，他还编著了五本影响很

---

　　①　刘羡冰：《双语精典与文化交流》，澳门基金会，1994 年。

大的辞书,它们是《葡中字典》(又称《洋汉合字汇》)、《中葡字典》(又称《汉洋合字汇》)、《拉丁中国语本》、《拉丁中文袖珍字典》和《拉丁-中文袖珍辞汇表》。

直到 1840 年,清政府在鸦片战争中失败,重开国门,更多的西方人来到中国,西方传教士学习汉语呈现出又一个更大的高潮。

以上简要介绍的是这个阶段在本土的汉语教学及汉语教材的情况。其实,耶稣会入华后,不仅不断派西方各国传教士来华传教,也有将中国信徒带往欧洲培养,这些人便成为最早到欧洲去的中国人。

据方豪(1969)统计,1795 年前往西方留学的中国人有姓名在录的就有 63 人之多。这些人绝大多数都是由传教士带出去的,在西方学习神学和西方哲学、语文等,他们并没有到欧洲传授中文、讲授中国文化的使命,但他们中仍有一些人在学习西方宗教文化的同时也兼做了传播中国文化甚至教授欧洲人中文的工作。①尽管他们这样做并非自觉,但从对外汉语教学史来看却有着重要的价值,因为他们是最早赴欧洲留学并在留学中向西方人传授中文及中国文化的人,可谓今天我国外派出国师资的前驱。

另外,一些归国传教士以及中国最早被带到欧洲的中国人的学生成为海外的汉语教师,在各国的汉语教学和汉语教材编写中发挥了重要的作用,有代表性的人物包括:

雷蒙(慕)沙(1788—1832),他是法国汉学讲座的第一位教授,汉语教学是他的主要工作之一。19 世纪的法国,因为教学需要,他第一个在大学开设了汉语课,并编写了汉语语法课本《汉文启蒙》。为了教授汉语语法,他利用马若瑟的手稿,编写了《汉语语法基础知识》。

雅金夫·比丘林(1777—1853),俄罗斯汉学的奠基人,1807 年被派到中国以后,在北京居住了 14 年,1821 年回国。他不仅是杰出的汉学家,也是俄罗斯汉语教学的奠基人,他编写的《汉文启蒙》(也称《汉语语法》)长期被当作汉语教材使用。他于 1831 年在恰克图创办了第一所汉语学校(1831—1861),并亲自任教。他当时制定的学制、教学计划和教材,也为后人所师承。这一切均为俄罗斯的汉语教学从方法论上奠定了基础。②

(二)1840 年鸦片战争后——清末

这一时期出现了不少代表人物以及由他们编写的汉语教材。

---

① 方豪:《同治前欧洲留学史略》,《方豪六十自定稿》,台湾学生书局 1969 年版。
② 李明滨:《19 世纪上半叶的俄国汉学史》,《国际汉学》2000 年第 2 期。

1. 安东尼·巴赞(1799—1862)

法国东方语言学院的首位汉语教授,他也是欧洲最早开始汉语白话教学的人。他的汉语教学的代表作是"《官话语法》(1856 年),这本教材对汉语口语进行了深入的分析"。①

2. 卫三畏(1812—1884)

美国本土的汉语教学和汉语研究是由入华传教士卫三畏 1877 年回国后在耶鲁大学创立的。他任耶鲁大学汉文教授期间,著有《拾级大成》《中国地志》《中国总论》《我们同中华帝国的关系》和《中国历史》等书,还编了一部《汉英拼音字典》,这部字典和他的《中国总论》过去是外国人研究中国的必备之书。

《拾级大成》的英文名为 *EASY LESSON IN CHINESE*(又译为《简易中文教程》),作者取"拾级大成"为其命名,寓意学习这本教材的人能够像上台阶一样,一步一步地提高,最终达到成功的目的。

《拾级大成》是卫三畏根据广东方言编写的一本汉语教材,该书共分为十章,每一章都围绕一个汉语问题展开,可以说是鸦片战争后出现的第一本汉语教材,它的影响力虽然不如江沙维编写的《汉字文法》(*Arte China*)以及威妥玛的《语言自迩集》这两本书,但书中提出了很多有价值的观点。

卫三畏之所以能成为美国最早和最有成就的汉学家,除了近 40 年的在华生活经历外,他的好奇心以及细微的观察和研究习惯,也是其成功的关键。他非常重视中文的学习,虽然当时清政府严禁中国人教授外国人学习中文,禁止外国人购买中文书籍,但他还是想方设法私下聘请中文老师,通过各种途径采购中文书籍学习中文。为了帮助外国人学习中文,他编著了《大成》《汉英拼音字典》《中英官话字汇》等,目的就是方便外国人学习中文和实施所谓的"文字布道"之用,他认为"语言本身就是介绍新真谛的最方便的手段之一"。

3. 伯多禄(1842—1912)

澳门历史上第一任华务局局长,19 世纪葡萄牙著名汉学家。他的学术成就主要表现在汉语教学和汉语教材的编写上。

刘羡冰(1994)指出,伯多禄在圣若瑟学院教授汉语,课程包括澳语的文法和口语、官话(即北京话)的口语和中文的翻译。②

当时,澳门的汉语人才匮乏,伯多禄一人身职 5 个学校的汉语教师,从小学

---

① ［法］戴仁:《法国当代中国学》,耿昇译,中国社会科学出版社 1998 年版。
② 罗光:《利玛窦传》,台湾辅仁大学出版社 1982 年版。

到中学,从基础课程到专业课程,可以说当时他在澳门汉语教学中是独当一面。他先后编写了《教话指南》《国文教科书》等教材。

伯多禄在汉语教材的编写上积累了丰富的经验,他的一些编写原则至今仍有启发。例如,他在《教话指南》的"备忘"中提到了汉语教材编写中的 7 个应注意的问题:

(1) 它有一个总的培训目标:能说流畅的澳语;可阅读及理解中文商业文件;可以独立写简单的商业信件及家信;可用官话与人交谈;掌握中文文法概要;掌握拼音知识;掌握会话和会谈的方法技巧;学习 2 533 个汉字。

(2) 有分级的具体的培训目的,有分级的教材和分期的教学进度。

(3) 书面语与口语结合,澳语与官话结合,注意培养听、说、读、写等基本功。

(4) 识字教学是初学的主要内容,最高阶段以语言的运用为核心环节。

(5) 语音、语法、词汇各成系统,各年级有所侧重,但又浑为整体,反复巩固,综合运用。

(6) 结合培训的社会要求,有的放矢。中、小学以培训商业人才为目的;政府翻译部门以培养外交、传译人员为方向。

(7) 注意到循序渐进、培养兴趣、反复练习等教学原则,也注意到一般规律和特殊语法现象的分析。重视标准例句和常用公文程式教学。①

4. 威妥玛(1818—1895)

施光亨(2004)指出,先期来华的西方人的汉语研究成果,有利于这些传教士们理解、认识复杂的、可以说是完全陌生的汉语。但是,它们毕竟只是语言学习的工具和知识,而不是严格意义上的以提高语言能力为终极目标的课本、教材。

1840 年以后,对外国人的汉语教学向着第二语言教学跨出了历史的第一步。其重要标志就是在这一时期编写了大量教材。其中,最富首创精神、影响最大的当数威妥玛的《语言自迩集》(1867)。

剑桥大学的汉学为威妥玛(1818—1895)所创,他原为英国驻华外交人员,1888 年开始担任剑桥大学第一任汉学教授,他的《语言自迩集》是较有影响的汉语教材。张德鑫(2001)指出,《语言自迩集》是一部容量颇大、内容包括西人学习汉语的教本、一百多年前北京话口语实录描写及汉语语法研究之集大成的著作。它的重要价值,除了在北京话和普通话历史乃至中国语言学史上的开拓意义外,还在于这是一部注重现代汉语口语教学并用拉丁字母注音的"对外汉语教材"的

---

① 刘羡冰:《双语精典与文化交流》,澳门基金会,1994 年。

开先河之作。

下面以《语言自迩集》和相关的一些材料为例,说明这一时期教材的主要特点。

(1) 把所教的语言定位为北京官话口语。

如前所说,早期学习汉语的很多西方人多有以古代书面语——"四书""五经"为教材的经历,由于传教、外交等职业和生活的需要,他们又必须学习通行的口语;因居住地等的不同,在口语中有些人学了官话,有的人学了方言。也就是说,早期来华的西方人学习汉语面临着书面语跟口语的不一致、官话跟方言的分歧两大难题。他们曾为此作出过努力,例如,为了解决前一个难题,他们编写了以口语为基础的辞书、手册和语法著作,采用口语例释和注音。对于官话和方言的分歧,他们早就意识到官话在汉语中的特殊地位和作用。罗明坚在 1573 年致耶稣会总会长的信中说:"找一位能教我中国官话的老师非常困难,但我为传教非学官话不可"①。正是在这种背景下,威妥玛编写了《语言自迩集》。

《语言自迩集》作为一百多年前一部西方人学汉语的教材,且是一部注重口语的、反映 19 世纪北京话口语面貌的教材,这表明"对外汉语教材",特别是外国人编写的教材,一开始就有重视口语的传统。正如该书扉页所示:"这是一套循序渐进的课程,旨在帮助学生掌握通行于中国首都及各大都会官场上的汉语口语。"确实,《语言自迩集》中的课文都是既流畅又文雅且京味儿十足的口语。作者在初版序言中还告诫他的学生:"如果一入手就忽视口语,而去学习书面语,他就会为自己的错误抱恨终身。即使他对口语的熟悉程度已经使考官满意,他也不能把口语看成可以放任不管的事情。"②

《语言自迩集》的贡献和价值之一,在于它不仅为口语教学提供了最早的教材,而且是最早定位于教授北京官话口语的教材,正如日本学者六角恒广描述的:"那时候可以说,不仅在北京,即使在世界上北京官话的教科书,除威妥玛的这本《语言自迩集》以外,再也没有了。"③

威妥玛在《语言自迩集》初版"序言"中说:"'官话'不仅是官员和文人的口语媒介,而且也是中华帝国近 4/5 的人的口语媒介。""北京话的特征正在不同程度上影响着其他各种官话。"他在书名下面堂而皇之地写下:"专供学习通行于首都和直隶衙门的汉语口语的学生使用",表示它既不同于传统的"四书""五经"的书

---

①　张西平:《西方人早期汉语学习调查》,中国大百科全书出版社 2003 年版,第 105 页。

②　张德鑫:《威妥玛〈语言自迩集〉与对外汉语教学》,《中国语文》2001 年第 5 期,第 471 - 474 页。

③　[日]六角恒广著:《日本中国语教育史研究》,王顺洪译,北京语言学院出版社 1992 年版。

面语教材,也不是一本教授其他方言的教材。

《语言自迩集》的出版和被广泛采用、对形成并确立北京官话口语在对外国人汉语教学中的地位起了积极的推动作用。

(2) 以课文为核心,把语言规则的说明、讲解跟课文结合起来。

《语言自迩集》的每一单元都编写了课文,所有的中文课文都安排在第一卷;同时,又为每一课文的有关词语作了注音、释义和语法说明,它们都按相同的顺序安排在第二卷,既把课文作为语言学习的材料,又使它成为语言规则的载体。

《语言自迩集》的体例有利于把语言规则的教学跟语言应用能力的提高结合起来,协调前进,最终达到提高语言应用能力的目的。这种体例既不同于传统母语教学的《三字经》《千字文》、"四书"、"五经",不同于元末明初最早的外国人学习汉语的《老乞大》《朴通事》等只有课文、不讲语言规则的模式,也不同于仅仅是为了说明语言规则、语言知识的理论著作和辞书,体现了第二语言学习的特点。

除以上两点以外,《语言自迩集》的课文内容密切结合日常语言交际的需要,可以说大体上包括了一个外国人在中国生活的各个方面,如从初见寒暄、亲朋往来、孩子学话到官场陋习、家庭伦理等。为了把生活中的某些情节纳入教材,由著名爱情故事《西厢记》改编来的"践约传(秀才求婚)"甚至编进了张生在船上遇见洋人,并为他们解读汉语字帖。

一本第二语言学习用的教材的实用价值,除了决定于它的语言是否采用当代通行的语言以外,还要看它是否真实地和在多大程度上反映了所处时代的社会生活的各个方面。日本学者六角恒广(1992)在批评有的汉语教材脱离社会实际时说:"其中看不到表现中国现实的活生生的东西。这种情况意味着中国语教育的停滞。"

《语言自迩集》出版后,影响很大。在它的带动下,19 世纪末、20 世纪初,无论是西方人还是日本人,很快编写出各自需要的汉语教材。

明治维新后,在驻华使馆学习官话的日本留学生正在为找不到合适的教材而困惑的时候,发现了《语言自迩集》,他们立即雇人抄录,用作教材。接着又以此为底本,陆续编写、出版了《亚细亚言语集支那官话部》(1879)、《总译亚细亚言语集》(1880)和摘编本《新校语言自迩集散语之部》(1880),通行一时,从而加快了日本的汉语教学从南京官话向北京官话的转变。1881 年,日本正式废除南京官话教学,开始了北京话(日语称"千国语")时期。①

---

① [日]六角恒广著:《日本中国语教育史研究》,王顺洪译,北京语言学院出版社 1992 年版,第 86 页。

　　我们还注意到，《语言自迩集》似乎还直接影响了日本一些汉语教材的编写体例和内容。例如，六角恒广在其著作中曾设专节介绍的《急就篇》，它从1904年出版到1945年共印制170多版，1952年的时候还在使用。《急就篇》分"单语""问答""散语"等章；除中文本外，另有总译、发音、罗马字等册，这跟《语言自迩集》的章分"散语""问答""谈论"，卷有中、英等如出一辙。更巧的是，《急就篇》和《语言自迩集》第一单元都以数词开篇；《语言自迩集》最长的课文是故事"秀才求婚"，《急就篇》最长的课文也是一个叫"桃郎征鬼"的故事。又如，《燕京妇语》也用了以汉语本文为上册、口语译文为下册的方法。

　　更加值得称道的是，威妥玛为学习北京官话口语制定了后来被称为《威妥玛式拼音》的汉语拼音法式。这个拼音法式在1958年新中国制定汉语拼音方案前，一直在国际上的很多领域内被广泛采用。

　　综上所述，对外国人的汉语教学，从使用《三字经》、《千字文》、"四书"、"五经"到编写为外国人学习汉语的专用教材，开始突破母语教学的模式，走出了现代意义上的汉语作为第二语言教学的第一步，经历了漫长的历史。

　　在这一过程中，虽有时也有中国知识分子参与其间，但绝大多数都以西方人为首创和主力。这是为什么呢？

　　施光亨（2004）认为，第一是需要。早期来华的西方人都肩负着传教、政治、外交和商业等迫切的特殊使命，这种使命不允许他们像中国儿童一样接受费时甚多的母语教学；其次是可能。他们都有较高的母语能力和知识，其中的不少人都有学习其他外语的经验，对汉语不同于西方语言的特殊性有独特的敏感和认识。

　　需要是科学发展的动力，可能是取得成就的条件。这二者是以汉语为母语、在传统的母语教学的环境中成长起来的当时的中国知识分子所不具备的，而早期来华的西方人恰恰是凭借着这些条件，开始了向汉语作为第二语言教学的过渡。

　　以上简要介绍了20世纪以前、主要是明清时期汉语教学与教材的一些基本情况，虽不太完整，但从中还是可以大致了解这段历史的轨迹。

第二节　近代对外汉语教学及汉语教材的发展轨迹

一、20世纪初中期对外汉语教学及教材概说

　　在介绍新中国建立以来对外汉语教材的发展历史之前，有必要把20世纪20年代以来这段时期一些有关对外汉语教学及教材的研究情况向大家作一简

单介绍。

鲁健骥(1998)指出:"在对外汉语教学的历史上,有许多杰出的人物参与,它本身也造就了许多杰出的人物。这一点或许是对外汉语教学的好的传统。张清常在总结我国上古编写语文教学的经验时说过,'我国历史上许多重要人物很重视编写语文教育初级读物,而且亲自动笔。这不但是我国教育史上的优良传统,在世界教育史上也够得上是值得注意的事。'这段话也符合对外汉语教学的情况。所有对对外汉语教学作出了重大贡献的人,都应该载入对外汉语教学的史册。"研究对外汉语教学历史的人大都知道,"20 年代到 40 年代,就有老舍、萧乾、曹靖华这样一些著名的作家学者从事过对外汉语教学,而且取得了很大成就。"①下面我们以带点面,通过对一些个案的分析使大家对这段历史有个大致的了解。

二、20 世纪初中期对外汉语教学及教材的个案研究

(一) 老舍在海外的汉语教学与教材

老舍先生是一位在国外最早从事对外汉语教学工作并且时间最长的优秀的对外汉语教师。在 1981 年问世的《实用汉语课本》(第二册)中有一篇短文是访问老舍夫人的文章,其中就谈到了老舍在伦敦的经历。下面根据刘小湘(1992)的研究②,对老舍先生在海外从事对外汉语教学的经历及贡献作简要的介绍。

从 1924 年秋到 1929 年夏,老舍先生经伦敦基督教会派往燕京大学任教的艾温士教授(Robert Kenneth Evans)的推荐,在近五年的时间里,由专教北京官话开始,陆续开设了古文、翻译(笔译、口译)、历史文选、道教佛教文选等课程。他当年讲课的录音,至今依然完好地保存在伦敦东方学院。据统计称,在老舍先生执教的五年之中,学习北京官话的学生,每年在校总数平均为 50—60 人,最多的一年为 63 人,最少的一年也有 41 人。他的工作得到东方学院校方和同学们的一致好评。

关于这段工作,老舍自我评价说:"对于我的工作,我是尽了自己的最大的努力的。我开设了学生们所想学的所有课程,尽管有些课程不在与我签订合同的范围之内。他的工作确实得到了东方学院校方和同事们的好评。"在伦敦期间,

① 鲁健骥:《对外汉语教学学科建设的一个重要课题——谈对外汉语教学历史的研究》,《语言文字应用》1998 年第 4 期,第 30 - 35 页。
② 刘小湘:《我国对外汉语教学的珍贵遗产——试论老舍在伦敦期间的对外汉语教学》,《世界汉语教学》1992 年第 3 期,第 227 - 231 页。

老舍还和布鲁斯教授和爱德华兹讲师(后升为教授)合作,为灵格风语言中心编写了一套课本《言语声片》。这套汉语教科书为"灵格风东方语言丛书"之一。全书共 30 课,分为英文本和中文本两个分册出版。根据该书的"前言",第 16—27 课每课的下半部分(会话部分,而第 16 课以前的 15 篇课文只有生词和句型练习,没有会话)以及第 28—30 课的全部内容都是由老舍执笔的。全书中文部分的编辑工作由老舍负责,书中所有的汉字都是根据老舍的手书制版的,全部生词和课文均由老舍朗读灌制唱片。书和录音唱片都由灵格风协会出版发行,老舍是第一个在世界著名的灵格风协会出版教材并灌制唱片的华人。这套语言教材和唱片曾在世界上流传并产生过广泛的影响。这是一份老舍研究和我国对外汉语教学研究的珍贵资料。

老舍在东方学院辛勤耕耘五年,不仅写出了《老张的哲学》《赵子曰》《二马》等著名小说,走上了文学道路,而且作为一名对外汉语教学事业的先驱者,为汉语和中华文化的传播作出了不可磨灭的贡献。

虽然老舍在伦敦从事对外汉语教学的资料未能全部保存下来,然而在他参加编写的教材《言语声片》以及他本人对那段教学生涯的自述中,仍然包含着至今还有价值的丰富经验,值得我们学习。

第一,针对学生的实际需要,教学有的放矢,灵活多样。

东方学院的教学是实用性的,商业化的。它的方针是以学生为中心,来者不拒,尽量满足学生的需要。这就必须针对学生的实际需要,采取有的放矢、灵活多样的教学方法。在东方学院的学生中,军人和银行里的练习生是成批来学习的,他们的学习目的非常明确,根据当时大英帝国的政策,对军人的外语要求很高。"言语,要能和中国人说话;文字,要能读大报纸上的社论与新闻,能将中国的操典与公文译成英文。"学中文的英国军官,在英国学一年中文,然后就可以派到中国,在中国实践了一些时候再回到英国考试,考试及格便可加薪。银行里的练习生们,虽没有军人那样高的要求,但他们考及格了也能混个资格,有被派到东方工作的希望。对于这些学生,就统一编成班,按部就班地进行教学。教师对他们的语言训练较严格,学生的学习积极性也较高,尤其是军人。

此外,大量的学习者是抱着各种不同目的来学习的单个儿学生。他们大多是成年人,而且都有各自的实际需要。据老舍回忆,他们"有的学言语,有的念书,有的要在伦敦大学得学位而来预备论文,有的念元曲,有的念《汉书》,有的是要往中国去,所以先来学几句话,有的是已在中国住过七年八年而想深造……总而言之,他们学的功课不同,程度不同,上课的时间不同,所要的教师也不同。"

第二,编写语言教材,注意中国化、生活化。

如前所述,老舍同两位英国教师为灵格风语言中心合编了一套具有世界影响的教材《言语声片》。该书编写的指导思想相当明确。它的"导言"表明:"本课程的目的是使学生能尽力用简单明白、发音准确的中国语交谈。"全套教材是一种"考虑周到的会话",学生轻松地学完全部课文后,掌握的词汇量将近 1 000 个。"第 1—15 课从语法结构的观点编排。第 16—30 课的全部会话由东方学院中文讲师舒先生撰定。它们引导学生学习现代中国人的思考方式和语言表达方式。"为达到这个目的,编写者(主要是老舍)十分注意语言材料的中国化和生活化。

在根据欧洲人学汉语的语法难点编写的前 15 课中,除了注意对学生进行语音训练和句型操练外,编写者有意把与中国文化有关的日常交际用语,如"过奖""贵姓""贵国""贱姓""敝国""父母还在不在""姐妹出阁了没有"等编写在句子中。

在第 16—30 课,老舍所写的会话部分都是极富中国情趣的语境对话。它们的标题分别是:"打电话""卖水果""遇友""火车站""游戏""看小说""贺友人结婚""邮政局""银行""洋服庄""烟铺和卖糖的""旅馆""商业谈话""阿剌(拉)伯人和他的骆驼""新闻"。一个外国人到中国生活所需的交际用语几乎都有了,考虑得十分周全。

会话的语言全是现代北京口语,句法灵活,句子简洁有力,自然悦耳,生动活泼,生活气息浓厚,设置的语境完全符合当时北京的生活实情。

第三,听力领先,着重培养学生的言语能力。

在老舍参加编写的《言语声片》中,就已经对此十分重视了。在《言语声片》英文本第 25 页上的"学习提示"中,第 1—8 条都是对学习者怎样听录音提出的要求。第 1—3 条要求学生着重注意听发音,先不要去理解意义,反复地听,"直到那些谐和的声音印在记忆中";第 4—6 条要求学生听的时候要注意汉语的声韵调、停顿、重音和语境;第 7 条才要求学生在"耳朵熟悉了发音和节奏"后再注意词义,阅读有关语法的注解;第 8—9 条仍要求学生看着译文听录音,反复听,直到不需要译文的帮助也能听懂为止.然后看着译文重复说汉语句子,直至"一开口它就能自己从舌头上滚下来"。由此可见老舍与他的同事们对听力的强调。

老舍和他在东方学院的同事们所强调的听力领先的训练方法,确实对培养学生的言语交际能力十分有效,他们训练出来的英国人,尤其是英国军官,有许多人能说一口流利的汉语。

在伦敦教外国人学汉语的同时,老舍还十分注意传播中国文化,担负起语言教学和文化传播的双重任务。

老舍在伦敦从事对外汉语教学的五年,不仅给我们留下了宝贵的经验,而且在如何当好一名对外汉语教师方面也给了我们重要的启迪。他启示我们:作为一名对外汉语教师,首先要热爱自己的祖国,热爱祖国的语言和文化,同时要有扎实的语言文字修养,熟悉汉语的自身规律,有比较渊博的关于祖国的历史文化知识,有较高的写作水平,还要有一定的外语(学生母语)能力。

(二)魏建功在海外的汉语教学及教材

老舍可以说是 20 世纪初叶在国外从事对外汉语教学的第一人。老舍到伦敦两年之后,1927 年 4 月,另一位青年学者又远离故乡,来到朝鲜汉城教汉语,这就是后来名闻中外的语言文字学家魏建功先生,当时他年仅 26 岁。魏建功从事对外汉语教学却鲜为人知。

根据赵金铭(2002)①的研究。1948 年,魏建功回忆自己在朝鲜一年多的教汉语经历时,曾说:"我与国语发生关系最早的纪念是在前二十年,曾经受了朝鲜京城大学的聘,去担任我们国语的课程。"

魏建功任教的朝鲜京城大学,是日本人在 20 世纪 20 年代创办的,全名为京城帝国大学,即今天的韩国汉城大学。当时任校长的是日本人服部宇之吉。这是一位在日本文化教育界很有资望的人士。他曾在京师大学堂(北京大学的前身)当过教习,是一位对教育特别是对语言教育颇有眼光的人。当时,京城帝国大学正准备开办本科,服部宇之吉一改以往的做法,改从北京聘请大学毕业生前往朝鲜教授汉语。

魏建功于 1919 年秋考入北京大学预科乙部,主修英语。1921 年转入中国文学系,1925 年毕业后留校工作,任北京大学国学助教,具备京城帝国大学要求的任教的资格。对日本人聘他去朝鲜教汉语,魏建功认为:"这是日本人对于我们国语在大学里传习的一个新态度,他们向我的母校——北京大学——文学系邀约教员,把中国语文教学从用一两个教'京话'的发音人的办法,改变为请懂得文字音韵的人担任。"

朝鲜的汉语教学传统源远流长。朝鲜国家正式设立太学讲授汉语是 372 年,是高句丽第 17 代小兽林王二年,这是朝鲜正式讲授汉语的开始。朝鲜人学

---

① 赵金铭:《魏建功先生在朝鲜教汉语和在台湾推广国语的贡献》,《世界汉语教学》2002 年第 3 期,第 102 - 106 页。

习汉语的方法与日本人近似,采取训读和音读并用的方法来读汉字。所谓训读,就是把汉字按照朝鲜语语音来读,音读则是按照中国的汉音、唐音或吴音来读。至于书写,一直到1444年朝鲜创制自己的文字"训民正音"以前,都是利用汉字作为记写符号的。

日本人聘魏建功去朝鲜教汉语之前,朝鲜人学汉语都是雇佣老北京"旗人"(满族人)教地道的北京话,然而所用的教材依然是明朝初年编定的朝鲜人学习汉语的两种课本,即《朴通事》和《老乞大》。这两种会话书里的语言和元曲说白的语言,无论是就语法还是词汇来说,都没有多大的差别,虽然从两本书的内容上可以判断书中写的是北京口语,但毕竟是六七百年前的语言,显得陈旧了,与现代北京话相比已有很大的差距。教材过时,方法古板,教师又不懂文字音韵之学,可见改革势在必行。

在这种情况下,魏建功作为中国语讲师来到了帝大法文学部(法学与文学部),担任中国文学和中国哲学两个讲座(相当于现在所说的专业)的中国语教学。魏建功一改以往的传统教学,首先更换教材,他以刘鹗的《老残游记》为汉语课本,拿当时国内公布仅几年的注音符号为汉字注音,借助于学生已有的汉语文言,特别是以英语为媒介语进行授课与操练。

1936年,魏建功在谈及他在汉城教汉语时说:"余以民国十六年春侨朝鲜汉城,为京城大学华语讲师,所业不过舌人译事,伴学者如小儿婴倪,终日几无可与语。"由此看来,魏建功从事的是口语教学,"舌人"为证;教学中采用翻译法,是为传统的语言教学法,"译事"佐之。而学习者多不会说汉语,但敢于开口说汉语,如婴儿学舌。因此,魏建功从事的是初级阶段的汉语教学。

七八十年前在异国教授汉语是十分困难的,即以推广白话文运动而言,也是阻力很大的。魏建功在国外教国语,也是很了不起的一件事。那时,注音字母才公布几年,并未十分推广,魏建功已把它用到了国外,说明他是非常有远见卓识的。那时候,国内的语言学研究尚无进展,正缺少有系统的语法书作为教学的依据,虽然语法学者都在做有系统的研究,而"为了一些外国学生讲解上应用的就绝对找不着。"在这种条件下,魏建功凭着自己对语言理论的认识,仗着自己深厚的国学功底,以及对语言教学与学习的理解,对汉语教学做了大胆的革新。

二十年后,魏建功在回忆起这段教学经历时说:"当时只是把注音字母教给学生,却没有条分缕析地将语言组织讲个明白。"又说:"我教的是我们现代的口语,却利用学生所懂的我们前代的文言做解释,又不三不四地拿英语帮忙。"魏先生的话轻描淡写,但我们却可以从中悟出不少道理。

　　魏建功以《老残游记》为课本,是想既教现代活的语言,又能传承中国文化。
1942 年,吕叔湘先生出版的《中国文法要略》就从《老残游记》中选用了不少例
句。魏建功选为教材,正是着眼于语言流畅,十分口语化。

　　魏建功对语言有着自己独特的认识,他在《文法学的理论与实践——〈实用
国语文法·序〉》中说:"嘴上用声音系统表示意思的是语言,纸上用形体组织表
示意思的是文字,文字纯粹记录我们的语言,""在嘴上是一串声音的排列变化,
在纸上也应该是这一串声音的排列变化,不过是用文字记录出来。"了解了这一
点,我们也就不难理解魏建功在教材选取上的眼光,以及在教学方法上的各种尝
试了。

　　关于 20 世纪初、新中国建立以前的对外汉语教学和教材研究的资料并不太
多,以上我们只是选取鲁健骥(1998)、刘小湘(1992)、赵金铭(2002)等几位学者
的研究成果,进行了简单的梳理和介绍。

　　从以上古代、近代甚至现代的汉语教学及教材的发展轨迹可以看出,正如
"对外汉语教学"这个名称一样,其实汉语教材早就伴随汉语教学而诞生,只不过
当时没有人把它明确地称为对外汉语教材而已。

　　当然,对外汉语教学作为第二语言教学的一个学科,它的形成和发展是在
1949 年新中国建立以后,大批真正意义上的对外汉语教材也是在真正的对外汉
语教学开始之后才出现的。

第三节　新中国建立以来对外汉语教材的发展轨迹

　　关于新中国建立以来对外汉语教材的历史沿革究竟如何分期,学界还没有
特别明确的说法,不过一些相关的研究成果给我们提供了有益的参考。吕必松
(1990)在《对外汉语教学发展概要》中把将近 40 年的对外汉语教学发展过程分
成四个阶段:(1)初创阶段:50 年代初到 60 年代初;(2)巩固和发展阶段:60 年代
初期到 60 年代中期;(3)恢复阶段:70 年代初期到 70 年代后期;(4)蓬勃发展阶
段:70 年代末以来(到 90 年代初)。赵贤洲(1988)执笔的《建国以来对外汉语教
材研究报告》则把中华人民共和国成立 30 多年来对外汉语教材的沿革主要分成
两个时期:(1)对外汉语教材的草创时期(50 年代);(2)对外汉语教材的探索时
期(60 年代—80 年代初)。有一些学者则进行了对外汉语教材"断代史"的研究。
例如,张起旺(1996)对 1983—1993 这十年对外汉语教材的发展概况进行了综

述;姜丽萍(2018)认为汉语教材的历史发展大体经历了结构、句型阶段、结构、功能相结合阶段、结构、功能、文化相结合阶段和任务型阶段等。

结合前人时贤的研究成果,根据对教材发展情况以及现状的分析,本书将新中国建立以来的对外汉语教材发展历史分成以下六个阶段。

一、对外汉语教材的草创时期:20 世纪 50 年代

1950 年,第一批东欧学生来华,教师为他们编写的散篇教材是新中国第一批、非正式出版的对外汉语教材。对话体课文是教材的主体。汉语中一些特有的语言现象用英文、俄文作了必要的注释。这种注释模式为此后教材的语法解释部分勾出了一个粗略的轮廓。

1954 年编印的《语法教材》,改变了以课文内容为纲的做法,而代之以语法结构为纲。1955 年又对此书作了修改,并在范句之后增加了与语法相配合的课文材料。

在历年教材的基础上,商务印书馆于 1958 年正式出版了由北京大学编写的《汉语教科书》。这是新中国成立后第一部供外国人学习汉语时使用的正式教材。它以语法为纲,并对汉语语法作了独具特色的切分和编排,为对外汉语教学语法体系奠定了基础。它的语法体系成了此后各版本教材的蓝本。教材的选材范围以及语法、词汇、课本的配合原则,为以后不少教材所吸收。汉字笔顺表也为此后教材所沿用。教材也存在一些缺点,例如,语法过于繁琐,课文内容还不能满足学生掌握语言能力的需要。但在当时,这本教材不失为一部针对性、适用性、系统性都较强的课本。作为草创时期的代表作,它起到了非常重要的历史性的作用,影响是深远的。①

以语法结构为主是这一时期教材的主要特点。

二、对外汉语教材的探索时期:20 世纪 60 年代初中期②

经过了十年的建设,中国的国际地位在不断提高,经济也有了较好的发展,于是,各国纷纷要求向我国派遣留学生,同时,我国的科技人员也需要去国外学习。为了适应新的国际、国内形势,1962 年,国务院决定把北京外国语学院的外国留学生办公室和出国留学生部独立出来,成立外国留学生高等预备学校。

---

① 参见赵贤洲:《建国以来对外汉语教材研究报告》,《第二届国际汉语教学讨论会论文选》,北京语言学院出版社 1988 年版。

② 参见吕必松:《对外汉语教学发展概要》,北京语言文化大学出版社 1990 年版。

外国留学生高等预备学校成立以后,主要进行汉语预备教育,同时还着手试办汉语翻译专业。由于学校的任务不再局限于汉语预备教育,1964 年,高教部决定将外国留学生高等预备学校改名为北京语言学院,周恩来总理于 1965 年 1 月正式批准。

从 1962 年到 1965 年,我国共接收外国留学生 3 944 名,四年接收的留学生人数超过了前面的 11 年。1965 年年底,在校留学生总数达到 3 312 人,是 1961 年在校生的 7 倍多。

1965 年暑期,越南政府向我国派遣留学生 2 000 名。承担这批留学生汉语预备教育任务的,除了北京语言学院外,还有北京大学、中国人民大学、北京师范大学、南京大学、南京师范学院、复旦大学、华东师范大学、上海师范学院等全国各地的二十多所院校。

由于许多院校都没有从事对外汉语教学的经验,高教部委托北京语言学院于 1965 年暑假为各院校准备教越南留学生汉语的教师举办了一期培训班。为了办好这期培训班,北京语言学院在总结中华人民共和国成立以来对外汉语教学经验的基础上,编写了 20 多种讲稿和材料,其中包括教学大纲和教学法介绍,当然也包括各种教材分析。这些讲稿和材料不但在当时对各院校的对外汉语教学发挥了重要的指导作用,而且对以后的对外汉语教学与教材建设都产生了一定的影响。

20 世纪 60 年代初,有关部门也曾组织人力编写新教材,尝试探索对外汉语教材的编写新路。1964 年,原高等教育部曾组织一批有实践经验的教师编写了《汉语读本》(共 6 册)。该教材有较为详细的注释和多样化的练习,有较高的实用价值。由于"文化大革命"的原因,对外汉语教学中断了。试用教材还未来得及推广,只公开出版了两册就被中断。对外汉语教材刚刚开始的探索之路也被迫中止了。

三、对外汉语教材的恢复时期:20 世纪 70 年代

根据吕必松(1990)[①]的研究,1971 年,商务印书馆出版了由北京语言学院编写的《基础汉语》教材。它吸收了 60 年代前期的认识水平和实践经验,针对《汉语教科书》的某些不足,使语法规则更切合对外汉语教学的实际。开始思考我们现在所说的对外汉语教学语法。《基础汉语》的语法注释部分,与《汉语教科书》

---

① 参见吕必松:《对外汉语教学发展概要》,北京语言文化大学出版社 1990 年版,第 37 - 39 页。

相比确有较大的改进,更为符合对外汉语教学规律。

60 年代初中期,学界对国外的听说法就略有所闻。"文化大革命"期间,《英语 900 句》在国内广为流行,70 年代初,国外流行的句型教学波及对外汉语教学领域。北京语言学院复校后,立即着手编写结合句型教学的新教材,由李德津主持,定名为《汉语课本》。1974 年开始试用,修改后在校内铅印推广,取代了《基础汉语》和《汉语读本》(上下册)。

1977 年,由商务印书馆出版的《汉语课本》采用了句型—课文—语法注释的体例。它第一次把句型及替换练习的方式引入了对外汉语教材,还在语音阶段采取了语流带音素的做法。这两点在对外汉语教材编写中具有开创性的意义。

表 2-1　《汉语课本》(1977)编排体例

编排体例	
前十二课侧重于语音	从第十三课开始侧重于句型、语法
一、课文	一、替换练习
二、生词和汉字	二、课文(一)
三、练习	三、课文(二)
四、注释	四、生词
五、汉字表	五、会话
	六、注释
	七、汉字表
	八、练习
第一课另有汉字笔画表和汉字笔顺表	在"替换练习"前用方框标出代表本课句型的典型句子
每隔 4 课有一个复习,不计在课数之内	每隔 5 课或 6 课有一个复习,不计在课数之内

第二册附有"基本语法复习提纲""词类简称表""词汇表"和"繁简字对照表"。第三、四册共 32 课,每课的编排体例是课文、生词、词语练习、课文练习、阅读课文、(阅读课文的)生词。另有 6 个语法复习。

跟《基础汉语》和《汉语读本》(上、下册)相比,《汉语课本》的主要变化是:

(1)淡化了传统教材中截然划分的语音阶段、语法阶段、短文阶段的界限,加强了教学的整体性和连贯性。第一课就开始教会话,通过语流教语音,改变了传统教材中过分注重语音本身的科学系统的教学思路,根据对实践性原则的新的理解,使语音教学和培养学生的说话能力紧密地结合起来。相当于过去短文阶段教材的三、四册继续进行语法教学，使语法教学贯彻一个学年的始终，使过去语法阶段大大被压缩的语法教学得以展开，有利于提高学生运用语法规则的熟巧程度。

（2）引进了句型教学的方法，但又不是单纯的句型教学，而是把句型、课文和语法结合起来。当时，虽然对汉语句型的研究还很不充分，但是试验的结果表明，结合句型进行教学有利于加强听说训练，有利于提高学生的口头表达能力。作为句型操练主要手段的"替换练习"，丰富了汉语教学的练习方式。

（3）第一、二册中的语音、语法知识都以"注释"的形式出现，表明教学的目的是让学生掌握语言，而不是掌握语言知识，介绍语言知识是为了让学生理解规则，只有在需要处才加以注释。第三、四册的"词语练习"把语法、词汇知识的介绍和语言点的练习结合起来，更有利于提高运用语言的能力。练习方式是根据对不同语言点的不同的练习要求设计的，有替换练习、填空、造句、完成句子、改写句子、变换句式等，不但形式多样，而且实用性更强。

（4）第一、二册每课单设一项会话，第三、四册每课有阅读课文，从而使口语和阅读教学得到了加强。第一、二册每课有两篇课文和大量的替换练习，第三、四册"词语练习"部分也有大量的练习材料，跟过去的教材相比，语言材料大大增加。

（5）第一次在基础阶段教材的课文和练习中配有插图，增加了教材的直观性和生动性。

以往的教材都以学校生活为主，跟它们相比，《汉语课本》反映的生活面有所扩大，第一、二册基本上克服了这个通病。但是由于历史原因，整套教材充满了政治说教。当时学校普遍实行"开门办学"，对留学生的汉语教学也不例外。这套教材的许多内容是为了适应"开门办学"的需要，便于学生到工厂、人民公社、街道、部队等处进行"参观访问"而编排的。

组织外国留学生接触中国社会，在社会实践中学习和应用汉语，本来是课堂教学很好的补充形式，当时也确实取得了较好的教学效果。其实，在"文化大革命"前也有类似形式的语言实践活动。但"开门办学"打上了太深的政治烙印，已偏离了一般意义上的语言实践。

正因为这套教材有浓厚的政治色彩，所以"'寿命'比较短"。[①]其中，第三、四册只是在校内铅印使用，未能正式出版。尽管这套教材存在这样或那样的不足

---

① 任远：《基础汉语教材纵横谈》，《语言教学与研究》1985年第2期，第97－107页。

之处,但它在探索新的教学思路方面起到了开路的作用,在教学方法上的许多创新对以后的教材编写产生了广泛的影响。80 年代在国内外影响最大、使用面最广的《基础汉语课本》就是以这套教材为蓝本编写的。

为了适应教学的需要,在认真总结经验教训,分析历年教材的长处和短处的基础上,1980 年,外文出版社出版了《基本汉语课本》(1980—1982,共 5 册)。这部教材着重在教材的科学性、实践性方面作了努力。

《基础汉语课本》是一部集历年教材之大成的著作。在编排体例、通过语流教语音、结合句型教语法、在课文和练习中配备插图等方面,都直接继承了《汉语课本》的做法。同时在以下方面作了改进:

(1) 初步摆脱了"极左思潮"的影响,摈弃了《汉语课本》中的大部分"政治"内容。

(2) 加强了语法的系统性,但又不失简明。语法点的解释吸收了新的教学经验和研究成果,针对性更强,对许多语法点的解释也更加准确。

(3) 对课外练习部分更加重视,不但练习量大大增加,而且在练习方式上也有所创新。

(4) 从第四册开始,增加了"近义词例解"。

《基础汉语课本》的主要缺点是:

(1) 由于是在粉碎"四人帮"之后不久开始编写的,所以,虽然摈弃了大部分"政治"内容,但是仍留有一部分"极左思潮"的痕迹和"文化大革命"的烙印。比如:

A:我昨天找你,你不在,你去哪儿了?

B:我们去公社参加劳动了。我们学校的学生、老师、干部都去公社帮助社员秋收了。(第三册 P149)

(2) 前三册(语音和语法阶段)的课文内容又回到了以学校生活为主的轨道,知识性和趣味性较差。

以第一册为例,从第十一课到第二十课的课文内容主要是:

➢ 我是学生。他不是学生,你是学生吗? ——"是"字句(一)、疑问句(一)

➢ 这是中文书。这是我的书。他是谁? ——定语、结构助词"的"、疑问句(二)

➢ 你有几本画报? 我有两本画报。他没有英文杂志。——"有"字句、数量词作定语、疑问代词"几"

➢ 我们的学校很大。这个汉字难不难? 这个汉字不难。——形容词谓语句、疑问句(三)、指示代词作定语

➢ 我们学习。他看中文报。我不看英文画报。——动词谓语句

➤ 我常看中文画报。她们是学生,他们也都是学生。我们一起去教室。——状语、"都"和"也"、量词"些"

➤ 这支钢笔是他的。你看电视还是看电影?——"是"字句(二)、疑问句(四)

➤ 你们班有多少(个)学生?我们班有十二个学生。这件毛衣二十四块零九分(钱)。——称数法(一)、疑问代词"多少"、钱的计算

(3) 跟《汉语教科书》和《基础汉语》一样,有些语句全然是为练习语法点而编写的,不够自然和真实,这就决定了语言的实用性也较差。

以第三册为例:

A:你们什么时候去?

B:后天。

A:后天是哪一天? 我们学了今天、昨天、明天,没学后天。

B:后天是明天以后的一天。今天是十月五号,明天是十月六号,后天是十月七号。

A:我懂了。我们学了以后、以前、后边、前边。有后天,有没有前天?

B:有。你想,哪一天是前天?

A:前天是昨天以前的一天。今天是十月五号,昨天是十月四号,前天是十月三号。对吗?

B:对。……

从课文选材的角度来看,其实用性也可见一斑。第三册的课文有"一个解放军战士"、"军民一家"、"借锅"(新疆阿凡提的故事)、"放假回农村"、"田忌赛马"、"称象"、"方向不对"(成语"南辕北辙")、"白毛女"、"学会查字典"等。

这套教材的着眼点是力图汇集各部对外汉语教材的优点,尽量避免尚有争议或没有把握的做法,所以,在教学方法上显得趋向于稳健和保守,难免缺少创新。但是,上述缺点并不影响《基础汉语课本》的历史价值。《基础汉语课本》以句型为主,通过大量替换练习培养语言习惯,它集中了各种对外汉语教材的大部分优点,"是到那时为止按照结构法的思路编写的一部最成熟的教材"。(吕必松,1990)特别是语法点的编排和解释,把研究成果和教学经验融为一体,其科学性、针对性都是以前的教材所无法相比的。是对外汉语教材恢复时期一部重要的代表作。

1981 年问世的《实用汉语课本》系列教材(刘珣、邓恩明、刘社会编著),是我国出版的第一部专供国外使用的基础汉语教材。它从汉语特点出发,以句型、功

能、结构相结合为原则,通过句型训练、功能项目操练、语法分析等综合训练,来达到语言教学的最佳效果。

该系列教材强调中国文化、历史、文学等在语言学习中的作用,在前言中就阐明了编写理念:"要学好汉语,必须对中国的文化、历史和现实有所了解。本书(特别是从第 2 册开始)尽可能地将语言和文化结合起来,通过有关中国社会、历史、名胜古迹、风土人情等题材学习汉语。"

教材的主要人物叫古波和帕兰卡,他们在本国的大学中文系学习汉语,认识了中国留学生丁云,并成了好朋友。两年后,古波和帕兰卡决定去北京留学。第二册就是从他们在飞机上跟老华侨的聊天开始的。教材出版后得到了好评。

这部教材的主要特点体现在四个方面:

(1) 课文内容与语言形式的关系处理得比较恰当。作者从语言教学的需要出发选择语言教材,即使过去教材中被"禁锢"的或被认为难登大雅之堂的词语,如"太太、小姐、厕所"等,也被大胆地选用了。这是符合语言教材的实用性原则的。

(2) 较好地处理了语言与文化的关系。特别是编者在课文后面设置了文化知识介绍专栏《你知道么》,如中国的十二生肖、北京景泰蓝等,用英文介绍。这不仅是语言学习的一种辅助手法,也符合外国学生希望了解中国的心理。

(3) 重视语言知识体系的传授。编者对语法意义和语法规则的描写比较详细、周全,而且还注意从多角度去描写。有时从语言结构的制约关系来阐述,有时从语言的交际功能角度来讲解,有时则用图表加以说明。为了较好地解决语言知识体系的传授途径,编者作了这方面的探索。

以第二册第三十一课的语法"时量补语"的描写和说明为例。

时量补语是表示时间长度的补语。要说明一个动作或一种状态持续多长时间,就在动词后用时量补语。例如:(英语略)

表 2-2　《实用汉语课本》"时量补语"语法点说明(1)

名词或代词 (英语略)	动词 (英语略)	助词 (英语略)	表时间的数量词 (英语略)	助词 (英语略)
他 我 我们	休息 (每天)锻炼 (已经)分别	了	一天。 一个小时。 十年	了。

表 2-3　《实用汉语课本》"时量补语"语法点说明（2）

名词或代词 （英语略）	动词 （英语略）	名词或代词 （英语略）	动词（重复） （英语略）	助词 （英语略）	表时间的数量词
我们 教练 她 哥哥	等 辅导 打 学	他 他们 电话 英文	等 辅导 打 学	了 了 了	二十分钟。 两个小时。 一刻钟。 两年。

动词如果带有宾语，一般要重复动词，将时量补语放在重复的动词之后。（英语略）

如果宾语不是人称代词，时量补语还可以放在动词和宾语中间，时量补语和宾语之间可以加"的"。（英语略）

表 2-4　《实用汉语课本》"时量补语"语法点说明（3）

名词或代词 （英语略）	动词 （英语略）	助词 （英语略）	表时间的数量词 （英语略）	助词"的" （英语略）	名词 （英语略）
我 他 古波 我	念 上 学 听	了 了 	四十分钟 三小时 三年 一刻钟	 的 的 	法文。 口语课。 中文。 新闻。

当宾语比较复杂，或为了强调宾语时，也常把宾语提前，例如：（英语略）

那条裙子他找了一个多小时。

今天的报你要看一个晚上吗？

这个很难的问题她想了两天。

这种带复杂宾语的句子，一般不采用前一种方法，不能说"她找了一个多小时的那条裙子。"（英语略）

注意：带时量补语的句子，如果动词带动态助词"了"，句尾还有语气助词"了"，则表示这个动作仍在继续进行。例如：（英语略）

我们学习了两年的中文了。（意思是现在还在学习）

我们学习了两年的中文。（未说明现在是否还在学习）

（4）注意语言的口语化和规范化。由于种种原因，以往教材的语言过于书面化，语言的地方色彩也过浓。编者基于语言教材必须口语化、规范化的认识，连"劳驾"等略带地方色彩的词语或有争议的语言材料也一律未收。这种做法无疑是合适的。

这部教材美中不足的是:内容显得不够简明;注释也太多太细。当然,瑕不掩瑜,它仍不失为一部优秀的教科书。

这个阶段对外汉语教材在恢复的同时也在不断探索,这个时期教材的主要特点是既承袭了以语法结构为主的做法,又在探索中融进了直接法、听说法、功能法的一些积极因素。这为教材编写拓宽了思路。

四、对外汉语教材的发展时期:20 世纪 80 年代

改革开放增强了我国的综合国力,提高了我国的国际地位。我国与世界各国的经济、文化交流日益加强,来我国学习汉语的留学生也逐年增加。进入 80 年代,对外汉语教学得到了迅速的发展,1983 年,中国对外汉语教学学会的成立标志着我国的对外汉语教学进入一个蓬勃发展的新时期。

这个时期的教材也呈现出很好的发展势头,可谓硕果累累。张起旺(1996)对这个时期的对外汉语教材状况进行了较为全面的阐述。

这个时期来我国学习汉语的留学生不仅人数迅速增加,而且结构、层次也发生了很大的变化。70 年代末,欧、美、日本的学生开始增加,随着中韩的建交,到 1993 年,日本、韩国、欧美的学生占了绝大多数。另外,中、高年级的学生呈逐步上升的趋势。留学生人数的增加以及结构、层次的变化,对教学提出了更高的要求;教学的迅速发展对教材编写提出了新的要求。因此,尽快编写多品种、多层次、高质量的教材,以满足对外汉语教学迅速发展的需要,成为当务之急。

科学研究的成果为教材编写提供了理论指导。这个时期对外汉语教学的科学研究取得了丰硕成果。中国对外汉语教学学会和世界汉语教学学会各召开了四次学术研讨会,发表了数百篇学术论文,出版了十余本论文集。同时还出版了一批学术著作。王还先生在《门外偶得集》中关于汉外语言对比的论述,吕必松先生在《对外汉语教学探索》《华语教学讲习》《对外汉语教学研究》中关于对外汉语教学的性质、内容和方法的论述,吕必松、任远、刘珣等先生关于教学法的论述,张占一、毕继万、赵贤洲等先生关于交际文化的论述,鲁健骥先生关于中介语的论述,都对教材编写提供了理论指导。[①]

《现代汉语频率词典》的出版,《汉语水平等级标准和等级大纲》和《汉语水平考试大纲》的制定,为教材编写提供了科学依据。

---

① 张起旺:《1983—1993 对外汉语教材综述》,《中国对外汉语教学学会成立十周年纪念论文选》,北京语言学院出版社 1996 年版。

中国对外汉语教学学会的成立,不仅标志着我国的对外汉语教学进入了一个新时期,也标志着对外汉语教材建设开始了一个新阶段。这个阶段中,新出版的教材不仅数量、种类、层次增加了,而且质量也提高了。出版的教材达二百多种之多,可谓洋洋大观。

为了适应国内外对汉语教材的迫切需求,加强对汉语教材、有关的工具书和教学参考书的出版工作,北京语言学院于1985年2月成立了对外汉语教学专业出版社——北京语言学院出版社。该社的主要任务是出版各种对外汉语教材、教学辅助材料、教学参考书、工具书;兼顾出版外语教学用书等,还出版语言学等著作;同时出版配套的声像制品。

1986年1月,成立了另一家对外汉语教学的专业出版社——华语教学出版社。该社出版供外国人和海外华侨、华人学习汉语用的多种教科书及有声教材。

另外,过去出版过大量对外汉语教材和工具书的商务印书馆和上海教育出版社等单位也在继续出版对外汉语教学用书。语文出版社、江苏人民出版社、现代出版社以及许多大学出版社等单位也开始重视对外汉语教材的出版工作。(吕必松,1990)

为了解决教材编写和使用中存在的一些问题,对外汉语教学研究会受国家教委的委托,聘请北京大学、北京师范大学、北京语言学院、南开大学、南京大学、复旦大学、华东师范大学、上海外国语学院、中山大学等9所院校的专家,于1986年10月组成了全国对外汉语教材研究小组,对中华人民共和国成立以来编写的对外汉语教材进行了全面研究。

研究小组经过近3个月的紧张工作,于1987年1月写出了《建国以来对外汉语教材研究报告》(赵贤洲,1988),并从200多种教材中筛选出33种,作为第一批使用教材向国内外推荐。33种推荐教材按出版时间先后顺序排列,举例如下[①]:

《实用汉语课本》(1—6册),刘珣等,商务印书馆,1981年开始陆续出版。

《简明汉语课本》(上、下册),赵贤洲等,上海外语教育出版社,1982。

《汉语会话课本》,施宝义、刘沫、徐彦文编,外语教学与研究出版社,1983。

《新汉语三百句》,张亚军等,(美国)Cheng & Tsui; Company, 1983。

《中级口语》,原如刚、李扬,外文出版社,1983。

《每日汉语;寓言/散文选读/古汉语趣读》,钟梫,新世界出版社,1983—

---

① 这33种教材有些当时已经出版、有些为以后出版。

1987 年。

《基础汉语 25 课》,陈缓宁,华东师范大学出版社,1983。

《每日汉语》,钟梫,新世界出版社,1983。

《汉语口语 900 句》,张亚军等,上海教育出版社,1984。

《实用汉语会话》(1—4 册),卜华礼、赵贤洲等编著,上海外语教育出版社,1985—1987。

《中国旅游必备》,赵贤洲等,上海外语音像出版社,1985。

《最新中国语教本》(上、下册),刘山、李培元等,(日本)中华书店,1985。

《半年学会中国话》郑国雄,有声读物公司,1985。

《汉语初阶》,刘珣,(日本)光生馆,1985。

《中国现代应用文》,荀春生等,(香港)三联书店,1985。

《话说中国》(上、下册),杜荣、戴祝念等主编,外文出版社,1985、1987。

《今日汉语》(共 14 册),胡裕树主编,复旦大学出版社,1986 年起陆续出版。

《初级汉语课本》(系列教材),鲁键骥等,北京语言学院出版社、华语教学出版社,1986—1988。

《初级口语》,卢晓逸等,北京语言学出版社,1986。

《中级汉语教程》(上、下册),陈田顺、刘镰力等,北京语言学院出版社,1987—1988。

《汉语速成》,刘英林等,北京语言学院出版社,1987。

《普通汉语教程》(系列教材),杜厚文主编,华语教学出版社,1988。

1987 年 11 月,国家对外汉语教学领导小组办公室(以下简称汉办)召开全国对外汉语教材规划工作会议,制定了《对外汉语教材规划选题项目》,成立了对外汉语教材选题项目评议组。1987 年 12 月和 1989 年 4 月,评议组先后召开两次会议,讨论通过了 149 个项目,由汉办列入《1988—1990 对外汉语教材规划》。

自 1986 年以来,又陆续编写和出版了一批对外汉语教材,按出版时间先后顺序排列,举例如下:

《汉语普通话语音辨正》,李明、古佩雯,北京语言学院出版社,1986。

Chinese for Today(《今日汉语》,1—2 册),黄政澄等,(香港)商务印书馆,1986、1989。

《开明中级汉语》,孙晖等主编,语文出版社,1987。

《速成实用汉语课本》,邓恩明,现代出版社,1987。

《现代汉语口语视听说》,于康,南京大学出版社,1987。

《现代汉语进修教程·语法篇》，樊平等，北京语言学院出版社，1988。

《现代汉语进修教程·口语篇》，张孝忠主编，北京语言学院出版社，1988。

《汉语入门四十课》，郑国雄，外语教学与研究出版社，1988。

《交际汉语一百课》，刘珣等，人民教育出版社，1988。

《现代汉语教程》（系列教材），李德津、李更新主编，北京语言学院出版社，1988—1989。

《汉语中级教程》（1—2 册），杜荣主编，北京大学出版社，1989。

《高级口语》，陈如、张起旺，华语教学出版社，1989。

《中国当代作品选编》（1949—1986），马中林，杨国章等，华语教学出版社，1989。

《高级汉语教程》（上册），姜德梧主编，北京语言学院出版社，1990。

《说什么和怎么说?》，邱质朴编著，南京大学出版社，1990

张起旺（1996）指出，据统计，这个阶段北京大学、北京语言学院、北京师范大学、中国人民大学、北京外国语大学这五所学校共编写出版教材 67 部（121册）；华语教学出版社、北京语言学院出版社这两个出版社共出版教材 53 部（133 册）。

这个时期的对外汉语教材逐步向系列化、立体化发展，而且还呈现了同类教材品种多样化、教材类别多样化的可喜现象。总之，出现了百花齐放、百家争鸣的局面，出现了教材向纵深迅速发展的趋势。这种现象对教材数量的增加和质量的提高，对活跃学术空气和促进事业发展，都起到了推动作用。

五、对外汉语教材的昌盛时期：20 世纪 90 年代

90 年代初期以来，教材的编写和出版数量急剧增加。调查发现，"20 世纪的最后 10 年，对外汉语教材的编写与出版出现了一种空前繁荣的景象，平均每个月都有十几种教材面世。"（程相文，2001）其中，深受欢迎、适用面较广的教材包括《桥梁——实用汉语中级教程》（北京语言文化大学出版社，2000 年第二版）、《对外汉语本科系列教材》（北京语言文化大学出版社，1999）。有一定特色和新意的教材包括《新编汉语教程》（商务印书馆国际有限公司，1996）、《中国视点——中级汉语教程》（北京语言文化大学出版社，2000）、《新实用汉语课本》（北京语言文化大学出版社，2002）等。①

在阅读教材方面，除了以上介绍的一些外，还有不少影响较大的教材。如

---

① 参见赵金铭：《对外汉语教学概论》，商务印书馆 2004 年版，第 153 页。

《汉语快速阅读——训练与测试》(华语教学出版社,1996)、《中级汉语阅读》(北京语言文化大学出版社,1997)、《汉语系列阅读》(一)(二)(北京语言文化大学出版社,1998,1999)、《中级汉语阅读教程》(北京大学出版社,1999)。

这些阅读教材都注重题材和体裁的多样性,在《汉语水平词汇与汉字等级大纲》颁布之后,都能遵循《大纲》来把握教材所选材料的难易度。这个阶段对外汉语阅读教材的编写,可以说是"经历了一个把重点从阅读理解转向阅读技能训练的认识和实践的过程"。(刘正文,2000)

关于教材题材的选择,刘元满(2017)认为,20世纪90年代到21世纪初出版的其他对外汉语教材,特别是初级以上的高阶段教材,在题材的选择上基本上继承了《实用汉语课本》的这一特点,即逐渐有意识地注重将中国社会文化风貌润物细无声地渗透在语言学习中,选文注重时代性,通过日常生活展示普通中国人的形象,通过生活在其中的中国人反映当代中国的发展变化。这一时期的代表教材有《桥梁》《登攀》《汉语教程》等。①

这个时期还有一本视听教材值得一提,就是《学汉语卡拉OK・张大伟和王建华》(史世庆,1996)。在对外汉语教学中,当时真正为"视、听、说"这一课型摄制的教学录像片,该书可以说是第一部。这本教材主要适用于具有初级汉语水平的学生,教材几乎包括了基础汉语的全部语法内容,是一套提供综合练习的视、听、说教材。

教材通过张大伟和王建华两个年轻人的交往,以及两个家庭成员的生活、工作的展示,把中国普通人的生活生动、活泼地介绍给大家,并带有轻喜剧的色彩。教材之所以定名为"学汉语卡拉OK",就是每课内容除了正常语速以外,还特意设计了慢速部分,在对话部分加了字幕,让学生像唱卡拉OK一样跟读。(史世庆,1999)

总之,进入90年代,教材编写呈现出百花齐放的局面,不过这个阶段的教材编写理念仍以结构、功能相结合为主,但是文化在教材中的地位得到强化。

1994年12月,在北京召开了对外汉语教学的定性、定位、定量问题座谈会,此次会议重点强调"语言教学的目的是培养学生用这种语言进行交际的能力",同时还讨论了语言教学和文化教学的关系问题。1995年,在全国对外汉语教学基础汉语推荐教材问题讨论会上,对未来教材编写做了如下展望:"坚持结构、功

---

① 刘元满:《基于主题的汉语教材分期研究》,《国际汉语教育》(中英文)2017年第3期,第36-47页。

能、文化相结合的基本编写原则,是实现培养学生交际能力的最佳途径,也是提高教学水平的基本保证。新一代教材无论采用什么编写体例,都不能脱离这一基本编写原则。"(杨庆华,1995)正如刘珣(1994)指出的,90 年代末到新世纪,进入了"结构、功能、文化"相结合的时期。

六、对外汉语教材的繁荣时期:进入 21 世纪

教材在第二语言教学和外语教学中起着至关重要的作用,经过学界同仁们几十年的努力,对外汉语教材建设不断发展和完善,尤其是进入新世纪以后,汉语教材的出版进入了繁荣发展时期。下面择要对近二十年对外汉语教材的基本情况进行统计分析,从中可窥一斑。

为了对历年对外汉语教材的出版数量有个感性的认识,我们以"教材"为关键词在全球汉语教材库(http://www.ctm-lib.com)中进行了检索。在检索过程中,我们设置媒介语为"任意",教材资源类型为"教材",适用学校为"任意",共检索到出版教材 1 605 本。我们将这些教材按照年份进行整理后,得到图 2-1。

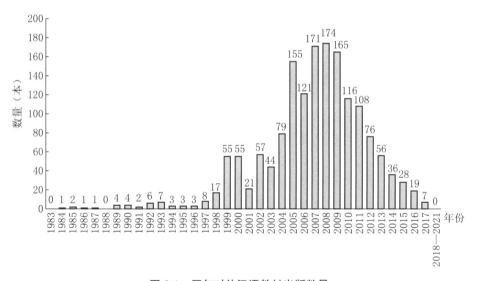

图 2-1　历年对外汉语教材出版数量

从图 2-1 可以看出,收入全球汉语教材库的对外汉语教材从进入新世纪后数量有了显著增加,共计 1 488 本。数量最多的年份是 2008 年,为 174 本;其次是 2007 年,为 171 本;排名第三的是 2009 年,为 165 本。从某种程度上可以说明,这个阶段教材出版的数量逐渐上升。

从等级分布来看,以 2008—2017 年为例,在此十年间出版的对外汉语教材的等级主要分布在"零起点、初级、中级和高级"四个等级中。具体数据如表 2-5 所示。

表 2-5   2008—2017 年出版的对外汉语教材的等级

等　　级	出版数量(本)	等　　级	出版数量(本)
零起点	23	零起点;初级	46
初　　级	67	初级;中级	24
中　　级	66	中级;高级	27
高　　级	41	未标注	36

从表 2-5 可以看出,在仅具有一个等级的教材中,初级教材的数量最多,为 67 本,占比约为 34.01%;其次为中级教材,一共 66 本,占比约为 33.5%;零起点教材最少,仅 23 本,这可能是由于零起点内容较少且较为简单,因此,编者在编教材的时候更倾向于将零起点和初级的内容编在一起,方便学习者连贯学习。

在上述数据中,除去未标注的 36 本,2011—2017 年标注等级的教材共 294 本,其中,同时具备两个等级的教材共 97 本,这类教材在等级划分上存在一定的模糊性,或者说跨度比较大,对于教师选择教材存在一定的困难。另外,对于学习者来说,比如所谓的中高级的教材,对于刚刚进入中级的学习者来说就会有一定的难度。

从教材媒介语来看,仅包含一种媒介语的教材共 89 本,分别是汉语、英语、日语。其中,以汉语为媒介语的教材最多,为 67 本。媒介语为英语和日语的教材数量相差不多,分别是 12 本和 10 本。

除了这 89 本教材之外,其余均为包含两种或多种媒介语的教材。其中,以包含英语和汉语两种媒介语的教材数量最多,共有 208 本。其他教材所包含的媒介语主要有德语、缅甸语、马来语、马尔加什语、阿拉伯语、泰语、西班牙语、越南语、法语、韩语和俄语等。另外,还有一本教材《汉语高级听力教程》包含英、汉、日、韩四种媒介语。

不同媒介语教材的出版是为了适应学习者的不同需求,可见进入新世纪以来,越来越多国家的学习者开始对汉语感兴趣并学习汉语。而且编写不同国别的对外汉语教材,可以更好地将中华文化和当地文化结合起来,使汉语教材更具针对性,更加本土化,这也有利于学生更好地了解和掌握汉语和中华文化。

进入新世纪以来的汉语教材主要呈现出如下特点与发展趋势。

（1）汉语教材市场更加繁荣，种类更为丰富。

进入 21 世纪后，北京语言大学出版社、北京大学出版社等纷纷抢占市场，出版了大批新教材。北京语言文化大学出版社 2001 年新编对外汉语教材几十种，如《新闻听力教程（上）二年级》（刘士勤）、《英汉翻译教程（二年级）》（杜玉兰）、《英汉翻译教程（三年级）》（杜玉兰）、《日汉翻译教程（三年级）》（邱鸿康）、《汉语口语教程初级 A 种本（下册）》（陈光磊）、《汉语口语教程中级 A 种本（下册）》（陈光磊）、《汉语口语教程高级 A 种本（下册）》（陈光磊）、《对外汉语常用词语对比例释》（卢福波）、《点击 HSK》（王建勤）、《HSK 速成强化教程（初中等）》（王海峰）、《HSK 听力自测（1）（2）（3）——高级》（朱子仪）等。

北京大学出版社 2007 年春季书目中有关对外汉语的就有 230 多种，其中包括基础汉语类（综合课教材、口语教材、听力教材、阅读教材等 53 种）、短期培训汉语类（17 种）、预科本科汉语类（16 种）、专项汉语类（语音、汉字、词汇、语法、报刊、写作、古汉语、中国文化等 36 种）、商务汉语类（18 种）、旅游汉语（4 种）、少儿汉语（8 种）、国别汉语（5 种）、民族汉语（2 种）、HSK 应试辅导类图书（32 种）、汉语读物（14 种）、汉语工具书（18 种）、多媒体（8 种），还有对外汉语音像制品类。

目前，中山大学教材基地建设的汉语教材库已录入基本信息的教材共有 10 108 册/种。其中，2006—2017 年出版的 6 456 册，占 63.87%。（周小兵等，2018）由此可看出汉语国际教育事业已进入跨越式发展阶段。

据语言交流合作中心（以下简称语合中心）2021 年 12 月发布的数据[①]，2000年以后，国际中文教材出版进入快速增长期。1949—1960 年为 104 种，1961—1970 年为 257 种，1971—1980 年为 968 种，1981—1990 年为 1 211 种，1991—2000 年为 1 673 种，2001—2010 为 7 278 种，2011—2020 年为 8 039 种。教材种类增长速度一目了然。

（2）教材注释语种丰富多样，主干教材群初步形成[②]。

至今为止，国际中文教材的注释语种共有 80 种，其中，欧洲语种 36 个，亚洲语种 28 个，非洲语种 13 个，大洋洲语种 3 个。英语注释教材最多，其次为韩语、法语、西班牙语、日语、俄语、德语、意大利语、泰语、阿拉伯语等。

语合中心先后支持出版主干教材 13 个系列，如《汉语 900 句》《跟我学汉语》《当代中文》《HSK 标准教程》《快乐汉语》《BCT 标准教程》《新实用汉语课本》

①②　一图读懂/国际中文教育纸质教学资源建设，你了解多少?，语合中心官网，2021 年 12 月 9 日发布于北京。

《长城汉语》《汉语图解小词典》等,形成了覆盖人群最广、语种数量最多的国际中文主干教材群,基本上满足了各国、各学段人群用母语学习中文的需求。

(3) 教材国别化、本土化的趋势逐渐增强。这一点与我国汉语国际推广的大背景是分不开的。

为了满足海外汉语学习者学习中国语言文化的需求,中国政府开始加强汉语国际推广,包括加快对外汉语师资的培养和派出,开始在世界各主要国家筹建孔子学院等。另外,国家学位办已经批准在高校设立汉语国际教育硕士专业。

2006 年,我国推出了一个大型汉语国际推广门户网站,主要面向海外汉语学习者,提供汉语远程教学和丰富的汉语学习资源,有 191 个国家和地区的学员通过这个项目的网站获取学习资源。运用现代信息技术和多媒体网络教学是汉语国际推广的一大发展方向。国家汉办还组织开发了《汉语 900 句》《新乘风汉语》《长城汉语》等立体化汉语教学资源。

教材的地位和作用不言而喻,教材要有针对性、科学性,就必须要有依据和参照标准,要根据国际汉语教学的需要来编。2008 年 6 月 15 日—8 月 15 日,国家汉办曾组织编写《国际汉语教学通用课程大纲》配套系列教材。为集思广益,汇集国内外汉语教学实际经验和智慧,面向全球征集教材编写创意方案。

① 活动目的:提供优质汉语教学资源,提升国际汉语教学的质量。

② 教材适用对象:国外无汉语背景的中小学(K—12)在校生及社会学习者(含孔子学院)。

③ 教材设计要求:参照《国际汉语教学通用课程大纲》,结合国际汉语教学实际;区分不同层次的学习需求;注重真实语言素材的选择;体现语言、话题与文化的自然结合;体现资源组合型教材的编写理念;充分利用多媒体等不同资源形态;方便教师使用;便于在国外社区、家庭等非汉语学习环境下开展语言辅导训练。

④ 教材设计风格:国际化、个性化、立体化。

⑤ 教材设计体例:可依据《国际汉语教学通用课程大纲》所要求的五个等级、结合国外第二语言教学实际,灵活设定。

正因为国家汉办非常重视教材的本土化、标准化建设,很多专家学者开始这方面的尝试。例如,面向东南亚孔子学院的教材《魅力汉语》。就是为母语为非汉语的汉语学习者,尤其是东南亚来华留学人员和东南亚孔子学院学生量身订做、精心打造的一套综合型汉语精品教材。

20 世纪末开始,"本土性"汉语教材飞速发展。出现了国外教师主导编写、中外教师合编等多种教材。21 世纪,出现了"一版多本",即从英语母版改编成其他教学媒介语的教材。(周小兵、陈楠,2013)

"国际中文教材从'走出去'逐步实现'走进去''融进去'。截至 2020 年年底,语合中心支持 126 个国家(地区)研制了 3 466 种本体教材。"①可见本土教材种类逐年增长。

(4) 从教材研究角度来看,21 世纪是以任务为主,多种教学理念并存的教材发展时期。

姜丽萍(2018)指出,进入 21 世纪,任务型语言教学在汉语教学界产生了很大影响,无论是教学理念、教材编写还是课堂教学,都不同程度地体现了任务型的教学理念。以任务型语言教学为指导编写的教材也大量涌现,像高等教育出版社 2007 年陆续出版的多版本、多语种《体验汉语》系列教材以及赵雷主编的《任务型中级汉语口语》(2013)等。任务型教材的特点主要体现在:①真实性:一是语言材料的真实,二是语言使用情境的真实;②参与性:让学生在完成各种语言任务的过程中,通过参与、体验、合作、交流来提高语言交际能力;③连续性:通过设计环环相扣的"任务链",提高学生的参与度;④结果性:任务的完成需要以明确的结果作为检验的标准。

此外,自 21 世纪以来,多媒体加纸质教材发展迅速,影响广泛。教材总体呈现出多媒体化、立体化、网络化的发展趋势。

从以上历史沿革可以看出,我国对外汉语教材建设与发展的轨迹,是汉语作为第二语言教学的学科理论研究和教学实践不断探索、不断创新、不断前进的过程。

如今,汉语教材已基本上能够满足国际中文教育的需要,在此不再赘述。在教材研究方面,经过学界同仁的共同努力,研究成果丰硕。我们以《世界汉语教学》《语言教学与研究》《汉语学习》《华文教学与研究》(暨南大学华文学院)《云南师范大学学报》(对外汉语教学与研究版)以及《海外华文教育》这些刊物为对象,以 2011—2021 年为搜索年限,共搜索到有关对外汉语教材的论文 185 篇,内容涉及教材微观研究、具体教材研究、教材编写理论与实践研究、教材与课程关系研究、教材评估研究等方面。还有数十种对外汉语教学专著中论及教材编写问

---

① 一图读懂/国际中文教育纸质教学资源建设,你了解多少?,语合中心官网,2021 年 12 月 9 日发布于北京。

题,如赵金铭主编《对外汉语教学概论》(2004)、周小兵主编的《对外汉语教学入门》(2009)、吴勇毅主编的《对外汉语教学法》(2012)等。这些研究成果标志着教材编写经验总结和理论研究已达到一定的水平,从而成为对外汉语教学学科发展和建设的重要标志。

当然,我们在看到成绩、感到欣喜的同时,也要清醒地看到教材编写中存在的问题。进入21世纪以来,虽然教材数量迅速增长,但不少教材缺乏新意,雷同、重复现象较为严重。

目前,缺乏对现有教材进行全面系统的研究。1986年10月,我国曾组成全国对外汉语教材研究小组,对中华人民共和国成立以来编写的对外汉语教材进行过全面研究,写出了《建国以来对外汉语教材研究报告》,并从200多种教材中筛选出33种,作为第一批使用教材向国内外推荐。

我们认为,对进入21世纪的汉语教材再进行一次全面研究和评估,从众多教材中筛选出高质量的教材并向国内外推荐,这必将有利于国际中文教育事业的发展,可以有力地推动汉语国际推广工作,使教材建设更上一个新台阶。

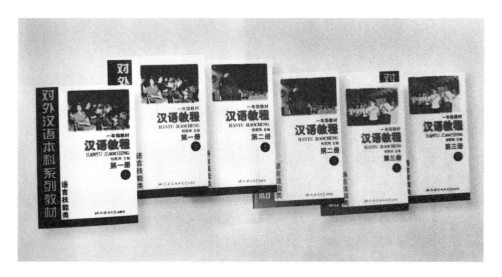

部分对外汉语教材书影

第三章 对外汉语教材与教学大纲

第一节 教学大纲的定义与分类

一、教学大纲的定义

教学大纲(instructional program)是根据教学计划中规定的各门学科的目的、任务而编写的指导性文件。它以纲要的形式,具体规定每门学科知识、技能的范围、深度及其体系、结构,同时规定教学的一般进度和对教学法的基本要求。[①]根据《中国大百科全书·教育》,教学计划(instructional plan)是根据一定的教育目的和培养目标制定的教学和教育工作的指导文件。它决定着教学内容总的方向和总的结构,具体规定各门学科的教学顺序、教学时数以及各种活动等。[②]

目前,海内外教育界和外语教育界把这里所说的教学计划的内涵定义为课程设计(course design)。束定芳等(1996)指出,在外语教学具体实施过程中有两个重要的概念:一是课程设计(course design);二是大纲制定(syllabus design)。Nunan(1991)认为,课程设计主要负责教育项目的计划、实施、评估、管理和行政工作;大纲制定的任务则主要集中在对教学内容的选择和分级上。按照 Nunan 的这种看法,大纲制定其实是课程设计中的一个组成部分。[③]

大纲制定的具体成果就是教学大纲。大纲制定除了要对语言内容和语言要素进行描述,还要涉及语言教学的其他内容,并且要反映语言教学的理念、形式和方法。Van Ek(1975)认为,一个完整的语言教学大纲应该对以下几方面的内容进行描述:语言的使用情景;语言使用时涉及的话题;学习者将要运用的语言功能;学习者能够处理的意念;学习者将要使用的语言形式;学习者将要参加的

---

① 李泉:《对外汉语教材通论》,商务印书馆 2012 年版,第 63 - 64 页。
② 《中国大百科全书·教育》,中国大百科全书出版社 1985 年版,第 150 页。
③ 束定芳、庄智象:《现代外语教学——理论、实践与方法》,上海外语教育出版社 1996 年版,第 152 - 153 页。

语言活动以及学习者运用语言的熟练程度。

李泉(2012)指出,概括地说,教学大纲是相关学科不同教学阶段或教学层次的教学指导文件。它规定某一学科在特定教育和教学阶段的教学目标、教学内容(知识和技能的范围)及其体系、教学要求和教学原则、基本的教学方法,以及教学时限和教学实践(实习)等的安排。可以说,是某一学科特定教学阶段的纲领性权威性文件。

二、教学大纲的分类

赵金铭(2004)指出,第二语言教学法理论根据大纲对教学内容描述的侧重点不同,把教学大纲分为结果式大纲和过程式大纲。所谓结果式大纲,主要是对语言项目和言语技能的归纳,重点是描述学习者通过学习所应获得的知识和技能,侧重语言教学的最终结果;所谓过程式大纲,主要是对学习的任务和教学的程序的描述,重点在语言学习和语言活动本身,侧重语言教学的过程。

结果式大纲又可以分为组合型和分解型两种。组合型大纲是把语言内容由易到难地分成不同的组成部分,最后形成一个完整的语言内容体系。在教学中,大纲内容要分阶段教给学生,使教学呈一个逐渐积累的过程,直到语言的整个内容被完全掌握,传统的语法大纲就属于这个类型。分解型大纲是从语言运用的角度向学习者提供教学内容,这些内容由难度不同的语言要素组成,语言形式被分解在不同的教学材料中,不按照语法系统排列内容。意念—功能大纲就属于这一类型。

过程式大纲也可以分为两种类型,即任务型大纲和程序型大纲,两者虽然都以学习任务、学习活动为主要内容,但前者侧重从学习的角度为大纲选择任务活动,后者则侧重从教学的角度为大纲选择任务活动。虽然由于侧重点的不同,大纲的内容主线也呈现出不同特点,但一般的大纲制定者总是力求使各方面的内容有机地结合在大纲设计中,所以,大纲制定是一个从单一走向综合的过程。[①]

三、主要教学大纲类型简介

(一)语法大纲

语法大纲是传统的大纲类型,它的一个重要特点是以语言结构为基础,按照语法项目的难易程度编排教学内容。传统的语言学理论认为语言规则是有限

---

① 赵金铭:《对外汉语教学概论》,商务印书馆2004年版,第28－29页。

的,这些有限的规则通过不同方式的组合产生意义;心理学理论也假设这些规则可以为学习者逐个掌握,直至掌握所有的规则系统,同时,学习者掌握了某个规则的形式,就自然可以在实际交际中应用。

语法大纲正是基于这样的一系列理论假设而设计的,它曾在语言教学中产生过重要的意义和作用。但随着理论研究和教学实践的深入,人们逐渐发现教学的结果与理论假设并不完全符合。首先,学习者学习语法的困难与人们设想的语法本身的复杂度并不一致,语法大纲的内容并不能准确地反映复杂的语言现象;另外,在语言实际使用的过程中,语法项目很难清晰地被分离出来,语法形式与交际功能是交叉对应的,语法大纲的内容与语言的实际使用情况有矛盾;还有,学习者掌握语言有其内在的习得顺序,这一顺序与语法大纲的内容分级也不尽相同。

（二）功能—意念大纲

功能—意念大纲是另一个主要的大纲类型。它是把学习者运用语言的需要作为出发点,是以交际为基础的大纲模式,大纲的内容主要是功能和意念项目。所谓功能,就是使用语言的目的,如询问、描述、表达态度等;所谓意念,就是语言表达的概念意义,如时间、空间、处所、事态、逻辑关系等。功能—意念的概念及其大纲制定是由威尔金森(1976)最早提出的。他认为,这种大纲相对于语法大纲的特点而言,是以学习者为基础的大纲,因为学习者可以集中学习符合自己需要的语言形式,为交际而学习。功能—意念大纲并不排斥语法,相反,语法项目在功能—意念大纲中得到了更多的强调,因为出于交际的需要,学习者必须掌握相应的语法结构和语法规则。功能—意念必须与语法项目有机地结合,只不过大纲的核心是交际。正因为如此,纯功能型的大纲对语言教学并不适用,而两者结合的结构—功能型大纲或功能—结构型大纲成为大纲制定的主要形式。

功能—意念大纲的优势显而易见。它重视语言使用的内在动机,能够为语言教学确定更加现实而真实的内容;能够使课程设置更加灵活;能够大面积地提高教学质量。但对于如何为功能意念项目科学地分级,如何解决结构与功能的有效结合等问题,成为此类大纲制定的难点和大纲的局限性。

（三）任务型大纲

任务型大纲是20世纪80年代以后兴起的一种新的大纲类型。采用任务型大纲,以学习任务为单位来选择、编排教学内容、组织教学是任务型教学有别于一切传统教学方式的本质特征之一。但对于什么是任务型大纲,以及它在任务型教学中究竟有什么重要的作用,我们认识得还不够,研究也不深。"从国内目前对任务型教学的研究现状来看,人们倾向于将其理解为一种可供选择的语言教学方法。"(魏永红,2004)显然这种认识过于简单。"事实上,教学中选用什么任务,先后顺序如何,不应是教师的想当然。理想状态的任务应具有连续性、系统性,是针对学习者需求和认知水平,并结合任务的不同界面,对任务难易度分析等通盘考虑的结果。"

任务型大纲是在批评传统大纲的基础上逐渐发展起来的。任务型大纲的倡导者认为,传统的大纲分析单位存在很多问题,最明显的是以外在的、权威的判断来规定学习内容,忽视学习者的内在因素和兴趣需求;教学内容缺乏真实性。结构大纲是最典型的。它以语法项目和语法结构句型的分级选项为基础。哪些结构该学,以何种顺序来学完全依据的是专家学者的判断。功能—意念大纲也不例外。

虽然功能—意念与语法大纲的侧重点不同,但它们都强调学习的最终结果,大纲对语言材料进行的有关结构或功能的分级也都无法全面反映人们对语言本质的认识,无法满足语言教学和学习需要。因此,许多学者开始把大纲制定的重点从教学结果转移到教学过程上来,以学习任务为基础的任务性或程序性大纲应运而生。所谓任务,是指教师在课堂布置的、让学习者用目的语完成的语言活动,但这些活动不是以语言结构为中心的活动,是根据学生将来使用语言的需要而设计的交际活动。

任务型大纲的本质特征是:以学习者现实生活中可能面临的交际任务的分析(需求分析)为基础,抽取出目标任务,然后对目标任务进行逐层分解,以二语习得理论为依据,设计出适用于课堂的教学任务。因此,任务是组织教学内容、教学材料、课堂活动的基本单位。

马箭飞(2002)在《任务式大纲与汉语交际任务》一文中引用了汤普森(1996)的论述,即我们熟知的交际教学法并没有一个统一的教学大纲,不同的学者从各自的角度提出了不同的大纲模式。其中的一些设计者希望以确定任务和组织任务的方式作为大纲设计的标准。任务型大纲的典型范例是蒲拉布(1983)设计的。他认为,适合交际法的唯一大纲形式应该是纯程序性的,这种大纲要较详细地列出课堂教学中需要操练的任务类型,并把同一类任务按其复杂程度排序。他自己把任务分为三大类:一是信息差活动,即用目的语进行各种形式的信息传递活动;二是推理差活动,即通过已知信息进行推理、概括、演绎,以获得新的信息;三是意见差活动,即辨别和表达个人的爱好、感觉和态度。倡导任务大纲的学者们认为,这种大纲以描述学习者将要参加的任务和活动为焦点,注重交际目的,是一种更为有效的教学大纲模式。当然,不少学者也指出,这种大纲在选择任务和活动时很难确定令人信服的依据或标准,而且在注重过程的同时要与注重结果很好地结合起来。

第二节　对外汉语教学大纲的发展轨迹

　　对外汉语教学作为一门独立的学科,从无到有,由简而繁。尤其是经过最近二十多年的发展和建设,各方面的研究不断深入,其中既有基础理论上的探索,也有教学实践中的研究。

一、对外汉语教学大纲的研制和发展概述

　　一门学科走向成熟的标志之一是制定完善的教学大纲,使学科的总体设计、教材编写、课堂教学、课程测试等有据可依。

　　对外汉语教学大纲和大纲设计也体现着一般大纲制定的特点和规律。国外第二语言教学的主要大纲模式和设计思想都能在对外汉语教学实践中得到一定的借鉴和印证,但这些借鉴和印证主要是结合在具体的教学方法和教材编写中。(赵金铭,2004)

　　教学大纲是为完成特定教学任务而制定的教学标准。这一教学标准对教学范围和教学深度作明确的要求。教学大纲可以根据教学内容来制定,如文字教学大纲、语音教学大纲、词汇教学大纲、语法教学大纲、语篇教学大纲、言语交际教学大纲等;也可以根据教学水平来制定,如一年级基础汉语教学大纲、二年级基础汉语教学大纲、短期进修半年基础汉语教学大纲、短期进修半年中级汉语教学大纲等。比较常见的是结合教学内容和教学水平制定的分级大纲,如一年级词汇大纲、一年级语法大纲等。

　　在语言教学中,教学大纲在教学理论和教学实践之间起着桥梁作用,换句话说,它是教育者依据某种教学理论的基本框架,并根据教学计划,以纲要形式制订的,对具体课程的教学目的、教学内容、教学进度和教学方法进行规范的指导性文件。

　　由于历史的原因,20 世纪 80 年代以前,对外汉语教学主要集中在个别学校的非学历教育的预备教育和短期教育,因此,制定全国性教学计划和教学大纲迟迟未能提到日程上来。在此期间,主要是探索以教学计划为核心的课程设置问题,如《北京语言学院现代汉语专业教学试行方案》。直到 20 世纪 80 年代后期才开始着手制定各种类型的等级标准和等级大纲。1988 年试行的《汉语水平等级标准和语法等级大纲》(对外汉语教学学会汉语水平等级研究小组编制,北京语言学院出版社)可以说是第一个作为独立、完整的大纲而设计研制的。(赵金铭,2004)

　　到目前为止,学界已经研制了一系列的、各种类型的大纲,20 世纪 80、90 年代的如《中国汉语水平考试大纲(初、中等)》(北京语言学院汉语水平考试中心编制,现代出版社,1989)、《汉语水平词汇与汉字等级大纲》(国家汉办汉语水平考试部编制,北京语言学院出版社,1992)、《中国汉语水平考试大纲(高等)》(北京语言学院汉语水平考试中心编制,现代出版社,1995)、《对外汉语教学语法等级大纲》(王还主编,北京语言学院出版社,1995)、《中高级汉语教学语法等级大纲(词汇、语法)》(孙瑞珍主编,北京大学出版社,1995)、《汉语水平等级标准与语法等级大纲》(国家汉办汉语水平考试部编制,高等教育出版社,1996)、《对外汉语教学初级阶段教学大纲》(语法、词汇、功能、情景)(杨寄洲主编,北京语言文化大学出版社,1999)、《对外汉语教学中高级阶段功能大纲》(赵建华主编,北京语言文化大学出版社,1999)、《对外汉语教学初级阶段课程规范》(王钟华主编,北京语言文化大学出版社,1999)、《对外汉语教学中高级阶段课程规范》(陈田顺主编,北京语言文化大学出版社,1999)等。

　　进入 21 世纪以后出版的大纲如《高等学校外国留学生汉语教学大纲(长期进修)》(国家汉办编制,北京语言大学出版社,2002)、《高等学校外国留学生汉语教学大纲(短期强化)》(国家汉办编制,北京语言大学出版社,2002)、《高等学校外国留学生汉语言专业教学大纲》(国家汉办编制,北京语言大学出版社,2002)、《商务汉语考试大纲》(国家汉办、北京大学编制,北京大学出版社,2006)、《国际汉语能力标准》(国家汉办编制,外语教学与研究出版社,2007)、《新汉语水平考试大纲》(HSK1—6 级)(国家汉办、孔子学院总部编制,商务印书馆,2009 年、2010 年)、《新中小学汉语考试大纲》(YCT1—4 级)(国家汉办、孔子学院总部编制,商务印书馆,2009 年、2010 年)、《汉语国际教育用音节汉字词汇等级划分》(国家汉办、教育部社科司课题组刘英林、马箭飞主编,2010)、《国际汉语教学通用课程大纲》(孔子学院总部、国家汉办,2008 年颁布,2014 年修订版)、《国际汉语教师证书考试大纲(试行)》(孔子学院总部、国家汉办,2014 年 10 月)、《国际中文教育中文水平等级标准》(教育部中外语言交流合作中心编,刘英林、马箭飞、赵国成主编,北京语言大学出版社,2021 年)等共二十多个大纲。

　　着眼于不同的角度,我们可以对大纲进行不同的分类。从理论基础来分,可以分为结构型大纲和功能意念型大纲;从强调对象的不同来分,可以分为产品式大纲和过程式大纲;从内容来分,可以分为学科体系型大纲和程序型大纲。例如,《对外汉语水平等级标准与语法等级大纲》属于结构型大纲、产品式大纲、学科体系型大纲;《对外汉语教学中高级阶段功能大纲》属于功能—意念型大纲、产品式大纲、程序型大纲。

二、对外汉语教学大纲的发展轨迹

根据对对外汉语教学大纲的发展情况以及现状的分析,我们将对外汉语教学大纲作了一番粗浅的梳理,分为以下五个时期来阐述和说明。

（一）大纲萌芽期

1950年,第一批东欧学生来华,教师为他们编写散篇的教材。教材以对话体课文为主体,并对课文中一些特有的语言现象作了必要的注释,为此后教材的语法部分勾勒出一个粗略的轮廓。1954年编印的《语法教材》,改变了以课文内容为纲的做法,而代之以语法结构为纲,1955年又对此书作了修改。这本教材尽管还有许多不完善的地方,但语法点的总体安排具有了初步的系统性。1958年,北京大学在《语法教材》的基础上,编写了《汉语教科书》(商务印书馆)。它以语法为纲,并对汉语语法作了独具特色的切分和编排,使语法部分重点突出、眉目清楚,为对外汉语教学语法体系奠定了基础。此书的语法部分影响很大,成就很高。它的语法体系不仅成了此后各种版本教材的蓝本,而且也对语法大纲的形成与发展产生了深远的影响,本书后附的《基本语法复习纲要》已初具语法大纲的雏形。参见表3-1:

表3-1 《汉语教科书》"基本语法复习纲要"

A. 词的部分					
1. 名词	2. 代词(人称代词、疑问代词、指示代词)	3. 动词(有两个附类:系词、能愿动词)	4. 形容词	5. 数词（基数、序数、概述）	6. 量词(名量词,动量词)
7. 介词	8. 副词	9. 连词	10. 助词(结构助词、语气助词)	11. 叹词	
B. 句子部分					
1. 句子分类	2. 主语、谓语、宾语以外的句子成分		3. 时间和情貌		4. 动词谓语句的几种句型
5. 否定	6. 强调		7. 复合句		

资料来源:《汉语教科书》附录

这一语法体系整体上是在 20 世纪 50 年代汉语本体研究的结构主义语法的基础上建立起来的,它既吸收了结构主义语法研究的最新成果。又注意到外国人学习语言的特点和难点,从而在一定程度上体现出把汉语作为外语教学的语法体系所应具有的某些特点。(李泉,2003)

除了建构教学语法体系,与教学大纲密切相关的课程设置也在这一时期得到探索和研究。1975 年,北京语言学院率先试办外国留学生汉语本科专业,更加紧了对课程设置的研究与试验;1975 年 8 月,完成了《北京语言学院现代汉语专业教学试行方案》,在此基础上几乎逐年进行调整改进,不断地对课程设置进行修订。1982 年,该校完成了《二年制文科班课程设置计划及有关问题(讨论稿)》,这是教学总体设计有关的第一个文件。

这一时期,由于对外汉语整个学科尚处于建立和起步阶段,学科的理论体系研究和实践研究有待于进一步发展和探索,因此,作为学科应用研究之一的大纲编制在这一时期虽露端倪,但并没有产生真正的对外汉语教学大纲。

(二)大纲创制期

经过前一阶段的建设,大纲的编制条件日益成熟。在这一时期,不少标准与大纲得以研制并出版。1988 年,中国对外汉语教学学会组织研究、完成了我国第一个《汉语水平等级标准和等级大纲(试行)》(以下简称《标准与大纲》)。这在对外汉语教学史上具有划时代的重要意义,它标志着对外汉语教学在课程设置和教材编写方面存在的盲目、混乱状态已告结束,开始走向科学化、标准化的正确轨道。《标准与大纲》重在解决中国对外汉语教学标准"有无"的问题,其中,词汇、汉字由甲、乙、丙、丁四级构成。由于历史的原因,当时只编了甲、乙两级词汇与汉字。

后来,由国家对外汉语教学领导小组办公室继续组织修订,于 1992 年出版了《汉语水平词汇与汉字等级大纲》(以下简称《词汇与汉字大纲》)。2001 年,由国家汉语水平考试委员会办公室考试中心对其进行了修订,由经济科学出版社出版了修订本。

《词汇与汉字大纲》是对汉语词汇和汉字进行筛选并形成汉语词汇和汉字等级系列的大纲,是一种规范性的水平大纲。《词汇与汉字大纲》与《汉语水平等级标准》、《汉语水平语法等级大纲》相互对应,是对外汉语教学总体设计、教材编写、课堂教学及课程测试的重要依据。

《词汇与汉字大纲》的研制主要参考和借鉴了前人对汉语字词的统计与分析结果,即一些具有较大影响的动态性频度统计词典、词表、字表。包括《现代汉语频率词典》(北京语言学院,1985)、《现代汉语常用词频词典》(北京航空航天大学,1989)、《现代汉语常用词库》(山东大学,1990)、《中小学汉语常用词表》(北京师范大学,1990)、《信息处理用现代汉语常用词表(国家标准)》(北京航空航天大学,1991)、《北京口语调查》(北京语言学院,1991)、《现代汉语常用字表》(国家语委,1988)等。在进行大纲编制时,依据了多学科定量统计与群体性定性分析相结合、语言学科学原则与对外汉语教学需要相结合的总原则。

1995年出版了王还主编的《对外汉语教学语法大纲》,北京语言文化大学也在这年出版了孙瑞珍主编的《中高级对外汉语教学等级大纲(词汇、语法)》。1996年,在《汉语水平等级标准和等级大纲》(试行)和《汉语水平词汇与汉字等级大纲》两书的基础上,国家对外汉语教学领导小组办公室汉语水平考试部和北京语言学院编制完成了《汉语水平等级标准与语法等级大纲》(以下简称《标准与语法》)。

从出版的这些具有典型性的大纲来看,我们可以初步观察出这个时期的大纲的特点:

(1)大纲的种类比较单调,从内容来看,以语法大纲为主,其他种类的大纲还很少见。大纲的语法体系基本上沿袭了《汉语教科书》的语法系统。这与我国重视语法教学和汉语本体研究的传统分不开。早在1953年,周祖谟先生在我国第一篇对外汉语教学的文章《教非汉族学生学习汉语的一些问题》一文中谈道:"教学内容要根据教学目标来定。可是在全部的教学过程中,词汇教学和语法教学应当是教学的中心,别的都要围绕这一中心来进行","语法教学的目的在于使同学们掌握基本的语法知识,以便发展说话和听话的能力,并且为培养阅读的能力打下基础,这就是'理论指导实践'的意思"。此后,虽有不少新的教学思想和教学流派产生和传入,但语法教学的主体地位没有得到动摇。

(2)语法大纲的内容不应该仅仅是一个各种句法形式的集合,还应包括语言学家所指的三个方面:(形态)句法学、语义学和语用学。这三个方面可以表达为形式、意义和用法。三者是相互联系的,一个方面的变化会引起其他方面的连锁变化。教学目的不能只满足于让学生在形式上达到一定程度的准确性,更要使学生做到恰当地运用语法结构并把握其意义。因此,大纲的编制如何把意义与语法结构结合起来,也是值得思考和探讨的。

(三)大纲创新期

创新始于理念。语言学、教育学和心理学研究的不断发展,使对外汉语教学理论经历了一次又一次的冲击和革新,各类教学法也相继问世,如在现阶段教学中较为流行的交际法、过程法、行为法和任务法等。教学大纲的制定必须要以科学的理论为指导,以培养目标为教学目的,以教学法为依托,博采众长,才能体现其科学性。

这一时期,产生的代表性教学大纲有《高等学校外国留学生汉语教学大纲(长期进修)》(国家汉办,2002)、《高等学校外国留学生汉语教学大纲(短期强化)》(国家汉办,2002)、《高等学校外国留学生汉语专业教学大纲》(国家汉办,2002)等。这三部教学大纲是传承与发展的产物,它们是对学界前人50年辛勤劳作的总结,是几代践行者思想与智慧的结晶,也是对外汉语教学事业新时期到来的前奏。(倪明亮,2016)值得一提的大纲还有《对外汉语教学中高级阶段功能大纲》(赵建华,1999)、《对外汉语教学初级阶段教学大纲》(1、2)(杨寄洲,1999)。

以往的教学大纲以传统语言学、结构语言学的观点看待语言,认为语言是一种可以分析和切分的结构体系或功能体系,所以,关注的是语言自身的体系及规则等语言知识,包括语音知识、词汇知识、句法知识等,或者是语言行为知识以及在社交活动中用语言所要达到的交际能力。这一时期的大纲在继承了前期大纲所取得的成就的基础上,结合实际教学,吸收新的理论成果,使大纲呈现出新的面貌。高明杰(2005)指出,这一时期的大纲主要体现了以下特点与不足:

(1) 大纲吸收了功能主义理论和社会语言学理论。表现在教学目的上,大纲不仅是语言知识的系统掌握和听、说、读、写语言技能的发展,而且已经扩展到"学生需要掌握具有什么关系的交际者在为了何种目的运用什么样的词汇和语法,通过什么渠道和媒介交流什么样的意义,以获取语言交际能力"。表现在内容方面,则是在原有词汇、语法大纲的基础上增加了功能意念大纲。

(2) 大纲研制者从研究教学的"教"转向研究学习者的"学"。一系列研究表明,以交际任务为中心的教学法尤其能够促进对外汉语教学。因为强调将语言输入以任务的方式呈现,能鼓励学习者从语言输入中有意识地寻找相关语言形式,激活认知过程,从而学习新知,巩固旧知。而且在任务的驱动下,能促使学生寻找相关语言形式进行表达,化所学为所用,在运用中学习。

当然,尽管这一时期的大纲已有了令人耳目一新的感觉,但我们仍然不能回避存在的问题,应该看到现有大纲中仍然有不尽如人意的地方:

(1) 忽视学习者的情感因素。学生的情感对学习效果有重要影响,愉悦的情感对大脑记忆有正面影响,有利于加快新旧知识体系的联接,焦虑的情感则会成为学生学习的障碍。如何在大纲的编制中体现促进学生积极情感生长这一重要性呢？他山之石，可以攻玉，美国在 1996 年出版的《21 世纪外语学习标准》可以给我们带来启示。其中的核心主题之一是社区（Communities），这个项目的两个标准之一就是"把外语学习作为获得个人乐趣和发展的重要方面，成为终身学习者"，将语言与个人发展联系起来，并将个人乐趣作为学习的一个子目标。

（2）缺乏对学习者"内部大纲"的关注。在教学实践中，人们发现，一些反复讲授、纠正的语法点，学生们不一定能掌握，依然顽固地重复着自己的错误；另有一些内容没有被反复强调，学生却能运用自如。为此，Corder 提出，学习者的大脑中可能存在一个相对独立的"内在大纲"（built-in syllabus），不受外在环境和条件的干扰。因此，在制定大纲的过程中，有必要对学生学习第二语言的过程进行研究。

（四）大纲发展期

1. 基本情况概述

近 20 年来，全球范围内学习汉语的人数快速增长。我国越来越重视汉语国际推广这项事业，除了继续做好孔子学院、孔子课堂等的国际汉语教学工作之外，还进行了第三代等级大纲的研发工作，为汉语国际教育发挥指导性作用。

前文我们已经提到，刘英林、马箭飞（2010）指出，我国第一代等级大纲于 1988 年研制，全称是《汉语水平等级标准与等级大纲》（试行），重在解决中国对外汉语教学标准"有无"的问题。我国第二代《等级大纲》于 1992 年完成，称为《汉语水平词汇与汉字等级大纲》，重在修订和完善。

我国第三代《等级划分》于 2010 年问世，名为《汉语国际教育用音节　汉字　词汇等级划分》，重在开拓创新。它以世界各地国际汉语教学的广泛需求为重要导向，是汉语国际教育全方位、多功能新型的国家标准。

2. 第三代《等级划分》的主要用途

（1）是世界各地的国际汉语教学和中国国内的对外汉语教学进行总体设计、教材编写、课堂教学和课程测试的重要依据。

（2）是《汉语国际教育用中国国家级计算机辅助汉语口语水平考试》（简写为 HKK）最重要的命题依据。HKK 分为普及化水平（初级水平）、中级水平和高级水平三级九等。

（3）是新型中国国家级汉语水平考试（修订版）初级水平、中级水平、高级水平的重要命题依据与参照。

（4）是中国少数民族汉语教学以及国内其他普通话教学、中小学语文教学及其他相关标准化、规范化语言考试的重要参照。

（5）是编制汉语国际教育常用字典、词典及计算机音节库、字库和词库的重要参照。

3. 第三代《等级划分》的主要内容

第三代《等级划分》分为初级（普及化等级）、中级、高级三大等级，初级中又划分了一个分等级，叫作最低入门等级；高级后面增加了一个附表，叫高级附录。

4. 第三代《等级划分》的三大创新

从第三代《等级划分》的基本框架表及以上三点说明，我们可以得出如下结论：

（1）设立了最低入门等级。与以往两代《等级大纲》比较，第三代《等级划分》引入了一个新的概念，最低入门等级。所谓最低入门等级，是指汉语国际教育中普及化等级内的最低入门水平。为适应日益扩大的国际汉语教学多样化的需要，设立最低入门等级，很大程度上降低了初学汉语的门槛，"稀释"了学习的难度，回归语言学习的本质。学会最低入门等级中的音节、汉字、词汇，就能进行最简单的日常交际。通过者可以获得《最低入门等级证书》。

（2）将音节引入国家标准。汉语音节引入第三代《等级划分》是本大纲最重要的创新之处。

汉语中，汉字和音节的基本对应规律是一字一音，这是汉语最基本的特点，也是优点。在汉语国际教育中，特别是在口语教学和听说教学上，音节都是基础的基础，音节的引入、强化、深化，有利于快速提高口语水平，是破解汉语难学的最佳途径。

（3）重视汉字，从粗放型的"汉字跟着词汇走"二维基准模式发展到"音节、汉字、词汇三位一体"的精密三维基准体系。

第三代《等级划分》是以汉字为核心，将两边的音节和词汇串联起来的三维基准体系，汉字处于中心地位是由汉语的自身特点和中华文化决定的。第三代《等级划分》对汉字和词汇比例作了重大调整，进行了深层次的改革。例如，第二代《等级大纲》甲级字 800 个，甲级词 1 033 个，汉字词汇比为 1∶1.29；第三代《等级划分》中的一级汉字为 900 个，对应的常用词 2 245 个，汉字词汇比为 1∶2.49。从这个比例可以看出，在第三代大纲中，汉字生成词汇的数量多于第二代大纲的数量。第三代《等级划分》中的汉字等级表为合理、适度地扩大词汇量提供了优势。①

---

① 刘英林、马箭飞：《研制"音节汉字词汇等级划分"探寻汉语国际教育新思维》，《世界汉语教学》2010 年第 1 期，第 82－90 页。

（五）大纲成熟期

1. 国际中文教育标准的研制过程

2020 年 12 月 16 日,中外语言交流合作中心与汉考国际教育科技(北京)有限公司联合举办国际中文教育标准与考试研讨会。本次研讨会以线上形式召开,包括"国际中文教育标准的研制与应用"和"国际中文学习与测试"两个分论坛。"国际中文教育标准的研制与应用"论坛邀请 8 位专家围绕主题展开研讨。来自各国大学、中文教学机构、出版社、汉语水平考试考点的 200 余位专家、学者、机构负责人及一线国际中文教师在线参加会议。

目前,全球已有 4 000 多所国外大学开设了中文课程,有 2 500 万人在学习中文;参加汉语水平考试(HSK)的人数累计超过 560 万,进行各类中文测试的人数累计达 3 800 万,学习和使用中文的人数已接近 2 亿。学习中文的人数越来越多,规模不断扩大,各国人民对学习中文的需求越来越多样,国际中文教育已经从解决"有没有"的问题,发展到"好不好"的问题,从解决中文教育规模的要求,发展到适应质量和效率的要求,其中最重要的就是强化标准建设,提高教育质量。

马箭飞在致辞中指出,要想保证和不断提升国际中文教育的质量,就必须有一套科学规范、包容开放、便于实施的标准,从而对学和教的每一个环节进行指导,同时为世界各国、各地、各校开展中文教育提供参照和服务。这些都是中国作为母语国义不容辞的责任,也是中外语言交流合作中心作为这一领域专门机构的核心工作与重要使命。

为了加快国际中文教育标准建设,从 2017 年 5 月起,中外语言交流合作中心聘请北京语言大学刘英林教授为课题组首席专家,组织北京大学、北京语言大学、北京师范大学、中国人民大学、首都师范大学、中国社会科学院、华东师范大学、上海大学等科研机构的多领域专家,开发新的国际中文教育汉语水平等级标准。新标准历时三年多的时间,经过 50 多次的集中讨论和反复论证,以及 23 个国家 4 万份问卷的调查分析,并征询美、英、法、德、日等 7 个国家 30 多所院校的 80 多位中外专家学者的意见,进行修改打磨,最终于 2020 年 11 月完成研制工作。2021 年 4 月,由教育部中外语言交流合作中心编,刘英林、马箭飞、赵国成主编的《国际中文教育中文水平等级标准》在北京语言大学出版社出版。

以下根据刘英林(2021)①对《国际中文教育中文水平等级标准》(以下简称

---

① 刘英林:《〈国际中文教育中文水平等级标准〉的研制与应用》,《国际汉语教学研究》2021 年第 1 期,第 6 - 8 页。

《等级标准》)的核心内容和基本特色进行介绍。

2.《等级标准》的核心内容与主要特色

（1）核心内容。

《等级标准》的核心内容体现在两个方面：第一，"三等九级"的国际化新框架；第二，"四维基准"的国际化新体系、新规则。"三等九级"指初等一至三级，中等四至六级，高等七至九级；"四维基准"指音节、汉字、词汇、语法。

（2）基本特色。

第一，《等级标准》最具标志性的特点是构建以汉语为中心、为主导的国家级中文水平等级标准新体系。它源自 1988 年《汉语水平等级标准和等级大纲（试行）》，是几代人用 30 多年的摸索、积累、创新，根据自身理念和思路开辟的一条新路。长期以来，中国对外汉语教学一直沿着西方语言的教学标准往前走。最近十几年来，中国的学者们注重构建以汉语为中心、为主导的中文水平等级标准，这是中国的学者们的一个共同的愿望。经过集体的努力，用了 3 年半的时间，这个《等级标准》基本上研发出来了。

第二，《等级标准》兼容并包，关注与公认的国际语言标准有效衔接。这种衔接既不是完全对接，也不是分离，而是有效衔接。

刘英林（2021）指出，《等级标准》发布之后，应在《等级标准》引领之下，开发新时期国际中文教育的课程标准/课程大纲，然后在此基础上进行新的课程开发和教材编写，这是非常重要的，如新的口语听说课、应用语法课、快速阅读课、特色汉字课等。

从 1950 年之后，中国对外汉语教学一直强调统一编写教材。经过三四十年的发展之后，大家认为只有统编教材是不够的，需要根据各个国家的情况开发本土教材。各国陆续开发了一些本土教材。最近十几年来，大家觉得有一部分最重要、最基本的课程可以有统编教材，各个国家在此基础上再根据本国情况编写一些相关的本土教材，作为重要的路径和补充。在国家标准引领下开发课程标准/课程大纲，编几套有代表性的、典范性的统编教材是非常重要的。作为统编教材，最重要的是质量和普适性。在此基础上，提倡各个国家、地区根据具体情况与中国有关机构合作编写教材，也可以自己编写本土教材，形式可以是多样化的。

《等级标准》还提出了两个 5％概念。以汉字为例，初等是 900 个，一级是 300 个，二级是 600 个，三级是 900 个，在每一等每一级里都允许有两个 5％的灵活掌握的区间：第一个概念是替换 5％。例如，中国食品里最主要的是米饭、面条、馒头,在海外最主要的食品是面包,国内教学中"面包"这个词可以是比较靠后的。根据本土的词汇、汉字的掌握情况,教师可以灵活替换 5%;第二个概念是加减 5%。根据本土的需要,发达地区的教师在教授词语时可以加 5%,欠发达地区的教师在教授词语时可以减 5%。例如,教师若觉得"城乡"比较难,可以将其减掉。

当然,"四维基准"包括的音节、汉字、词汇、语法,教师都可以减,也可以加。也就是说,各地在使用《等级标准》的时候都有一个灵活掌握的区间,据此,大家能够更好地、更灵活地、更方便地、更有针对性地基于本地区的教学特色编写教材,并进行教学改革。(刘英林,2021)

第三节　对外汉语代表性教学大纲与教材的编写

正如前文所述,教学大纲是规定课程内容、结构体系、教学方式和学时分配的基本纲要,也是课程设置、课堂教学、课程测试、教材编写等的科学依据。

教学工作的开展和教学实践的深入,离不开各类大纲的指导和约束,大纲在教学的各大环节中都起着引领和规范的作用。李泉(2012)认为,对外汉语教学的各类大纲不仅对学科发展具有促进作用,对汉语教材的设计和编写也具有不可替代的指导和规范作用。教材与大纲之间有着密切的关系,甚至可以说教材是大纲的"微缩版""简易图",也即教材必须体现大纲的"影子"(思想、理论和理念等)和"实物"(大纲中的语言要素等教学内容)。这就要求,编写教材必须首先研究相关的大纲乃至多种大纲,并从中汲取营养,选择与教材水平或等级相关的内容。①下面选取对外汉语教学界几种较有影响的大纲以及一些教材进行介绍和分析。

一、对外汉语教学各类大纲简介

(一)《汉语水平词汇与汉字等级大纲》

《汉语水平词汇与汉字等级大纲》(以下简称《词汇与汉字大纲》)由国家对外汉语教学领导小组办公室汉语水平考试部编制,北京语言学院出版社于 1992 年出版。修订版于 2001 年由经济科学出版社出版。

关于《词汇与汉字大纲》的用途,"前言"中明确指出:"本《大纲》不同于一般

---

① 李泉:《对外汉语教材通论》,商务印书馆 2012 年版,第 128 页。

的教学大纲,是一种规定性的水平大纲。"其主要用途是:

　　(1)可作为初中等汉语水平考试(HSK 初、中等)和高等汉语水平考试(HSK 高等)的主要依据;

　　(2)可作为对外汉语教学总体设计、教材编写、课堂教学和成绩测试的重要依据;

　　(3)可作为国内少数民族汉语教学及中小学语文教学的重要参考;

　　(4)可作为编制汉语水平四级通用字典及其他辞书编撰的框架范围。

　　《词汇与汉字大纲》在总结多年对外汉语教学经验和前人对汉语词汇量分级共识的基础上,提出了对外汉语教学词汇分级的 4 个界标:1 000 词、3 000 词、5 000 词和 8 000 词。3 000 常用词是初等汉语水平的词汇量界标,也是对外汉语教学基础阶段的词汇量要求。根据较大规模的一般语料的词频统计分析,3 000 常用词的语料覆盖率为 86% 左右。其中的 1 000 个最常用词是为了满足旅游和最起码的生活需要的词汇量界标,也是基础教学阶段中第一个教学阶段的词汇量要求。5 000 词界标包括 3 000 个常用词和 2 000 个次常用词,是中等汉语水平的词汇量界标,也是对外汉语中级教学阶段的词汇量要求。根据较大规模的一般语料的词频统计分析,5 000 个常用词的语料覆盖率为 91% 左右。8 000 词界标包括 3 000 个常用词、2 000 个次常用词和 3 000 个通用词,是高等汉语水平的词汇量界标,也是对外汉语高级教学阶段的词汇量要求。根据较大规模的一般语料的词频统计分析,8 000 个常用词的语料覆盖率为 95% 左右。在上述词汇界标的基础上,参考专家群体性干预、联想和讨论的结果,《词汇与汉字大纲》最后收入总词汇 8 822 个,分为 4 个等级,包括甲级词 1 033 个、乙级词 2 018 个、丙级词 2 202 个、丁级词 3 569 个。除按级别排列外,还进行了音序排列,并对收入的每个词汇都标注了词性和汉语拼音。

　　《词汇与汉字大纲》对汉字的选择和分级主要以相对应的词汇总量及词汇分级为基础,以《现代汉语常用词表》中的一级常用字 1 000、二级常用字 1 500 和三级次常用字 1 000 的分级为重要参照,运用定性与定量相结合的综合集成方法,辅以定向性联想添加来处理。与词汇分级相对应,汉字分级也有 4 个界标:与甲级词(1 000)相对应的甲级字 800 字种、与乙级词(2 000)相对应的乙级字 800 字种、与丙级词(2 000)相对应的丙级字 600 字种、与丁级词(3 000)相对应的丁级字 700 字种。以上共计 2 900 字种,根据统计分析,其累计频率达到 98% 以上,以此作为对外汉语教学专业的通用字的总目标及相应的分级汉字目标是科学、合理和适用的。在此基础上,通过调整,《词汇与汉字大纲》最后收入汉字

2 905 个,分为 4 个等级,包括甲级字 800 个、乙级字 804 个、丙级字 590＋11 个、丁级字 670＋30 个,其中,丙、丁两级的 41 个表示姓氏和地名的字收为附录字。大纲对汉字除按级别排列外,还进行了音序排列。①

刘英林、马箭飞(2010)指出,我国第二代《等级大纲》完全继承了第一代《等级大纲》的思路和框架,修订了甲、乙两级词汇与汉字大纲,同时补充、完成了乙、丙两级词汇与汉字大纲,使其第一次成为一个较为完整的等级大纲。其中,初级水平包括甲、乙两级字词,词汇为 3 051(1 033＋2 018)个,汉字为 1 604(800＋804)个。这样的框架与设计是以中国对外汉语教学作为参照系,以外国留学生在华学习一年汉语后直接进入中国高等院校学习专业为目标,起点是很高的。

作为一个规范性大纲,《词汇与汉字大纲》能够针对对外汉语教学的实际需要.较好地处理科学性与实用性的关系,具有较强的科学性和针对性。第二代《等级大纲》的问世,标志着对外汉语教学朝着规范化、科学化方向迈出了一大步。但也有一些学者认为大纲在词汇总量控制、词语选择、词条确定以及词性标注上仍存在若干尚待完善的地方。张凯(1997)、李清华(1999)、赵金铭等(2003)、姜德梧(2004)等,都从不同角度对大纲存在的问题提出了建议。

李清华(1999)针对大纲词汇量偏低等问题,给出了四点建议:(1)把所收词语分为常用词和次常用词两类。常用词的数量要严格控制,可定为 4 000—5 000;非常用词的幅度要放宽。数量可在 10 000—12 000。在实际教学中,其要求也应该不同。词的排列可以考虑分类,这样更便于学习和查找;(2)应及时修订,每隔几年(以三四年为宜,最长不超过五年)就修订一次。修订时应吸收新词语,剔除旧词语;(3)应及时收集一线教师、编教以及其他方面的意见;(4)对发现的错误应及时引发勘误表。

大纲研制产生以后,对教材编写产生了重大影响。在阅读教材方面,《汉语快速阅读——训练与测试》(华语教学出版社,1996)、《中级汉语阅读》(北京语言文化大学出版社,1997)、《汉语系列阅读》(一)(北京语言文化大学出版社,1998)、《中级汉语阅读教程》(北京大学出版社,1999)陆续问世。除此之外,还有大批深受欢迎、适用面较广的教材面世,如《桥梁——实用汉语中级教程》(北京语言文化大学出版社,2000 年第二版)、《中国视点——中级汉语教程》(北京语言文化大学出版社,2000)、《新实用汉语课本》(北京语言文化大学出版社,2002)

这些阅读教材都注重题材和体裁的多样性,在《汉语水平词汇与汉字等级大

---

① 赵金铭:《对外汉语教材概论》,商务印书馆 2004 年版,第 38 - 41 页。

纲》颁布之后,都能把握教材所选材料的难易度。(刘正文,2000)

(二)《汉语水平等级标准与语法等级大纲》

《汉语水平等级标准与语法等级大纲》(以下简称《标准与语法》),由国家对外汉语教学领导小组办公室汉语水平考试部编制,高等教育出版社于 1996 年出版。

《标准与语法》把语言能力提升到与语言知识同等重要的位置,并把语言能力分解成话题内容、语言范围和言语能力三个要素,从定性和定量的角度对三个要素切分成三个等级,五个标准。其中,"语言范围"这一要素的内容与《标准与大纲》的另一部分"语法等级大纲"的内容具有对应关系,从而将其纳入水平等级标准的体系,使全书成为一个有机的整体。言语能力包括听、说、读、写、译(译只有三、四、五级才有)五种言语技能,《标准与大纲》主要从数量的角度对每一等级进行界定,使《标准与大纲》具有很强的可操作性。

《标准与语法》不仅可以作为教学的依据,而且也是汉语水平考试的主要依据。它由两大部分构成:一部分是汉语水平等级标准,分为一、二、三、四、五级标准;另一部分是语法等级大纲,分为甲、乙、丙、丁四级语法等级大纲。下面分两部分分别介绍。

1. 汉语水平等级标准

对语言水平等级标准的界定是语言教学的基础工程,是进行教学设计、教材编写、课堂教学和课程测试的主要依据。任何一种语言的教学都力求通过对语言水平和语言使用能力的等级规范来指导教学实践,衡量教学和学习效果。科学、系统的语言水平等级标准的研制对语言教学的学科建设和教学实践的作用是不言而喻的。然而,由于语言水平等级标准研制本身的繁杂性,以及其他一些相关因素(如教育体制、教育需求层次、教育资源调配等)的限制,至今还很少能够看到类似的研究成果。对外汉语教学虽然起步较晚,但在语言水平等级标准的研制上成效很大。

《汉语水平等级标准》是对学习者学习和使用汉语所要达到的水平和能力的界定和描述,是科学划分出来的教学等级和每一等级应该达到的教学标准与水平。所以,《汉语水平等级标准》的本质特征就是规定统一的教学要求、统一的教学等级和统一的教学水平。

根据学习者个性特征、学习时间和学习结果的不同,其达成的汉语水平和汉语能力自然不同,相应的教学要求也不一样,据此可以把汉语水平分为不同的等级。《汉语水平等级标准》的基本框架结构是"三等五级":即初等水平、中等水平、高等水平；一级标准、二级标准、三级标准、四级标准、五级标准；初等水平含一级和二级标准，中等水平含三级标准，高等水平含四级和五级标准。

《汉语水平等级标准》的主要内容由三方面的要素组成：话题内容、语言范围和言语能力。每一级标准都从上述三个方面进行总体描述，并且都具体规定了学生在听、说、读、写、译五种言语技能方面所应该达到的水平。话题内容主要是描述和规定话题涉及的范围和内容，如日常生活、学习、社交、工作、新闻、职业活动等，分为"最基本""基本""一般性"和"较高"等层次；语言范围主要是描述和规定语言知识和语言要素的范围和内容，如语音、汉字、词汇、语法项目等，并分别进行了量化要求，包括字、词、语法项目的等级和数量等；言语能力主要是描述和规定在汉语听、说、读、写、译等方面的能力，分为"初步的""基本的""一般性的""较高的"等层次要求和对汉语使用的规范性、多样性、得体性的要求，以及对所学汉语的文化背景和语义含义的要求等。对读、听、写等汉语技能还从语料长度、语料难度、语言接受或表达的速度、语料接受的理解度、语言表达的正确度等方面进行了等级数量的界定。

《汉语水平等级标准》是运用定性、定量与定位相结合的综合集成方法，依据多学科定量统计与群体性定性、定位分析相结合，语言科学与对外汉语教学的分级需要相结合的原则研制的。研制的具体原则有五个：(1)综合性原则。综合了我国对外汉语教学多年的教学实践经验和理论研究成果，综合了其他多种学科的最新研究成果，综合了语言教学的三大要素，综合了语言的五种主要表现形式。(2)针对性原则。既要针对外国人学习汉语的特点，又要切实可行；既要对各语言要素和言语技能作各种数据界定，又要允许在各阶段的教学实践中出现不同的浮动幅度，体现一定的灵活性；既要以我国对外汉语教学作为总依据和总参照系，又要结合具体的教学实践情况。(3)限定性原则。对教学要求、等级水平进行定性描写和定量限定，在此基础上，对各类相关的具体教学内容界定出不同的范围、等级、水平，并允许一定的调节比例。(4)系列性原则。要求在纵向和横向两个方面相一致、相协调，构成一个完整的级差、涵盖系列。纵向上，无论是等级划分、内容确定，还是语言技能和言语能力描述，都要求循序渐进，逐级涵盖；横向上，无论是话题内容、语言范围，还是言语能力，都要求在听、说、读、写、译等方面相互一致，相互协调。(5)导向性原则。要求在教学内容、教学水平、教学方法等方面，能够引导全国对外汉语教学向统一的目标体系靠拢。

《汉语水平等级标准》具有很强的实用性。它对各水平等级的语言内容作出的明确规定，与《汉语水平词汇与汉字等级大纲》《汉语水平语法等级大纲》基本上是对应的,对教学内容的选择具有可操作性;它注重与对外汉语教学年级的对应关系,可以直接对学生的专业前、进入专业、专业内的汉语学习提供水平等级的参考;它与汉语水平考试有完整的对应关系,使得教学和教学测评紧密连接,可以较好地监控和反馈教学效果。《汉语水平等级标准》所欠缺的是对语言功能和文化内容的具体描述,而过多偏重对语言内容的界定。这不仅使标准本身有所失衡,也容易造成对教学实践的偏差引导。

2. 汉语水平语法等级大纲

《汉语水平语法等级大纲》(简称《语法大纲》)是对汉语语法项目和语法点进行选择和排列,并为这些语法项目和语法点划分等级后形成系列的大纲。《语法大纲》与《汉语水平等级标准》相互对应,是对外汉语教学总体设计、教材编写、课堂教学及课程测试的语法依据。

《语法大纲》中的语法内容与理论语法既有重叠,又各有侧重。理论语法侧重按语言的实际对语法进行描写,《语法大纲》中的语法属于教学语法,侧重选择规范语法。它既不同于理论语法,也不同于对本族人的教学语法,而是对外国人的教学语法。《语法大纲》的内容具有以下特点:(1)突出语言的使用规则,而不是详细介绍语法理论和语法知识;(2)重视对语言结构形式的描写,同时又注重结构形式与意义的结合;(3)对语法规则的说明简明、通俗、具体、实用;(4)从典型的语言材料出发,选取和确定语法项目和语法点;(5)根据外国人学习和使用汉语的学习需求和对外汉语教学的教学需求,对理论语法的内容和结构作相应的简繁处理,选取和确定有针对性和实用性的语法项目和语法点;(6)不要求进行详尽的语言分析,而是要求帮助学生掌握必要的语言规律,并运用这些规律去指导语言实践活动。

《语法大纲》是在总结我国对外汉语教学经验、吸收有关语法的研究成果、分析多种对外汉语教材和教学大纲的基础上,根据外国人学习汉语的特点和规律,结合汉语语法的自身特点制定出来的。它充分考虑了外国人学习汉语的难点和重点,注重外国人在不同学习阶段的汉语接受能力与交际需要。既提供了比较恰当的语法内容,又作了比较合理的等级划分;既全面、系统地体现了汉语语法体系,又突出了重点、难点,具有较强的针对性和实用性。考虑到具体的对象和用途,大纲对语法项目的确定和介绍作了相应调整,例如,在介绍句子成分时,突出了定语、状语,尤其是补语;在介绍复句时,按照难易程度进行了细化,并作了相应的等级处理;在动词谓语句中,归纳出一些特殊的句式并重点介绍;在介绍动词的态的内容时,结合现有研究成果,概括性地列举了常用的使用规则。

《语法大纲》选择了汉语的语素、词类、词的构成、词组、固定词组、固定格式、句子成分、句子类型、特殊句型、提问方式、数的表示法、强调的方法、动词的态、反问句、口语格式、复句、多重复句和句群等 18 个大类的 1 168 个语法点项作为内容,并把它们分为 4 个等级。其中,甲级语法 129 项,乙级语法 123 项,丙级语法 400 点,丁级语法 516 点。甲级语法项目是一个由词类、词组、句子成分、句子的分类、特殊句型、提问的方法、数的表示法、强调的方法、动词的态和复句等内容组成的比较完整的体系,基本上反映了汉语语法的整体面貌和特点;乙级语法项目可以看作对甲级语法的补充、扩展和深化,增加了固定词组和固定格式两个大类并选择了其中一部分最常用的内容;甲、乙两级语法合并就构成了汉语初等水平标准的语法内容。丙级语法项目在甲、乙级语法项目的基础上又增加了语素和口语格式两个大类,内容进一步深化,构成了汉语中等水平标准的语法内容。丁级语法项目又增加了词的构成、反问句、多重复句和句群几个大类,构成了汉语高等水平标准的语法内容。在对各个语法点项的描述上,大纲除标出该项目所属的大小类别外,还以格式化的方式确定了项目名称,大多数项目还提供了例句。

《语法大纲》虽然对语法内容作了比较详尽的列举和编排,但只是一种按照语法体系的特点进行的编排。这一语法编排既不是教学顺序,也不是教材编写顺序,更不是外国人汉语习得的内在顺序,在具体的教学实践、教材编写中,还需要使用者科学地、创造性地进行相关的选择和编排工作。这也可以看作大纲尚待完善的部分。

李泉(2012)认为,《汉语水平等级标准与语法等级大纲》的四级语法等级划分,由于内容比较全面,选项和用例精当,为对外汉语教材编写、水平测试以及对外汉语教学语法研究等广泛使用和参照。[①]

(三)《对外汉语教学中高级阶段功能大纲》

《对外汉语教学中高级阶段功能大纲》(以下简称《中高级功能大纲》),由赵建华主编,1999 年由北京语言文化大学出版。

《中高级功能大纲》是一部集功能、意念、情景、文化等多种因素的综合性大纲。目的在于对中高级阶段对外汉语教学给予指导和规范。因为"对学习者来说,其语言学习的初级阶段是基本言语能力形成的过程,中高级阶段则是交际能力逐步熟练的过程,是使语言成为言语习惯、言语行为的过程。"(赵建华,1999)

---

① 李泉:《对外汉语教材通论》,商务印书馆 2012 年版,第 114 页。

因此,不管是在课堂教学还是在教材编写方面,都应该重视"交际",也就是说,在初级阶段向中高级阶段转化的过程中,课堂教学要更重视交际化,教材要更重视实用性。

《中高级功能大纲》是以当时较为流行的交际教学法为依托,根据中高级阶段学习者的交际需要,在《初级功能大纲》(杨寄洲主编)121 个功能项目的基础上,把功能项目归纳为 7 大类,扩展为 152 项。每个项目根据言语形式的不同分为词、短语、句子、语段四部分,并按形式的难易程度进行排列,均附有例句。

这 7 大类分别是:(1)社交活动中的表达功能;(2)对客观情况的表述;(3)对理性认识的表达;(4)对主观感情的表达;(5)对道德情感的表达;(6)表达使令;(7)交际策略的表达。

值得一提的是,《中高级功能大纲》在编写的过程中加强了语段和语篇所表达的功能,因为这是近年来在教学中普遍关注的问题。由于语段的功能多数不是单一的,选择起来难度较大。《中高级功能大纲》的做法是确定其语义中心或焦点,以此定位其功能,在使用过程中再加以调整。

当然,功能必然涉及文化,"功能项目本身的划分即受文化的直接影响"(赵建华,1999),因此,《中高级功能大纲》充分考虑了文化这个因素。比如:"介绍"中的自我介绍,西方人常常含有充分的自信,而中国人则必须含有谦虚,别人听起来才"舒服"。

(四)《高等学校外国留学生汉语言专业教学大纲》

《高等学校外国留学生汉语言专业教学大纲》由国家对外汉语教学领导小组办公室编制,由北京语言大学于 2002 年 1 月出版。

1. 大纲研制产生的意义

20 世纪 90 年代中期,北京语言文化大学在学科基础建设方面加大了建设步伐,相继完成了数项研究项目,先后出版了《中高级对外汉语教学等级大纲(词汇·语法)》(孙瑞珍主编,1995 年)、《对外汉语教学初级阶段教学大纲》(杨寄洲主编,1999 年)、《对外汉语教学中高级阶段功能大纲》(赵建华主编,1999 年)、《对外汉语教学初级阶段课程规范》(王钟华主编,1999 年)、《对外汉语教学中高级阶段课程规范》(陈田顺主编,1999 年)、《对外汉语本科教育研究》(李杨著,1999 年)等重要成果。这些成果为国家汉办制定全国性的对外汉语本科教学指导文件奠定了扎实的基础。2002 年 1 月出版的《高等学校外国留学生汉语言专业教学大纲》就是以上述几项成果为底本的。

　　长期以来,作为对外汉语专业教学的课程设置、教材建设以及课堂教学是在不断调整中发展的,但我们的专业教学距离科学化、标准化、规范化还有相当大的距离。在大纲研制产生以前,这一点在我们的教材上反映得尤为突出。孙瑞珍、陈田顺(1996)①以中高级阶段为例,指出主要问题是词语选择失当,这里所说的选择失当包含两方面的意思:一方面是词语超纲,即该阶段不应出现的词语出现了。以二年级十二门课中课时较多而又比较成熟的中级汉语、听力口语为例,将这两门课的现用教材所选词语和《水平标准和等级大纲》比较一下就清楚了。中级汉语每周六学时,所用教材《中级汉语教程》上下两册共选生词 2 109个,与《标准和等级大纲》5 168 个甲、乙、丙三级词汇对照,只覆盖 661 个,占 2 109 个生词的 31%;与《水平标准和等级大纲》中的丙级词对照,只覆盖 308 个,占 2 109 个生词的 15%。词语选择失当的第二点是词语漏纲,即该阶段应该出现的词语却漏掉了。所谓词语漏纲,是指词语在教材主课文中出现,《水平标准和等级大纲》中又明确规定的词语,在挑选生词或确定重点词语时遗漏了。这种现象虽无精确统计,但在各门课的教材中都不同程度地存在。词语选择失当的后果是导致课堂上无效输入量增大。

　　另一方面是各门课之间词汇和语法的分布缺乏明确分工和相互联系。由于这些教材在编写时尚无《水平标准和等级大纲》为依据,又缺少总体设计的制约,编者往往强调本课程的特点,忽略了对外汉语教学的整体性,加之缺乏对词汇、语法等项内容的定性定量分析,造成纵的方面(二、三、四年级)缺少层次,界限不清;横的方面缺乏明确的分工和相互联系。从而造成同一词语、同一语法多向输入,有些又不是习得者的难点,带来课堂教学混乱和不必要的浪费。

　　由此可见,对外汉语教学活动、教材编写等都必须以教学大纲为依据。

　　2. 大纲主要内容介绍

　　《高等学校外国留学生汉语言专业教学大纲》的内容包括教学对象、教学目标、教学内容、教学安排、教学原则、课程设置和教学要求七个部分。另有五个附表,分别是词汇表、汉字表、语法项目表、功能项目表和课程介绍。下面分别简要介绍。

　　(1)《高等学校外国留学生汉语言专业教学大纲》附件(一),其中包括附表1——词汇表、附表 2——汉字表。(见表 3-2、表 3-3)

---

　　①　孙瑞珍、陈田顺:《〈中高级对外汉语教学等级大纲〉的研制和思考》,《中国对外汉语教学学会成立十周年纪念论文选》,北京语言学院出版社 1996 年版,第 220 - 221 页。

表3-2 《汉语言专业教学大纲》词汇表

词汇等级		例　词	词汇数量
a. 一年级词汇表	一级词汇	如:爱好、爱人、安静、安排等	993 个
	二级词汇	如:爱护、爱情、安全、按时、按照等	1 711 个
b. 二年级词汇表		如:爱国主义、爱面子、安定、安置、安装、按劳取酬、奥运会等	2 215 个
c. 三、四年级词汇表		如:哀悼、哀求、爱诗、爱戴、爱惜、爱憎分明、安居乐业、安宁、安详、按部就班等	2 635 个
			词汇总计:7 554

表3-3 《汉语言专业教学大纲》汉字表

汉字等级		例　字	汉字数量
a. 一年级汉字表	一级字	如:啊、矮、爱、安等	795 个
	二级字	如:阿、挨、唉、哎、按、案、岸、傲等	696 个
b. 二年级汉字表		如:哀、碍、暗、熬、奥等	545 个
c. 三、四年级汉字表		如:蔼、艾、岸、昂、凹等	467 个
			汉字总计:2 503

词汇表的总词汇共 7 554 个,包括:a.一年级词汇表:一级词汇,共 993 个,全部复用式掌握,如爱好、爱人、安静、安排等;二级词汇,共 1 711 个,其中复用式词汇 763 个,如爱护、爱情、安全、按时、按照等。b.二年级词汇表:共 2 215 个,如爱国主义、爱面子、安定、安置、安装、按劳取酬、奥运会等。c.三、四年级词汇表:共 2 635 个,如哀悼、哀求、爱诗、爱戴、爱惜、爱憎分明、安居乐业、安宁、安详、按部就班等。

汉字表的总汉字共 2 503 个,包括:a.一年级汉字表:一级字共 795 个,如啊、矮、爱、安等;二级字共 696 个,如阿、挨、唉、哎、按、案、岸、傲等。b.二年级汉字表共 545 个,如哀、碍、暗、熬、奥等。c.三、四年级汉字表共 467 个,如蔼、艾、岸、昂、凹等。

(2)《高等学校外国留学生汉语言专业教学大纲》附件(二),其中包括附表 3——语法项目表、附表 4——功能项目表、附表 5——课程介绍。

语法项目表包括:a.一年级语法项目表:分别包括词类、短语、句子成分、句子、几种特殊的句式、动词的态六大类。其中,几种特殊的句式中列举了"是"字句、"有"字句、连动句、兼语句、"把"字句、被动句、存现句、"是……的"句、比较句等九种。b.二年级语法项目表包括合成词的构成及其语素义、词语的联系与扩展、词类、短语、句子成分、几种特殊的句式、复句、语段、省略、强调的方法等十大类。其中,词语的联系与扩展有①类义词:如称谓、调味品、蔬菜、颜色等;②同义词和近义词,如:妒忌——忌妒;③反义词,如:真实——虚假;几种特殊的句式包括连动句、兼语句、"有"字句、"是"字句、"是……的"句2、"是……的"句3、"把"字句、被动句、存现句、比较句等十种。c.三、四年级语法项目表包括语素、词类、短语、句子成分、几种特殊的句式、倒装句、复句、紧缩句、固定格式、语段等十类。

教学语法项目序列:共选取了102个项目。以前面20项为例,列举如下:1."是"字句及其否定式;2.疑问句:是非问;3."都"和"也";4."有"字句及其否定式(表示领有);5.一百以下称数法;6.名量词;7."二"和"两";8."几"和"多少";9.疑问句:特指问;10.动词谓语句及其否定式;11.主语、谓语和宾语;12.形容词谓语句及其否定式;13.定语和结构助词"的":名词、代词、形容词作定语;14."多"和"少";15.疑问句:正反问;16.状语和结构助词"地":副词、形容词作状语;17.形容词重叠;18.介词短语和介词"在";19.方位词:单纯方位词、合成方位词;20."里"和"上"等。

功能项目表,共有六大类:(1)社交表达,如"打招呼、问候、介绍、感谢、邀请、约会、告别"等10个细目;(2)情况表达,如"叙述、说明、解释、通知、转告、询问、比较选择、推论"等15个细目;(3)态度表达,如"同意、拒绝、肯定/否定、相信、怀疑、承认、表扬、服从、劝告、有把握"等23个细目;(4)情感表达,如"喜欢/不喜欢、高兴/不高兴、愿意、后悔、希望、伤心、抱怨、同情、看不起"等35个细目;(5)使令表达,如"请求、命令、提醒、警告、催促"等9个细目;(6)谈话技巧,如"开始话题/引入话题、引起注意、重复/插话、交涉、强调、退出交谈/结束交谈"等8个细目。六个纲目下面共包含100个功能项目的细目。

表3-4 《汉语言专业教学大纲》功能项目表

功能类别	细　　目	细目数量
(1) 社交表达	如"打招呼、问候、介绍、感谢、邀请、约会、告别"等	10个
(2) 情况表达	如"叙述、说明、解释、通知、转告、询问、比较选择、推论"等	15个
(3) 态度表达	如"同意、拒绝、肯定/否定、相信、怀疑、承认、表扬、服从、劝告、有把握"等	23个

功能类别	细　　目	细目数量
(4)情感表达	如"喜欢/不喜欢、高兴/不高兴、愿意、后悔、希望、伤心、抱怨、同情、看不起"等	35个
(5)使令表达	如"请求、命令、提醒、警告、催促"等	9个
(6)谈话技巧	如"开始话题/引入话题、引起注意、重复/插话、交涉、强调、退出交谈/结束交谈"等	8个
总计:六大类		总计:100个

课程介绍,包括:a.一年级:汉语综合课,汉字读写,汉语阅读,汉语听力,汉语口语,汉语视听说,汉语写作入门等七门。b.二年级:汉语综合课,汉语听力口语,汉语泛读,汉语写作基础,现代汉语语音,汉字概论,中国报刊语言基础,新闻听力,翻译基础等九门。c.三年级:汉语综合课,汉语高级会话,汉语写作,中国报刊阅读,现代汉语词汇,翻译,古代汉语等七门。d.四年级:汉语综合课,当代中国话题,翻译,汉语古籍选读,现代汉语语法,现代汉语修辞等六门。e.文化课课程介绍:中国概况,中国古代文学,中国现当代文学,中国古代史,中国近现代史,中国人文地理,中国哲学,中国文化,当代中国经济,中国名著选读等十门。

（五）《国际汉语通用课程大纲》

《国际汉语通用课程大纲》(以下简称《课程大纲》),由国家汉语国际推广领导小组办公室编制,外语教学与研究出版社于 2008 年出版。修订版于 2014 年由北京语言大学出版社出版。

《课程大纲》在"说明"中对研制目的、原则、内容、适用对象等分别做了阐述。研制目的是为顺应世界各地汉语教学发展的趋势,满足各国对汉语教学内容规范化的需求。《课程大纲》是对汉语作为第二语言课程目标与内容的梳理和描述,旨在为汉语教学机构和教师在教学计划制订、学习者语言能力评测和教材编写等方面提供参考依据和参照标准。

《课程大纲》的研制原则有五个:(1)科学性原则。以第二语言教学理论为指导,参考和借鉴了多种外语和第二语言教学大纲的经验和成果,吸收了国际汉语教学的经验,并在较大范围内进行了调研。(2)实用性原则。大纲从指导国际汉语教学实践的角度出发,对课程目标及学习者所应具备的语言技能、语言知识、策略和文化能力等方面,进行了分级分类描述。同时,还提供了八个具有实用参考价值的附件供使用者参考选择。(3)针对性原则。针对国际汉语教学从专业化日益走向大众化、普及型、应用型的发展趋势,大纲最大可能地兼顾到小学、中学及社会人士等不同使用对象的特点,最大限度地降低了汉语学习的难度,对目标等级也作了适当调整,以适应国际汉语教学的实际情况。(4)灵活性原则。大纲中提供的课程结构及教学模式课例,目的在于展示实际教学过程中可能出现的各种要素及其相互关系、逻辑顺序和常规处理方法、步骤,作为例子是为了抛砖引玉,使用者应根据实际教学情况因地制宜地拿来使用。(5)通用性原则。大纲参照了《欧洲语言共同参考框架》等国际认可的语言能力标准,从跨文化语言教学的角度,吸收了现阶段国际汉语教学的成果与经验,对典型的汉语语言知识、文化知识等教学内容进行了梳理,并提供了具有可操作性的示例建议,便于广大国际汉语教学工作者在教学、师资培训、教材编写等方面参考使用。

《课程大纲》设置的总目标是:使学习者在学习汉语语言知识与技能的同时,进一步强化学习目的,培养自主学习与合作学习的能力,形成有效的学习策略,最终具备汉语综合运用能力。语言综合运用能力由语言知识、语言技能、策略、文化意识四方面内容组成,语言知识和语言技能是语言综合运用能力的基础,策略是提高效率、促进学习者自主学习和发展自我能力的重要条件,文化意识是培养学习者具备国际视野和多元文化意识、更得体地运用语言的必备元素。《课程大纲》还设置了分级目标。大纲将课程内容划分为六个目标等级,与汉语水平考试(HSK)相一致,并对各等级的目标进行了具体描述。[①]比如,一级目标要求学习者能理解有关个人或日常生活的基本语言材料,可以较准确地进行词句复述、背诵及抄写,能模仿范例书写词句;开始培养学习汉语的兴趣和信心;在教师的指导下,初步接触简单的学习策略、交际策略、资源策略和跨学科策略;开始了解中国的文化知识,开始具有初步的跨文化意识和国际视野。

《课程大纲》大纲旨在为国际汉语教学工作者和汉语学习者提供服务。适用对象包括成年人与未成年人、在校学习者与社会学习者、有汉语背景与无汉语背景者等。在校学习者包括公立及私立小学、中学(初、高中)、国际学校的学生及大学生,社会学习者包括成人夜校、成人周末学校及汉语补习学校的学生。此外,大纲对中国的国际汉语教师及志愿者教师也有参考价值,同时也为编写国际汉语教材提供了参考。

《课程大纲》有八个附件,分别是《汉语拼音声母、韵母与声调》《常用汉字表

---

① 2014年新修订出版的《大纲》主体框架由原来的五级目标等级调整为六级目标等级,与汉语水平考试(HSK)相一致。对各级字、词、语法、话题等语言知识进行更新,并强调与 HSK 的关联。

（一——六级）》《常用汉语词语表（一——六级）》《常用汉语语法分级表（一——六级）》《汉语教学话题及内容建议表》《汉语课堂教学常见课型结构流程建议表》《汉语课堂常用综合教学模式课例》《汉语教学常用评价活动建议表》。

二、相关教材的介绍与分析

（一）以结构为纲的教材

以结构为纲是指，根据语法或句型结构的难易程度和词语的分布安排教学内容及其顺序。听说法教材比较充分地体现了结构型的特点。这类教材比较早，往往强调对句型反复操练，养成习惯。其缺点是对语言的交际运用重视不够。

1980 年由外文出版社出版的《基本汉语课本》是一部集历年教材之大成的教材。正如编者在编写说明中提到的："本书以常用句型为重点，通过替换练习使学生掌握语法点，通过课文训练学生综合运用汉语的技能"，教材加强了语法的系统性。课文后面有语法说明，还有语法术语的简单解释。1994 年由华语教学出版社出版了修订本，修订本坚持以结构为主，相对集中语法教学。虽然用现在的眼光看来，这部教材还存在不少不足之处，但它确实是当时按照结构法的思路编写的一部最成熟的教材。特别是语法点的编排和解释，把研究成果和教学经验融为一体，其科学性、针对性都是以前教材所无法相比的。

由李德津、李更新主编、北京语言学院出版社 1988 年出版的《读写课本》基本上也是按照结构法的思路编写的。

编者在"编写说明"中这样介绍："《读写课本》全面介绍语音、语法、词汇以及汉字和汉字结构知识，使学生理解新的语言现象，侧重培养朗读、阅读、汉字书写和笔头表达能力，同时在语音、语法、词汇、汉字等方面为听力课和说话课起'铺路'作用"。教材围绕有关的语法点和一定的情境组织语言材料，语法点按难易程度排列先后顺序，按照培养读写能力的要求确定练习内容和练习方式。

以结构为纲编写的教材，由于比较注重语法点的练习，以致使语言不够自然和真实，容易出现语言实用性较差的现象。《基础汉语课本》也意识到这一点，因此，修订本补充了原版的不足，增加了不少实际生活用语，使之能够学以致用，并引发学生的兴趣和信心。

（二）以功能为纲的教材

以功能为纲是指，根据功能项目的常用程度或者话题的先后安排教学内容及其顺序，不考虑或较少考虑结构的先后。

纯功能教材如《说什么和怎么说》(邱质朴编著,1990 年由南京大学出版社正式出版)。以"意向"为主线编写,共分 30 个"意向单元",依次是称呼、问候、介绍、请求、同意、反对、看法、感谢、致歉、打听、意愿、可能、不能、喜爱、不满、担心、意外、责问、申辩、困难、安慰、急切、后悔、必须、相信、怀疑、希望、假定、比较、插语。

《阶梯汉语》由周小兵主编,2006 年华语教学出版社出版。以《阶梯汉语·中级口语》(张念、郝红艳编著)为例。这本教材在封面上就明确表示:"功能·情景·话题,带你进入真实的会话空间"。编者认为:"对中级阶段的学生而言,口语面临的问题是如何丰富口语的表达,在不同的场合说不同的话,即如何表达得得体。以功能为纲进行编写,可以突出语言的功能运用,即在不同的情境下用不同的语言方式进行表达,帮助学生在具体的语言情境中根据不同的角色说话。"

《阶梯汉语·中级口语》分为四册,每册 14 课(一个功能一课),两个话题。以 7 个功能 1 个话题为一个单元。全书共 56 课,即 56 个功能,8 个话题。比如第一册中有介绍、道歉、原谅、请求、打听、祝贺、问候、邀请、感谢、满意、劝说、转述、希望、失望,还有话题 1——城市印象、话题 2——没有人能随随便便成功。

这类教材强调培养语言交际能力,但由于对功能的研究还不太成熟,功能与结构的结合就较难得到很好的解决,容易忽视对语法结构的系统掌握。当然,关于语法结构的系统性问题,笔者以为对于口语教材的要求可以相对低一些。

除了口语教材以外,阅读教材也有结合功能来编排的。20 世纪 90 年代,对外汉语教材编写可称为"结构、功能、文化相结合"的时期。如:《桥梁——实用汉语中级教程》(陈灼主编,北京语言大学出版社,1996)以培养学习者的交际能力为目标,结合功能、文化项目,围绕教育、职业、婚姻家庭、经济、法律、道德、文化、交通、健康、环境等 10 个题材范围进行编写。教材"吸取了功能教学法圆周式安排教学内容的精神。……语法内容的编排,以教学要求和学习者的难点为出发点,兼顾语法体系和语言知识的系统完整。讲练的语法内容,根据课文的需要以'点'的形式出现。对于较难较复杂的语法项目,采取'化整为零'、'细水长流'的方式,分别解决。"

（三）以任务为纲的教材

尽管对外汉语教学界在 21 世纪初对于任务型教学的反应没有英语教学界那么热烈,研究文献没有那么丰富,研究也没有那么深入,但是,从最早介绍、应用任务型教学的时间来看,与外语教学界是基本同步的。马箭飞关于交际任务和汉语短期教学的研究(马箭飞 2001a;2001b)是对外汉语教学界最早探讨任务

型教学的文献,特别是探讨了任务大纲的编制以及交际任务在短期速成教学方面的应用。[①](吴中伟、郭鹏,2009)

教材是教学理念的物化。在教学理念、课程任务都发生变化的情况下,教材也自然要跟着改变。当时,对外汉语教学界出现了一些吸收任务型教学特点或者是按照任务型教学编写的教材。例如:

《体验汉语》(留学篇)(陈作宏等主编,2005 年由高等教育出版社出版)在前言中指出:"这本教材是以短期留学生的生存需求为依据,以实用的交际任务为主线编写的任务型教材,注重听说,淡化语法,"教材的课堂活动设计"不仅保留了传统教材中的一般练习形式,还设计了实践性很强的任务型练习"。2006 年出版的《体验汉语》(商务篇)在前言中提出:"本书根据体验式教学理念和任务型教学思想设计。"

吴中伟主编、2003 年由华语教学出版社出版的《当代中文》,吴中伟、高顺全、陶炼主编、2007 年由北京大学出版社出版的《拾级汉语》也吸收了任务型教学法的一些特点。

李晓琪主编、2005 年由北京大学出版社出版的《博雅汉语——中级冲刺篇》,部分地采用了任务型教学法中的合作学习模式。

靳洪刚、许德宝主编、2006 年由北京大学出版社出版的《中国之路——中级汉语教程》在前言中也提到教材的设计基于第二语言习得理论以及任务式教学法。

马箭飞主编、2007 年由北京语言大学出版社出版的《汉语口语速成》(第二版)系列教材在编写说明中提到:"我们试图吸收任务教学法的一些经验,力求每一课都能让学生掌握并应用一项或几项交际项目,学会交际中所应使用的基本的话语和规则,最终能够顺利地完成交际活动。"

当然,以上教材对任务型教学特点的体现、对"任务"的认识和设计还是会有不小的差别,因为当时关于任务型教学在汉语教学界的讨论还不够深入。虽然国家汉办颁布的《高等学校外国留学生汉语教学大纲(短期强化)》中已明确提倡任务型教学:"本大纲规定的短期强化教学以提高汉语交际能力为目的,以意念—功能大纲为基础,从汉语语言交际的实际需要出发,把语言交际内容归纳为一系列的语言交际项目,并按语料难易和繁简程度分级,采用任务教学法,让学生在较短的时间里,通过大量的交际性操练掌握相应层级和数量的语言交际任

---

① 吴中伟、郭鹏:《对外汉语任务型教学》,北京大学出版社 2009 年版,第 10 - 13 页。

务项目,提高其汉语交际能力。"但当时这一思路还没有得到广泛理解。2008年,《国际汉语能力标准》《国际汉语教学通用课程大纲》这两部大纲的颁布标志着任务型教学在汉语教学界进入一个崭新的阶段,它不再停留在介绍、讨论阶段,而进入广泛运用、实施的阶段。(吴中伟、郭鹏,2009)

以陈作宏主编,高等教育出版社 2010 年出版的《体验汉语口语教程》系列教材(以下简称《体验1》《体验2》《体验3》)为例。该系列教材采用以任务为中心的体验式的课堂教学模式,力求体现在使用汉语中学习汉语的体验式的教学理念,并吸取各教学法之长,特别是任务型语言教学的优势。教材设计以意义为中心的课堂活动和贴近真实生活的任务来提升课堂教学的互动性和交际性。每课都按照任务型语言教学模式设计教学环节,"任务前"的准备和以语言输入为主的活动,"任务中"以完成具体交际任务为目的的语言输出活动以及"任务后"的语言练习和扩展活动,为教学提供了较为完整的环节和步骤。

《体验汉语口语教程》在"准备""词语""句子"后面添加了"情景"环节。每一课都讲述一个独立的话题,"情景"环节将一个话题分成 3—4 个对话,各个对话之间体现出两种关系:一种是同一话题下的不同情景,各个对话主题相同,情景各异,平行展开。如《体验2》第 3 课"这个西瓜有几斤",其主题是购物,对话分为 3 个部分:(1)只询问价钱的、简单的购物;(2)讲价的、较为复杂的购物;(3)描述自己需求的、更高一级的购物。涵盖了一个话题下的多种可能情景。另一种是同一话题下的不同阶段,各个对话按照事件的进程分为若干阶段,依次推进。如《体验3》第一课"欢迎你们"的对话按照事件的进程分成 3 个部分:(1)机场接机;(2)互相认识;(3)介绍新朋友。将一个整体事件分成若干部分,降低了学习难度。

该系列教材凸显了任务型教学法"以学生为中心、以任务为主线、以情景为支撑"的特色。语言只有在一定的情景中使用,才是有效和鲜活的,而日常生活中的交际活动实际上是在一个又一个的情景中展开的。任务型教学法重视情景,《体验汉语口语教程》也在教材中强化对情景的设计,有利于学习者主动的有意义的发现学习,对提高语言交际能力有很大的帮助。

说到教学大纲对教材编写的影响和意义,还有一套教材值得一提。"对外汉语本科系列教材"是一套首次在教学大纲的宏观控制下编写的教材,完全是为本科四年的课程设置而配备的,在科学性、系统性、实用性等方面有明显的突破。李扬(1999)指出:"这是一套总结了 20 世纪对外汉语教学经验,体现新的理论和研究成果,面向 21 世纪的新教材。"其特点是:体现"专业—课程—教材"的系统性;体现新思路与理论研究的新成果;以量化标准保证教材的科学性水准。一年级的全部教材是在相应大纲的控制下编就的。"树立大纲意识,在编写留学生使用的任何教材中都自觉地按照各种大纲的要求进行,是 90 年代汉语教师观念上的一个重大进步,是新世纪教材质量得以保证的基本条件之一。这样就使这套教材首先在适合留学生使用上超过了以往的教材。"

教材是体现教学过程的脚本,是贯彻教学大纲的实际依据。教师和学生将在教材所提供的语境中展开一系列的教和学的活动,完成教学大纲所规定的教学要求和教学内容。可见,教材与教学大纲密切相关,是我们进行各项设计的主要依据。随着《国际中文教育中文水平等级标准》的正式发布,定会有一系列的新教材出版问世。

第四章　对外汉语教材的评估

第一节　对外汉语教材评估的必要性

众所周知,教材是学习者获取知识的最重要的学习工具。据国外学者的调查和研究,课堂教学信息的 98% 并不是来自教师而是来自所使用的教材,学生作业的时间安排的 90% 也是由教材决定的(Suaréz,2001)。教材在语言教学中的重要性不言而喻。

新中国建立 70 多年来,对外汉语教学事业得到了质的飞跃和发展,对外汉语教材建设方面也取得了不小的成就。自 1958 年出版的《汉语教科书》起,至今已有几千套汉语作为第二语言的教材问世。特别是 20 世纪 90 年代至新世纪的这 20 年来,教材编写和出版更是层出不穷。"20 世纪的最后 10 年,对外汉语教材的编写与出版出现了一种空前繁荣的景象,平均每个月都有十几种教材面世。"(程相文,2001)从另一个角度来看,选择合适的教材似乎成了一项很艰巨的任务。

一、对外汉语教材编写中存在的问题

目前出版的教材基本上满足了我国对外汉语教学的需要,但我们也无法回避,汉语作为第二语言的教材建设还存在不少问题。其实,国内外汉语教学领域的专家学者很早就意识到了这个问题,他们针对不同时期的教材从不同的角度指出存在的问题和不足。

（一）海外学者关于教材的评价

黎天睦(Timothy Light)是美国著名语言学家和汉语教学专家,康奈尔大学汉语语言学博士,西密执安大学教授,北京语言大学名誉教授。黎天睦 20 世纪 70—80 年代任俄亥俄州立大学东亚系主任时,先后接受中国多批教师赴俄亥俄州立大学进修语言学和语言教育,帮助培养了一大批学术骨干,这批学术骨干至今还活跃在中国语言学和对外汉语教学的岗位上,发挥着重要的作用。

　　20 世纪 80 年代,黎天睦曾多次到中国访问和讲学,在北京语言学院(现北京语言大学)讲学的讲稿《现代外语教学法:理论与实践》(北京语言学院出版社,1987)是中国出版的第一部关于汉语作为第二语言教学的学术专著,在中国对外汉语教学界产生了巨大影响,对推动中国对外汉语教学的学科建设发挥了重要作用。

　　《汉语研究与语言教学——黎天睦汉译文选》(北京语言大学出版社,2008年)汇集了黎天睦先生几十年来关于汉语研究与语言教学的重要论文,涉及汉语本体研究、汉语作为第二语言教学、中国和美国的外语教学等内容,是语言学及语言教学研究者和学习者值得一读的优秀著作。

　　黎天睦(1983)曾对 20 世纪 80 年代初国内编写的一些教材进行过评价。他在《北京语言学院汉语教材简评》一文中强调,"世界上没有完美无缺的教材,也没有一无是处的教材","所有的语言教材都需要编写补充材料"。在对有关教材进行肯定的同时,指出了教材的一些问题,主要有以下五点:"(1)内容有时太系统、太细、太单调;(2)介绍文化方面的资料比较少;(3)不够实用。就是说,在语言方面,这些教科书里说的话不像在街上听到的;(4)课本和练习有的意思不大,学生可能认为单调,有关交际方面的练习还不够;(5)口语和书面语分得不够清楚"等。

　　佟秉正(1991)在《初级汉语教材的编写问题》一文中谈到教材的针对性时指出,国内的教科书都是以汉语为本位的,未能从学习者的角度出发,对母语不同的学生使用同一教材,尽管有时生词及注释的外语翻译有别,很少有针对学生母语与汉语的关系而特别编写的。在谈到拼音问题时指出,国内为汉语专业编写的初级课本,从注音过渡到汉字的过程,大部分太短、太快,好像拼音只是练习发音与注音的工具,而没能发挥其对口语教学的积极作用。在谈到汉字问题时指出,国内出版的初级汉语教材,虽然是以汉字为主,但绝大部分在汉字学习上却只以词为单位,而不管多音词中各组成汉字的基本字义。例如"商店",生词中只注"商店"一词的意思。对"商"和"店"的单独意思却没有交代。国外教材的汉字本,多加注每一汉字的本义,这不仅能提高学生学习汉字的兴趣,而且更能帮助他们识字阅读。在谈到课文内容与形式时指出,不少教科书中的对话像审讯中的一问一答,绝非正常人的交谈,纯粹是为了练习语法或功能,完全脱离现实。有的短文根本不能称其为文,因为只是把两个人的对话堆砌起来而已。

　　白乐桑是首任法国汉语总督学,全欧首位汉语教学法博士生导师,法国汉语教师协会的创始人及首任会长。白乐桑的外号是"中国人"。这个外号伴随了他

40 年。1969 年开始学习汉语的时候,周围的朋友就给他取名"Chinois"——"中国人"。白乐桑说:"我任教的东方语言文化学院,是世界上教授语种最多的大学,教授 93 种语言。我观察了一下我的同事,日语系的同事和中文系的同事都是法国人,可他们在为人、交际方面是很不一样的。这就是因为我们都下意识地受到所学习的语言文化的熏染。"1972 年,白乐桑大学毕业。那时,中国国门紧闭,学汉语没有一点出路。在他打算放弃汉语学习时,法中两国文化交流恢复了,他幸运地成为法国第一批公派赴华留学生。1973—1975 年成为白乐桑终生铭记的岁月,为白乐桑后来的职业生涯奠定了深厚的基础。白乐桑在他的著作《再见了,中国——我的七零印迹》中记录了他当年是怎样充满好奇地探寻一个神秘国度,虽然时常带着不解,但始终保有对这个民族的敬重。回国后,白乐桑就一直从事汉语教学和推广工作,他潜心研究中国语言文学,成为法国著名的汉学家。2006 年春,法国教育部顺应"汉语热"的潮流,设立专职汉语总督学,专司全法汉语教学大纲和考试大纲的制定与修改、汉语师资力量的考核和聘用。众望所归,从事了 30 多年汉语教学的白乐桑当选为法国首位汉语总督学。

在给一位中国朋友的信中,白乐桑说:"30 多年前,我是法国寂寞的汉语知音,而今,数以万计的法国人学习方块字的热情高涨。而我愿意为他们架设一座通向中华文明的桥梁。"

白乐桑(1996)在《汉语教材中的文、语领土之争:是合并,还是自主,抑或分离?》一文中,评论我国 20 世纪 80 年代以前和 20 世纪 80 年代初编写的几套教材时说,法国师生基本上认为"内容单调,缺乏实用性,语法解释让人摸不着头脑","教材中,'字'没有受到应有的重视"。文章还指出,从教学理论,尤其是从对外汉语教材编写原则这一最关键的问题上看,目前对外汉语教学面临着危机。汉语教材虽然在某一方面有改进,可是因为大部分教材没有抓住汉语教学中最基本的问题(怎样处理"字"这一语言教学单位),可以认为对外汉语教学仍然处在滞后的状态。不承认中国文字的特殊性以及不正确地处理中国文字和语言所特有的关系,正是汉语教学危机的根源。

李晓亮(1996)在《对外汉语教材的几个问题》一文中说,各种教材相继出版,随处可见,然而,在实际教学中要想找到一套适合于课堂上的学生使用的中文教科书及辅助教材却是十分困难的。文章说:"我们使用的许多教科书里,充斥着枯燥无味的对话,生拉硬扯地将一些毫不相干的或是极不自然的句子拼凑在一块,虽然表达了语法,但语法是在一种干巴巴的语言环境中表达出来的。"文章进一步批评道:"语法讲解方式是目前中文教科书的一大弊端,特别是国内出版的许多教材,津津乐道于语法术语的讲解,再给每个术语下定义,常常是大类下面分小类,小类下面还有一、二、三。"

徐家祯(1997)表示:"国内的汉语课本如果要真正打入并长期占领海外市场,就得在内容和形式上作革命性的修改。"指出,国内编写的课本跟海外大部分大学的学时安排是不适应的;内容太"中国化""地方化";有的课文不符合成年学习者的需要;提高学生语言交际能力这一目的不明确;语言教学和文化教学的结合不紧密;语法句型解释得不够清楚、简洁;语法句型的安排系统性不强,太琐碎;语法、词汇的讲解不精确;没有一套听、说、看、写都配套的课本;阅读材料和练习太少;阅读材料太难,新内容太多等。

这些国外同行的评价从一定程度上反映了海外师生对 20 世纪 90 年代我国对外汉语教材的看法,值得我们思考。

（二）国内同行对教材的评价

1988 年,赵贤洲在他执笔的《建国以来对外汉语教材研究报告》中对不同阶段的教材进行了评价,从各个角度指出了我国对外汉语教材存在的不少问题。比如 80 年代出版的《基础汉语课本》(外文出版社,1980—1982),由于是在粉碎"四人帮"之后不久开始编写的,所以虽然摈弃了大部分"政治"内容,但是仍留有一部分"极左思潮"的痕迹和"文化大革命"的烙印;前三册(语音和语法阶段)的课文内容又回到了以学校生活为主的轨道,知识性和趣味性较差;跟《汉语教科书》和《基础汉语》一样,有些语句全然是为练习语法点而编写的,不够自然和真实,这就决定了语言的实用性也较差。

1997 年,吕必松先生又指出"国内外对我们现有的汉语教材很不满意"的现状;吴勇毅(1998)也有同感,他指出,面对数量众多和类型各异的教材,"令人满意的却不多"。对此,有的学者甚至认为"经得起检验的教材寥寥无几","给人的感觉是,对外汉语教材似乎走到了尽头"。(王建勤,2000)

（三）学习者对教材的评价

高彦德等(1993)的《外国人学习与使用汉语情况调查研究报告》,通过教材的直接使用者——正在学习和工作的各类调查对象对其所使用的教材(181 本教材和工具书)作出的总体优劣的评价及指出的具体优缺点等意见和看法,考查我国乃至世界范围内对外汉语教材的真实使用情况,并由此从整体的角度分析现行各类教材取得的成就和存在的问题。进而为教材的改进和重新编写提供实证参考,也给我们的研究提供了不少来自学习者的第一手资料和信息。

调查发现,在全部 181 本教材和工具书中,认为有缺点的教材和工具书共 63

部,占总数的 34.8%。其中,只有缺点没有优点的教材有 16 部。主要缺点如下:

(1) 内容没意思、趣味性差。这是除文化、文学和含文化、文学内容外大部分教材的突出问题之一,特别是基础阶段的综合教材和听力口语类等教材,这一缺点更为明显。在 63 部有缺点的教材和工具书中,认为内容没意思或内容不好的(如内容过时、不实用等)共 33 部,占总数的 52.4%。

(2) 生词多,词汇不好(指偏难或不实用)。这里需要说明的是,课文中的词汇编选与课文后的词汇解释(一般以例解的形式出现)是两个不同的概念。一般而言,对课文中的词汇,学生的意见较大;对于课文后的词汇例解,学生的反映则普遍较好。

(3) 词汇和解释性文字的翻译不准确。在 63 部有缺点的教材和工具书中,有此缺点的教材共有 6 部,占 9.5%。对基础阶段的学生来说,外文翻译在理解词汇和整个学习过程中都起到了重要的辅助作用,是其学习汉语的基本手段之一。这一问题应引起教材译注者的足够重视。

(4) 中、高级阶段的综合语言技能课在实用性方面稍显不足(这里的实用性指对学生交际能力的培养)。由于大量选用文学作品作为综合语言技能课的主要内容,所以,课文的趣味性强是毫无疑问的;课文后的辅助内容(如词汇例解和练习等)也受到了学生的普遍认同,但是由此对交际能力的忽视也是值得认真对待的大问题。

以上主要是 20 世纪 80—90 年代教材的直接使用者——教师和学生指出的教材中存在的不足,可见教材问题已经引起对外汉语界的充分重视。进入新世纪后,如何将教材内容的趣味性、实用性、功能性以及辅助内容有机地结合,形成一个完善的体系等问题,更是引起了学者们的关注,并开始进行深入研究。

刘珣(2002)从全局出发,对我国的对外汉语教材进行了客观的评价。他认为主要存在四个方面的问题。

(1) 教材的质量和品种都不能很好地满足教学的需要。就质量而言,教材雷同和粗制滥造的现象比较严重。在出版的数以百计的教材中,有创意的、为人们所选用的好教材只占一小部分,不少教材特别是零起点的教材在构思、体例、选用的语料方面都是大同小异,看不出有什么新意,甚至看不出为什么要编这套教材。就品种而言,汉语作为第二语言教材的品种仍十分单调,不能很好地满足多方面的学习汉语的需要。中高级教材、为中小学生编写的教材不多,为有一定家庭汉语环境的海外华裔子女,甚至其第一语言就是汉语的新移民子女编写的教材更少。国别教材的编写才刚刚开始。

　　(2)缺乏基础研究,影响到教材的科学性。从词汇、语法、汉字等基础研究角度看,我们的教材还缺乏科学性。在相当长的一段时期里,很多教材都是在没有词汇、语法、汉字大纲,没有功能意念大纲以及文化大纲的情况下编写的,今天这些大纲有的已经研制完成,有的正在研制中,但尚不够成熟和完善。上述基础研究的不足必然影响到教材的科学性。

　　(3)教学法的大胆探索不够,教材缺乏多样化。每种教材都是以一定的教学法为依据,教材是教学法的具体体现。近20年来我们在教学法的改革探索方面下的功夫不够,教学模式非常单一,也就导致教材编写思路的单一化。需要大力提倡对教学原则和教学方法进行创造性的思考,并体现到教材中去。

　　(4)利用现代化教学技术手段不够。从未来发展的角度认为教材利用现代化教学技术手段还很不够。虽说我国对外汉语教材与20世纪80—90年代相比,已有较大的发展,出版数量、种类都呈成倍增长的趋势。我们大部分教材仍是以一本书、一支粉笔为教学手段,甚至连学生练习册和教师手册都未能配备齐全。在充分利用音像特别是电脑、多媒体技术方面,更远远落在其他第二语言教学的后边。

　　在2004年3月举行的第七届国际汉语教学讨论会上,对外汉语教材老化过时、针对性不强成为人们关注的重点,被认为是制约中文教学发展的瓶颈。主要体现在:(1)教材中文学作品过多、过旧,学生反映想学和急于学的学不到,而课堂所学的离现实生活太远,学了以后基本上用不上;(2)一些教材对外国学生不同民族的文化背景、语言习惯、生活环境考虑得不够,符合外国学生学习规律、适合于不同学习阶段的针对性强的教材目前严重不足;(3)针对日本、韩国等非英语国家学生编写的汉语教材偏少,无法满足这部分学生的需求。

　　2009年,北京语言大学对外汉语研究中心和杭州师范大学国际教育学院联合主办了"汉语国际教育'三教'问题学术研讨会,在"教师、教材、教法"这三教中,关于教材的论文占了一大半,教材的研究成了会议一个非常重要的话题。

　　当对外汉语教学进入了一个新的阶段后,新形势也会有新问题。汉语国际教育的大环境对教材编写提出了更高的要求。黄年丰(2009)从汉语国际教育教材教师参考书研究的视角,指出目前存在的问题:关于教科书编写的研究开展得如火如荼,可是对教师参考书编写的研究却不多见。确实,很多教材几乎都没有教师参考书,对这个问题的研究就更少了。教师的教学用书可以帮助教师掌握教材,对选择合适的教法和改进课堂教学质量都是有益的。

　　王晓哲等(2009)从"泰语学生现汉量词使用情况调查报告和量词教学"的角度谈到目前教材中存在的问题。比如某些教材中量词语法功能的讲解远远大于量词搭配的说明,是留学生出现偏误的一个原因;还指出国别化的教材和教学词典有待进一步开发。因为不同语言的量词与汉语的量词会有不同的对应,国别教材会更有针对性。文章谈的虽然只是量词这个语法点的情况,但也反映了教材中普遍存在的现象。

近年来,中国经济的迅速发展带动了汉语学习的需求,商务汉语作为专门用途的语言教学得到了飞速发展。从 20 世纪 80 年代的起步阶段,到 90 年代的缓慢发展阶段,进入 21 世纪后,商务汉语得到了飞速发展,其教材的编写也经历了一个逐渐繁荣的趋势。张黎、孙岩(2010)在《国内商务汉语教材述评》中针对改革开放以来中国国内出版的对外商务汉语教材的情况进行了专题研究,介绍和分析了历年商务汉语教材的出版数量及分类、商务汉语教材的编写体例与形式;也指出了存在的问题。

商务汉语教材经过近三十年的发展取得了很大成就,出现了一批比较好的商务汉语教材,以满足商务汉语教学的需求。早期的商务汉语教材以国际贸易内容为主,如《外贸洽谈五百句》《汉语外贸口语 30 课》以及《国际商务汉语教程》等。近年来有《汉语商务通》《经贸汉语》《经理人汉语》《体验汉语商务篇》《卓越商务汉语》《经理,您早!》等。但是商务汉语教学及教材编写的历史毕竟很短,在教材编写中不可避免地存在一些问题:

(1) 指导思想不明确。目前大部分教材没有明确的指导思想,因此在内容选择、体例安排、练习设计上都无章可循。这个问题与基础研究不够、很多重要问题没有达成共识有很大关系。

(2) 教材内容庞杂、不实用。目前从事对外汉语教学的教师多数以语言学专业为主,对经贸专业了解不深,因此,编写此类教材时难免有"想当然"的情况,会选择很多不实用的内容,比如有些语言在真实的商务交往中并不常用或甚至根本不用。还有很多教材内容求大求全,局限于学校教学,不适合在职人员的个性化教学。这一点《体验汉语商务篇》做得比较好,语言及商务知识容量不大,但设计比较灵活。

(3) 职业针对性不强。从目前出版的商务汉语教材来看,张黎(2010)认为,只有 12 本商务汉语教材的职业针对性明显,而且大部分是针对货物贸易的。其他教材有的属于包罗万象,各个方面都点到为止;有的属于案例介绍,更多的是增加读者的商务意识,而非针对某种特定的职业;还有的教材是学习商务人士的日常生活交际用语,是属于面向所有商务人员的入门性的教材;还有一些教材是介绍中国宏观的经济形势及中国文化的,适合具有一定汉语水平的商务人士进一步了解中国而学习。所以,如果真正要从事商务工作的话,教师就很难选到职业针对性强的合适的教材。商务汉语除了货物贸易外,还有金融保险、行政管理、财务管理、市场营销、信息产业、电子商务、战略管理等。因此,进一步细化教材内容,增强职业针对性非常必要。

通过以上情况分析可以看到,我国的对外汉语教材建设取得成就的同时,也存在着这样那样的问题,面对数量日益增多的对外汉语教材,建立科学规范的评估体系应该成为我国对外汉语教材建设的重要课题。

二、教材评估的范围、内容及意义

(一)教材评估的范围和内容

教材评估是"根据特定的标准或原则对教材设计和实施的成败得失、优劣高下进行评议和估量"。(李泉,2003)也就是评估教材的成功之处、失误之处、胜出之处、不足之处,以及该有的是否已有、已有的是否合理、合理的是否创新、创新的是否突出等。

李泉(2012)指出,评估的范围和内容可以是多角度、多层次的全方位评估。比如,教材编写的指导思想、编写原则、目标定位、知识传授和技能培训关系的处理、目的语文化的体现、课文语言的实用性和规范性、语体风格的多样性、内容编排的科学性和趣味性,以及语法点的融入量和编排顺序是否合理、生词量及重现率是否适当、练习是否覆盖全部或主要教学内容、题型的针对性和效率如何、语法注释是否简明准确、有无配套教材及教师手册、有无插图及是否结合教学内容、教材整体或局部有无创新和特色等。

从教材研究和编写的角度来说,教材评估一般有以下三种情况:(1)较多的是对现有某一类型的教材进行全方位的评估,以获取全面的评价信息;(2)就一本教材进行封闭式评估,以获取特定的评价信息;(3)就现有教材某一个或几个方面的问题进行定向评估,以获取专项评价信息。

从选择和使用教材的角度来说,教材评估一般有以下三种情况:(1)在教材使用之前进行,多用于决定该教材是否被采用;(2)在教材使用过程中进行,多用于决定对该教材是否进行必要的补充和调整;(3)在教材使用之后进行,多用于决定该教材是否继续使用。

(二)教材评估的意义

汉语教材市场的丰富和繁荣对对外汉语教学再上一个新台阶无疑起了很大的推动作用,与此同时,建立科学的评估体系、进行客观的教材评估也成为一项非常迫切的任务。因为教材评估对教与学两个方面都是极为重要的。对教材编写和研究,对教材的选择和使用,不仅具有理论指导意义,同时也有重要的应用价值。其实,教材评估研究本身就是教材研究的重要内容。正如赵金铭(1998)所说:"对以往的教材进行评估,其目的是为了保持优良传统,把符合规律性的东西发扬光大,但更重在教材的更新,注重教材编写框架的突破",力求"通过评估寻求教材的创新"。可见,教材评估可以推动教材的开发和建设,促进教材编写质量的提高。

教材评估是一项十分复杂的工作。首先,评估的需求不同,评估的标准和方法就不可能一致。教材的评估者很复杂,可能是教育主管部门的人员、教材设计和编写专家、教材研究者,也可能是教学管理者、教材的使用者。而由于评估人员的不同,评估的目的和要求也就多种多样,评估的角度和方法也会有所差别甚至各不相同。其次,任何有价值的评估都要求评估理论及其体系有科学性、评估的方法和手段有可操作性、评估标准有一定的认可度,这样才能保证评估的客观性,评估分析及其相关意见和结论才有价值。但是,要真正做到评估的客观性并不容易,因为许多评估标准就是主观性的或是由主观认定的。假如用"课文是否有趣"、"语言是否地道"作为标准对教材乃至同一篇课文进行评价,不同的人就可能有不同的判断,因此,不必对评估分析或结论绝对化,因为主观因素在所难免。不过,也不要无视评估所得出的意见或结论,因为即使有主观因素在内,也还是反映出某种倾向。任何评估并不都是纯主观性的。

不管评估工作是否复杂、有多不易,教材评估都是必要的、有用的、有效的。作为衡量教材质量的手段之一,教材评估对教材的编写和改进有着重要意义。我们应该看到,教材评估研究发展的趋势正在于努力排除评估过程中的主观因素,增强评估标准和评估方式的客观性和可操作性(李泉,2012)。

第二节　教材评估的类型与要求

一、教材评估的类型

(一)印象性评估与系统性评估

教材评估有多种类型,可以从不同角度对其进行分类。程晓堂(2002)把教材评价或评估分为印象性评估和系统性评估两大类。

1. 印象性评估

程晓堂(2002)认为,印象性评估是"一些有经验的老师凭借他们的直觉和教材使用情况及教学经验对教材进行主观的、随意的、印象性的评价"。

印象性往往是针对某一本教材最突出的特点进行评论,不同的学者有他们对教材的不同的印象。有的侧重分析思想内容和语言形式的关系处理(徐志民,1984),有的着重评价语言点的安排(王还,1987),有的注重教材的体例设计(温洁,1990),有的评价教材自身文体的修辞编排(吴勇毅,2004),还有的对几本教材进行对比分析(王若江,2004),等等。

印象性评估只根据对课文、对话、练习或插图、装帧等的"印象"来对教材进行直觉的、经验性的评估,不能作为对教材的定性评估的,而只能作为一种参考性的评估。因为这种评估虽然能呈现教材的鲜明特色和个性,但随意性和主观性太强,而且也不够系统。

2. 系统性评估

系统性评估又分为内部评估和外部评估。所谓内部评估,是评估教材本身或内在的科学性、合理性和有效性。所谓外部评估,就是评估教材针对某个使用者群体或某个使用环境的适用性,即考察教材是否满足学生学习和教师教学的需要。

更进一步来说,所谓内部评估,是一种对教材本身的评估,其评估结果对于认识教材和选择使用教材都有帮助;所谓外部评估,是评估某种教材是否适用于某个特定的使用对象群体,即把学校或教育行政部门对课程的种种要求等,同被评估教材的各项内容加以比较,看教材是否适合实际需要(程晓堂,2002),简言之,就是用某个特定教学对象的特定需求来"寻找"合适的教材。李泉(2003)不同意这种观点。他认为如果是这样,所谓的外部评估就很难说是对教材的评估。因为是否适合某个教学对象群体并不能说明教材本身的成败和优劣,适合某个使用群体未必就是好教材,不适合某个使用群体可能适合于另一个使用群体;而适合于另一个使用群体同样也说明不了太多的问题,只能说明教材找到了使用对象,适合一部分使用群体的需要。因此,严格地说,所谓外部评估是"寻找教材"而不是"评估教材"。

(二) 实然性评估与应然性评估

李泉(2003)认为,对教材进行评估可以从两个着眼点来进行。一个是着眼于教材自身的、内部的、实然性的评估;另一个是着眼于教材类型上的、外部的、应然性的评估。

1. 实然性评估

实然性评估主要评估该教材实际上是否达到了编写者自己的设计目标,也就是检验编写过程中的教材,特别是实际编写出来的教材是否达到它的设计目标、设计要求以及其他的预先"承诺",其评估标准主要来自教材内部。

教材的实然性评估是一种工作性的、鉴定性的、验收性的评估,意在评估教材实际做得怎么样。它只管教材的实施是否达到设计要求、编写过程是否遵循了所制订的编写原则、课文的编写或样本的采集是否有利于所预期的教材目标的实现,总之一句话,就是检查和核对"说到的是否做到了"。所以,这种评估也可以说是一种合格与否的评估,多用于教材编写的验收或鉴定,也可以用于为课程选择教材。

2. 应然性评估

应然性评估是从学科发展和教材编写发展的高度来评估教材,主要评估该教材是否达到第二语言教材应有的设计标准和要求,也就是检验编写过程中的教材和编写出来的教材是否达到作为第二语言教材,特别是同一类型教材应有的设计目标、设计要求以及其他应有的"承诺",其评估标准不限于教材内部的设计要求。

教材的应然性评估是一种学术性的、鉴赏性的、选拔性的评估,意在评估教材应该做得怎么样。它不但要评估教材实施是否达到它自身的设计要求、编写者是否遵守了自己制定的编写原则、能否实现预期的教材目标等,也就是评议和估量教材自身"说到的是否做到了",而且还要评估教材设计本身是否科学合理。比如,是否进行了对学习者的需求分析及其深度和广度,教材目标定位及其具体描述是否符合学科理论及相关教学大纲的要求,所制定的编写原则是否实用并有先进性、教材整体和局部有无创新和特色等。

可见,应然性评估不仅要进行教材自身"说到的是否做到了"的内部性评估,还要对教材所说到的和所做到的进行评估,看它"说的"是否合理、是否全面、是否领先,看它"做的"是否仔细、是否到位、是否突出;还要评估它是否存在该说到而没说到、该做到而没做到、该继承而没继承、该扬弃而没扬弃,或者相反,不该说的说了、不该做的做了、不该保留的保留了、不该丢弃的丢弃了等诸如此类的现象。所以,应然性评估是一种优秀与否的评估,因而多用于教材评优或教材编写研究,当然也可以用于为课程选择教材。

二、教材评估的要求

李泉(2012)指出,实然性评估和应然性评估的目的和应用范围不同,因此,各自的评估要求也就有所差别。

（一）验收性要求

实然性评估的要求是，尽量采用客观可行的标准来检验教材的编写设计是否得到有效的落实，可称作验收性要求。比如，教材编写说明中说"学完本教材可掌握1 000个常用汉字，可掌握200个基本的语法点"，但教材实际只涉及800个汉字，而所涉及的200个语法点有一半不是"基本的语法点"（当然要有依据），那么教材在这两点上就没有达到设计要求。

（二）选优性要求

应然性评估的要求是，尽量采用客观可行的标准来评估教材达到先进或优秀标准的程度，可称作选优性要求。优秀的教材必须做到以下几点：首先，自己说到的要做到，而且要说得合理，做得仔细；其次，要在同类教材中从设计到实施都很突出或有出色表现；最后，对第二语言教材编写有一定的启发和示范作用。这三点是应然性评估应把握的三个基本要求，也是制定对外汉语教材评估标准时应该遵循的基本原则。

第三节　对外汉语教材的评估标准

教材评估首先要确定评估的对象和目的，然后制定相应的评估标准，依据评估标准对评估对象进行评估，最后作出评估结论或给出评估分值。当然，也可以根据需要先制定出评估标准，然后去评估有关的教材。评估标准的制定是教材评估的关键性环节，直接关系到评估的效果和信誉。事实上，每一条标准的确立都不应是随意的，而应该是有理论依据或实践基础的。换句话说，每条评估标准的背后都应该能够找到语言学、教育学或心理学等理论支撑，或是有教学实践经验和教材编写经验作为基础的（李泉，2012）。

学界普遍认为，第二语言教材评估目前还没有一个公认的评估指标体系，不过已有一些这方面的研究和探索。首先是在海外第二语言教学界和国内英语教学界的一些研究成果，比如 Hutchinson 和 Waters 设计的教材评估表（束定芳等，1996）以及 Grant 设计的关于教材选择的评估表（程晓堂，2002）。

关于汉语界教材评估，有人认为，从第一本对外汉语教材正式出版之日起，教材评估工作其实也就开始了。如盛炎、张占一的《〈标准汉语〉评介》（1983），徐志民的《评〈实用汉语课本〉》（1984），任远的《评基础汉语"系列教材"》（1987）。我们认为那时还只是对教材的一些评论和介绍而已，还没有建立起评估意识。真正意义上的教材评估始于20世纪90年代，最近几年，对外汉语教材评估越来越受到专家同行的重视,研究也日益深入。在教材评估标准体系的研究上,主要有赵金铭(1998)、林敏和吴勇毅(2006)、梁宇(2017)等学者。下面将从教师和学习者两个视角分别进行介绍。

一、教师视角的评估标准体系

(一)赵金铭拟订的对外汉语教材评估表

赵金铭(1998)[①]在调查研究的基础上,针对教材编写的现状,拟订了一份对外汉语教材评估表。全表分为八个部分(共 55 个评估项目,每项分为 A、B、C、D 四个等级。1—5 项 A 为 4 分、B 为 3 分、C 为 2 分、D 为 1 分,46—55 项 A 为 2 分、B 为 1 分、C 为 0.5 分、D 为 0.25 分。总满分 200 分,累计得分 170 分以上者,为优秀教材;150—169 分者,为良好教材;120—149 分者,为一般教材;119 分以下者,为较差的教材):

表 4-1　赵金铭"对外汉语教材评估"表

序号		评　估　项　目	得　　　分			
			A	B	C	D
1		对学习者的需求有调查了解				
2	前期准备	依据现行的某种教学计划、课程大纲进行编写				
3		依据大纲对词汇总量以及分布进行控制				
4		覆盖大纲所规定的语言点				
5		依据大纲确定功能意念项目且分布合理				
6	教学理论	以某种语言理论为基础,如结构主义或功能意念				
7		体现或侧重某种教学法原则,如听说法或交际法				
8		使用该教材可完成既定的教学目标				
9		正确处理语言知识的传授和语言技能的培养				
10		听说读写译各项技能训练比重均衡,并有综合训练				
11		按照语言技能编排教学内容				
12		既注意表达正确又注意表达得体				
13		语言能力与交际能力并重				

---

① 赵金铭:《论对外汉语教材评估》,《语言教学与研究》1998 年第 3 期,第 4 - 19 页。

续表

序号		评　估　项　目	得　分			
			A	B	C	D
14	学习理论	以第二语言学习心理过程为理论基础如行为主义				
15		教材内容与学习者的需求相一致				
16		内容编排符合学习者的学习心理过程				
17		语言水平与学习者的基础相符				
18		语言内容与学习者以前所学相衔接				
19		注意学习者的情感因素对学习的影响				
20	语言	每课生词量适当,重现率充分				
21		句子长短适度				
22		课文篇幅适中				
23		课文与会话语言真实、自然				
24		口语与书面语关系处理得当,是真正的普通话口语				
25		所设语境自然、情景化				
26	材料	课文内容符合外国人、成年人、有文化的人的心态				
27		课文题材涵盖面广,体裁多样				
28		课文内容的深浅难易排序得当				
29		从开始就有可背诵的材料				
30		课文有意思,给学习者以想象的余地				
31		内容无宣传、无说教、无强加于人之处				
32		教材的文化取向正确无误				
33	练习的编排	练习覆盖全部的教学内容				
34		练习有层次:理解性—机械性—活用性练习				
35		练习类型多种多样,每个练习都很短				
36		各项练习之间具有内在联系				
37		注重表达练习,练习项目具有启发性				
38		练习的量足够				
39		练习编排遵循"有控制—较少控制—无控制"原则				
40		练习兼顾到各项语言技能的训练				

序号	评 估 项 目		得　　分		
			A	B	C	D
41	注释解说	淡化语法,少用概念和术语,加强交际				
42		语言现象的注释简明扼要				
43		外文翻译准确,具可读性				
44		注重词的用法及使用条件的说明				
45		例句精当,可以举一反三				
46	教材配套	有教师手册及参考用书,方便教师,起导向作用				
47		有学生练习册				
48		各单项语言技能训练教材配套				
49		有清晰音像材料,可供视听				
50		有阶段复习材料及总复习材料				
51		有相关的测试练习				
52	其他	开本合适,使用方便				
53		插图数量适当,与内容配合紧密				
54		版面活泼新颖,吸引学习者				
55		教材内容使用不同字号编排				

由上表可以看出:

1—5项,前期准备。对学习者的需求有调查了解;依据现行的某种教学计划、课程大纲进行编写;依据大纲对词汇总量及其分布进行控制;覆盖大纲所规定的语言点;依据大纲确定功能意念项目且分布合理。

6—13项,教学理论。以某种语言理论为基础,如结构主义或功能意念;体现或侧重某种教学法原则,如听说法或交际法;使用该教材可以完成既定的教学目标;正确处理语言知识的传授和语言技能的培养;听、说、读、写、译各项技能训练比重均衡,并有综合训练;按照语言技能编排教学内容;既注意表达正确,又注意表达得体;语言能力与交际能力并重。

14—19项,学习理论。以第二语言学习心理过程为理论基础;教材内容与学习者的需求相一致;内容编排符合学习者的学习心理过程;语言水平与学习者的基础相符;语言内容与学习者以前所学相衔接;注意学习者的情感因素对学习的影响。

20—32 项,语言材料。每课生词量适当,重现率充分;句子长短适度;课文篇幅适中;课文与会话语言真实、自然;口语与书面语关系处理得当,是真正的普通话口语;所设语境自然、情景化;课文内容符合外国人、成年人、有文化人的心态;课文题材涵盖面广,体裁多样;课文内容的深浅难易排序得当;从开始就有可背诵的材料;课文有意思,给学习者以想象的余地;内容无宣传、无说教、无强加于人之处;教材的文化取向正确无误。

33—40 项,练习编排。练习覆盖全部的教学内容;练习有层次:理解性—机械性—活用性练习;练习类型多种多样,每个练习都很短;各项练习之间具有内在联系;注重表达练习,练习项目具有启发性;练习的量足够;练习的编排遵循"有控制—较少控制—无控制"的原则;练习兼顾到各项语言技能的训练。

41—45 项,注释解说。淡化语法,少用概念和术语,加强交际;语言现象的注释简明扼要;外文翻译准确,有可读性;注重词的用法及使用条件的说明;例句精当,可以举一反三。

46—51 项,教材配套。有教师手册及参考用书,方便教师,起导向作用;有学生练习册;各单项语言技能训练与教材配套;有清晰的音像材料,可供视听;有阶段复习材料及总复习材料;有相关的测试练习。

52—55 项,其他。开本合适,使用方便;插图数量适当,与内容配合紧密;版面活泼新颖,吸引学习者;教材内容使用不同字号编排。

李泉(2003)对此评估表有很高的评价,认为它兼顾了科学性和针对性,是"目前对外汉语界唯一一份完备的对外汉语教材评估指标体系"。但从作者以及评估表中的"前期准备"和"理论部分"可以看出,这是以专家、学者或教师为主的评估体系。

(二) 梁宇拟订的对外汉语教材评估表

梁宇(2017)[①]从教师作为评估者的角度出发,收集国内外汉语教师对国际中文教材编排的意见,对其评价标准的各维度和具体指标进行统计分析,最终建立了以教师为评价者的 5 个维度和 55 项具体指标的国际汉语教材评价标准表。答案采用 5 度量表的形式,要求被试根据自己对教材的认识和看法,按各项内容的好坏程度,在"非常好""好""一般""不太好""非常差"选项中打分,分值依次为

———————————

① 梁宇:《教师为评价者的国际汉语教材评价标准实证研究》,《国际汉语教育》2017 年第 3 期,第 48 - 58 页。

4、3、2、1、0 分。全表满分 220 分,使用者可以根据实际情况对教材评价结果进行分档。建议:得分在 165 分的教材,为优秀教材;得分在 110—165 分的教材,为合格教材;得分小于 110 分的教材,为不合格教材。各项指标的具体内容参见下表。

表 4-2　梁宇"国际汉语教材评价标准"表

序号	指　　　标	分　　值				
		非常差	不太好	一般	好	非常好
		0	1	2	3	4
一、教材适配性 **（一）教材与教学情境**						
1	教材适合该地区或学校的教育文化特点,例如竞争型教育文化或参与型教育文化。					
2	教材适合该地区或学校的外语教学理念、教学方法以及教学手段。					
（二）教材与教学大纲						
3	教材符合某种语言教学大纲(或课程标准)的宗旨。					
4	教材符合教学目标,并能够清晰地呈现。					
5	教材参考教学大纲确定教学内容且分布合理。					
（三）教材与教师						
6	教材利于教师综合地使用多种语言教学方法和技巧。					
7	教材利于教师对教学效果进行评估。					
8	教材具有灵活性,便于教师灵活使用。					
（四）教材与学习者						
9	教材适合学习者的年龄、认知水平、心理水平。					
10	教材适合学习者的汉语水平。					
11	教材适合学习者的文化背景。					
12	教材适合学习者的学习需求、学习动机。					
二、整体设计 **（一）教学法理论**						
13	教材合理吸收了相关教学理论的研究成果。					
14	教材的整体设计体现了教学思路和教学流程。					

续表

序号	指标	分值				
		非常差	不太好	一般	好	非常好
		0	1	2	3	4
（二）整体结构						
15	教材级别设置合理,级别之间衔接顺畅。					
16	教材对自身的描述准确、合理,并与正文内容一致。					
17	教材的整体框架结构(包括语言知识、语言技能、文化、策略等)合理,联系紧密。					
18	教材各课内部各部分之间安排合理,联系紧密。					
三、教学内容 （一）主题与内容						
19	教材主题和内容国际化,具有全球意识。					
20	教材主题和内容的编排由易到难,循序渐进,符合教学规律。					
21	教材内容可以丰富学习者的个人知识和经验,能够培养学习者积极向上的性格。					
（二）语言材料						
22	教材语言真实、地道、自然。					
23	教材语言生动、有趣。					
24	教材语言规范。					
25	教材语言风格多样,体裁多样。					
（三）语言知识与技能						
26	教材对语言知识与技能的结合处理得当。					
27	各项技能训练比重合理。					
28	教材提供了主要的语言知识,每课新知识的输入量适中。					
29	教材对语言知识的编排合理有效。					
30	教材采取螺旋上升的方式对语言知识进行了合理复现。					
31	教材利于学习者发现语言规则,而不是简单呈现规则及其解释。					
32	教材提供了必要的语言知识注释和范例,且简明易懂。					
33	教材对语音教学的安排合理恰当。(如果评价中高级教材,可忽略此项)					

序号	指　　标	分　　值				
		非常差	不太好	一般	好	非常好
		0	1	2	3	4
34	教材对汉字教学的安排合理恰当。（如果评价中高级教材，可忽略此项）					
（四）活动（包括练习、任务、游戏等）						
35	活动量充足，覆盖主要教学内容。					
36	教材提供了综合运用语言技能的活动。					
37	活动提供了尽可能多的机会，使学习者使用汉语进行交流。					
38	教材提供了控制性活动、过渡性活动和交际性活动。					
39	教材提供了个人、结对、小组等多种活动形式。					
40	活动具有趣味性。					
41	活动利于激活学习者原有知识和经验。					
42	活动与活动之间层次清晰、具有内在联系。					
43	活动指令清晰、简洁且易于理解。					
（五）文化						
44	教材提供了广泛、真实、准确的文化知识。					
45	教材提供了得体、实用的交际文化。					
46	教材体现了多元文化观，文化描述客观、中立、包容。					
47	文化内容的编排合理适度。					
48	文化内容的融入方式自然恰当。					
49	教材以适当的方式处理文化比较中的相似和差异。					
四、情感与策略						
50	教材利于提高并维持学习者的学习动机。					
51	教材利于发展学习者积极的学习态度。					
52	教材提供了主要的学习策略，并注重培养学习者使用学习策略。					
53	教材提供了积极的交际策略和技巧。					
五、教材形式						
54	版式设计清晰，方便使用。					
55	教材配有必要的辅助材料，如练习册、教师用书、测试等。					

由上表可以看出:

1—12项是教材适配性。具体包括:(一)教材与教学情境(教材适合该地区或学校的教育文化特点,如竞争型教育文化或参与型教育文化;教材适合该地区或学校的外语教学理念、教学方法以及教学手段);(二)教材与教学大纲(教材符合某种语言教学大纲(或课程标准)的宗旨;教材符合教学目标,并能够清晰地呈现;教材参考教学大纲确定教学内容且分布合理);(三)教材与教师(教材利于教师综合地使用多种语言教学方法和技巧;教材利于教师对教学效果进行评估;教材具有灵活性,便于教师灵活使用);(四)教材与学习者(教材适合学习者的年龄、认知水平、心理水平;教材适合学习者的汉语水平;教材适合学习者的文化背景;教材适合学习者的学习需求、学习动机)。

13—18项是整体设计。具体包括:(一)教学法理论(教材合理吸收了相关教学理论的研究成果;教材的整体设计体现了教学思路和教学流程);(二)整体结构(教材级别设置合理,级别之间衔接顺畅;教材对自身的描述准确、合理,并与正文内容一致;教材的整体框架结构合理,联系紧密;教材各课内部各部分之间安排合理,联系紧密)。

19—49项是教学内容。具体包括:(一)主题与内容(教材主题和内容国际化,具有全球意识;教材主题和内容的编排由易到难,循序渐进,符合教学规律;教材内容可以丰富学习者的个人知识和经验,能够培养学习者积极向上的性格);(二)语言材料(教材语言真实、地道、自然;教材语言生动、有趣;教材语言规范;教材语言风格多样,体裁多样);(三)语言知识与技能(教材对语言知识与技能的结合处理得当;各项技能训练比重合理;教材提供了主要的语言知识,每课新知识的输入量适中;教材对语言知识的编排合理有效;教材采取螺旋上升的方式对语言知识进行了合理复现;教材利于学习者发现语言规则,而不是简单地呈现规则及其解释;教材提供了必要的语言知识注释和范例,且简明易懂;教材对语音教学的安排合理恰当;教材对汉字教学的安排合理恰当);(四)活动(包括练习、任务、游戏等)(活动量充足,覆盖主要教学内容;教材提供了综合运用语言技能的活动;活动提供了尽可能多的机会,使学习者使用汉语进行交流;教材提供了控制性活动、过渡性活动和交际性活动;教材提供了个人、结对、小组等多种活动形式;活动具有趣味性;活动利于激活学习者的原有知识和经验;活动与活动之间层次清晰,具有内在联系;活动指令清晰、简洁且易于理解);(五)文化(教材提供了广泛、真实、准确的文化知识;教材提供了得体、实用的交际文化;教材体现了多元文化观,文化描述客观、中立、包容;文化内容的编排合理、适度;文化内容的融入方式自然、恰当;教材以适当的方式处理文化比较中的相似与差异)。

50—53 项是情感与策略。具体包括:教材利于提高并维持学习者的学习动机;教材利于发展学习者积极的学习态度;教材提供了主要的学习策略,并注重培养学习者使用学习策略;教材提供了积极的交际策略和技巧。

54—55 项是教材形式。具体包括:版式设计清晰,方便使用;教材配有必要的辅助材料,如练习册、教师用书、测试等。

梁宇(2017)的评估标准将教材适配性评价置于首要地位,标准对教材适配性评价进行了整体设计,其体现的内涵层次更加清晰。教材适配性可分解为 4 个部分:教材与教学情境的适配性、教材与教学大纲的适配性、教材与教师的适配性、教材与学习者的适配性。它体现了教材外部评价的 3 个层次:教学情境分析、教学大纲分析和使用者需求分析。教材外部评价,就是要评价教材适应一定的教学情境、符合一定的教学大纲、满足教师教学和学习者学习需要的程度。无论是分析、评价教材,还是编写教材,都要考虑这 3 个层次上的问题。适配性评价标准对教材外部评价进行了完整、系统的设计,对编写教材、选用教材具有实际的指导作用。

该标准还将教材情感性评价进一步细化。关于情感态度的评价指标,属于软指标,不直观,难以量化,经常被忽略。进一步细化教材情感性评价,加大指标比重,成为该标准的另一大特色。标准对教材情感性的评价分为以下 4 个层次:

(1)教材整体对学习者情感态度的作用,其中包括提高并维持学习动机、增强自信心、吸引注意力、发展积极的学习态度;(2)教材提供的策略对学习者情感的作用,其中包括主要的学习策略和积极的交际策略;(3)教材趣味性对学习者情感的作用,其中包括语言和活动趣味性,前者关注语言输入环节中语言材料的趣味性,后者强调语言输出活动的趣味性,两者相得益彰,前后呼应;(4)教材形式对学习者情感的辅助作用,其中包括版式设计、插图、字体、拼音等的功能性和吸引力。

该标准还用"真实"和"活动"搭建教材实践性评价;对教材科学性的所指范围及其内涵进行了基本设定。总之,该标准在以往的评估理论的研究上,更多地体现了教材的适配性、情感性、活动性和科学性。

二、学习者视角的教材评估体系

林敏、吴勇毅(2006)[①]认为以往的对外汉语教材评估多是从专家、学者或教

---

① 林敏、吴勇毅:《对外汉语教材评估:学习者的视角》,中国人民大学对外语言文化学院编,《汉语研究与应用》第四辑,中国社会科学出版社 2006 年版。

师的视角出发,对教材进行主观性、印象性的评估。但这只是教材评估的组成部分之一,教材评估还有更为重要的视角——学习者的视角。他们在对国内外已有的外语教材评估理论进行探讨和分析的基础上,以学习者中心论为理论依据和背景,从六个方面构建了一个从学习者视角出发的、量化的对外汉语教材客观性评估体系,并以此来讨论如何评估某教材是否达到了对外汉语教材应有的要求和标准。文章认为,传统的教学法往往从语言结构内部的某一方面来认识语言和处理语言教学,很少考虑到学习者的因素。

左焕琪(2002)认为,当今的教学法,越来越重视从语言的心理和社会属性出发,根据学生学习外语的规律,注重培养他们的创造性思维、健康的学习心态和语言交际能力,并重视学习者的情感因素。教学法总的趋势是强调在教学过程中,要重视学习者的因素,将重心从教师转向学生,让学生成为教学活动的中心和主题。体现在教材编写上,"应从侧重如何教转向更多地考虑学习者如何学。因此,能否满足学习者的需求,就成为评估教材的重要标准之一",(赵金铭,1998)"学习者最能识别教材的优劣,他们是很有选择眼光的,是有判断评估能力的",(赵金铭,2004)"对使用过的教材进行评价,关键是看该教材是否适合自己的学生的水平,是否满足学生的需求,是否有效地导致学生的进步"。(夏纪梅,2003)在 Cunningsworth(1987)的教材评价四标准中,就有三条是和学习者相关的,即要明确学生的需求、要懂得学习规律和学习要求、要懂得学生和学习过程的关系,体现学生作为人的多种因素和语言学习过程的多种因素。(夏纪梅,2003)可见,教材评估须体现教学法的这一新的方向和趋势,真正从学习者的视角来看教材,正确反映学习者对教材的需求和态度。基于现代第二语言或外语教学理论的教材评估是以使用者——学生为本的,是以学习者为中心的。

林敏、吴勇毅从学习者的视角出发、尝试建立评估指标体系,评估表是一个5度等级量表(5=完全同意,4=基本同意,3=不知道,2=不太同意,1=完全不同意),记录被调查者(学习者)对调查内容的态度和/或看法。评估者是曾经使用过教材或对教材已经使用了一段时间的学习者,他们将根据自己的经验和体会对相应的调查项目作出判断,在相应的栏目内打"√"。每一项及最终的评估结果都将处于相应的态度和/或看法等级段里。

评估内容包括六个部分,即整体编排、词汇及解说、课文、语法注释、练习、形式及配套,共62个评估项目。具体参见下表。

表 4-3   林敏"学习者视角的对外汉语教材评估"表

整体编排						
序号	评 估 内 容	态度和/或看法				
		1	2	3	4	5
1	我觉得教材的框架很清晰					
2	教材内容和我以前所学是衔接的					
3	教材清楚地告诉我学完教材后我的汉语水平是什么程度					
词汇及解说						
序号	评 估 内 容	态度和/或看法				
		1	2	3	4	5
4	每课的生词数量对我来说是合适的(太多/太少)					
5	生词是我在交际中有用的					
6	生词在课文中反复出现,足以让我记住它们					
7	我觉得生词的英文翻译是准确的					
8	教材清楚地告诉我生词怎么用和在什么情况下用					
9	我希望教材有方便我查找的总词表					
课文						
序号	评 估 内 容	态度和/或看法				
		1	2	3	4	5
10	课文中的语言对我来说是实用的					
11	课文的内容和我的年龄和心态相符					
12	课文涉及的文化内容是我感兴趣的					
13	话题范围广,能帮助我增进对所学语言社会情况的了解					
14	课文慢慢地从易到难					
15	课文的长度是合适的					
16	课文中的句子的长度是合适的					
17	课文对话中的人物设计有意思					
语法解(注)释						
序号	评 估 内 容	态度和/或看法				
		1	2	3	4	5
18	对语法的解释说明是条理清晰的,我可以看明白					
19	语法解释的外语翻译是准确的,我可以看明白					
20	对语法的解释说明有合适、足够的例子可以帮助我理解					
21	对语法的解释没有很多专门术语					

续表

语法解（注）释						
序号	评　估　内　容	态度和/或看法				
		1	2	3	4	5
22	语法解释清楚地告诉我在什么情况下该用这种语法结构					
23	我希望教材附有便于我查找的语法（及功能）项目索引表					

练习						
序号	评　估　内　容	态度和/或看法				
		1	2	3	4	5
24	练习的数量是合适的（太多/太少）					
25	练习有意思，是我喜欢做的					
26	练习对生词有很好的复习作用					
27	练习对本课所学的语法有很好的复习作用					
28	练习有多样形式					
29	练习的排列是从易到难					
30	题目的指令很清楚					
31	我希望有要通过和他人合作才能完成的互动性练习					
32	我希望练习有参考答案					
33	我希望有阶段复习或总复习的材料和练习					

形式及配套						
序号	评　估　内　容	态度和/或看法				
		1	2	3	4	5
34	版面设计好，字体大小合适、易读，能清晰区分每个部分					
35	书的色彩和谐、合适					
36	插图和内容配合紧密，增加内容的可读性、生动性					
37	页面编辑合理，内容和题目之间不必频繁翻页					
38	每行之间及页边留有空间可供我作笔记					
39	开本大小合适，使用方便，便于携带					
40	纸张质量好，容易保存					
41	我希望有专门配套的练习手册					
42	我希望有配套的磁带或光盘等视听或多媒体材料					
43	教材的价格合理					

从上表可以看出：

1—6项是整体编排。评估内容包括：教材的框架很清楚；我知道教材主要教我什么；我总是知道教材的进程和进度；我知道学完教材后我的汉语水平可能达到什么程度；教材的起点与我的汉语基础是相符的；教材的内容与我以前所学的内容是衔接的。

7—12项是词汇与解说。评估内容包括：教材每课的生词数量对我来说是合适的；生词是我在交际中有用的；生词在课文中的重现率很高，足以让我记住它们；生词的翻译是准确的；对词语的用法、使用条件和场合有准确的说明和足够的例子；教材后附有方便我查找的总词表。

13—23项是课文。评估内容包括：课文的形式是多样化的（如叙述体、对话体等）；课文内容反映了我学习的需要，是有意义的、实用的；课文内容和我的年龄和心态相符；课文里所涉及的文化内容是我感兴趣的；没有在文化上让我不能认同或接受的内容；课文语言是我在生活中感觉到的真实的交际语言；话题多样化、范围广且对我有吸引力；话题有助于增进我对所学语言社会情况的了解；课文的难度是循序渐进，对我来说进度是合适的；课文的长度是合适的；课文中句子的长度是合适的。

24—29项是语法注释。评估内容包括：对语法的解释说明是条理清晰的，我可以看明白；对语法的解释说明有相应的、足够的例子可以帮助和加深我的理解；对应的外语翻译是准确无误的，可以理解的，不存在模糊之处；对语法的解释说明没有很多专门的概念和术语；解释说明中有对该语法现象的使用场合和情景的说明；教材后附有便于查找的语法（及功能）项目索引表。

30—48项是练习。评估内容包括：有足够的练习；练习有意思；练习对生词有足够的重现率；练习和本课学习的内容有关系；练习基本上覆盖了本课所学的全部内容；练习的形式多样；有听、说、读、写各方面的练习；有整合各项语言技能的综合性练习；有训练语言正确性的练习；有培养语言流利性的练习；有要通过和他人合作才能完成的互动性活动；有完成任务的活动；练习侧重于语法；练习侧重于交际；题目的指令很清晰、明确；练习的顺序安排是从易到难的；有自我测试性的练习；练习有参考答案；有阶段复习或总复习的材料和练习。

49—62项是形式及配套。评估内容包括：书的编排和视觉格局平衡整齐；不同内容有不同的字号和字体；字体大小合适，易读，能清晰区分每个部分；书的色彩和谐，不刺眼；行距及页边留有空间，可供我在必要的时候做笔记；版面设计生动活泼；插图和内容配合紧密，增加了内容的可读性、可视性；页面编排合理，内容和题目之间不必翻页；开本大小合适，使用方便，便于携带；纸张质量好，容易保存；有专门配套的练习手册；有配套的测试练习；有配套的磁带或光盘等视听或多媒体材料；价格合理。

评估表的最后是开放式问题，分别是：

（1）你觉得本教材最突出的特点是什么？（包括优点和缺点）

（2）通过本教材的学习，你觉得你达到了应有的进步吗？

（3）你觉得在修订时教材应作哪些改变或调整，从而使它更适合你的需要？

林敏、吴勇毅（2006）认为，这六个方面基本上涵盖了从学习者角度评估教材的各种因素，个体的统计结果可视为单个的学习者对某本教材的总的态度、看法和评价；群体的统计结果可视为单位学习者对某本教材的总的态度、看法和评价。

以上，我们从教师和学习者的视角简单介绍了三种不同的、有代表性的对外汉语教材评估体系，希望能为对外汉语教材的评估提供有参考价值和应用价值的评估模式。林敏、吴勇毅（2006）的评价模式以学习者为中心，同时也参照专家学者的评估意见，教材评估问卷表分为学生版和教师版，在一定程度上兼顾了教材的两个使用者——教师和学生，具有一定的全面性和科学性。因此，祁文娟的《〈新实用汉语课本〉与〈大学汉语精读〉教材比较研究》（2016）、杨依梅的《汉语教材评估及其使用效果调查》（2019）、周敏敏的《印尼高中汉语教材的使用情况调查》（2021）等均以林敏、吴勇毅（2006）的量化模式为参考标准，并对所涉及的教材进行调查研究。

关于教材评估理论，还有其他学者的研究。李泉（2003）、赵新（2006）、周小兵（2010）等人在他们的研究中对教材评估的内容、原则等提出了自己的看法。谭萍（2017）提出当下教材评价应加强理论探究，扩大评估主体和评估对象的类型和范围，在评估方法上也要体现一定的多样性。唐师瑶（2018）先后发表论文，试图为初级综合性教材练习的有效性制定一个评估表。

三、对外汉语优秀教材的评选

为了解世界各国汉语教材的编写和出版情况，促进教材编写和教材优化，更好地满足汉语学习者对汉语教材的需求，国家汉语国际推广领导小组办公室于2006年9月举办了首届世界优秀汉语教材（TCSL）评选活动。

1. 评选原则

以教材使用者的意见为主，结合教材专家意见。邀请中国对外汉语教学专家和其他国家有影响的汉语教学专家共同组成评选委员会,在网络、媒体上公布问卷选票,请海内外使用者(教师、学生)推选,同时向海内外汉语师生发放调查问卷。

2. 评选依据

《汉语作为第二语言教学教材质量评估表(草案)》共分一级指标、二级指标、三级指标,一级指标包括总体设计、内容、媒体形式、文本形式。总体设计包括明确的使用者定位、教材编写原则、有必要的配套资源;内容包括课文内容、教材语言、要素处理、练习编排;媒体形式包括设计水平和制作水平;文本形式则包括加工水平、设计水平、绘图水平、校对水平和印装水平,这是二级指标。三级指标的考察项目更加细化。总之,评估表涉及一本教材的方方面面。

3. 推荐原则

国内 1990 年以后出版或再版,发行量在 10 万册以上;部分 2004 年以来出版的教材,年发行量在 1 万册以上。国外出版的教材,主要是根据有关专家、教师和出版发行机构的推荐意见。

按照以上推荐标准,初选了 71 套(本)作为备评教材。包括长期教材(19套)、中小学汉语教材(11 套)、短期教材(6 套)、电子音像教材(12 套)、文化类读物(6 套)及海外出版教材(16 套)。

从这项活动中可以看到国家对对外汉语教材的重视程度,也说明了教材评估的重要意义和作用。

第四节　不同语言技能汉语教材的评估

语言技能包括听、说、读、写技能,对语言技能的培养直接决定语言知识的外在转化。因此,培养学习者语言技能的重要性是显而易见的。目前,汉语教学界根据不同语言技能而编写的教材非常丰富,但从编写和使用角度看还是存在诸多问题。为了不断地提高教材质量,学者们除了从教师视角和学生视角对汉语教材进行评估外,还有不少针对某一相关语言技能汉语教材进行评估与分析的成果,下面择要进行一些梳理。

一、精读教材的评估与分析

(一) 初级汉语精读教材

薛艳君(2006)从对外汉语教学实际出发,在比较和参考国外各种评估模式、国内第二语言教材评估,以及国内教育评估研究成果的基础上,设计出一套初级阶段对外汉语精读教材评估指标体系。

该指标体系分为三级:一级指标包括理论基础、内容质量、编校质量和印刷质量。理论基础体现为第二语言教学理论、第二语言学习理论和第二语言教材编写理论3个二级指标;内容质量体现为语音、词汇、语法、汉字、课文、例句、练习、文化、教师手册、学生练习册、复习与测试材料和媒介形式12个二级指标;编校质量体现为编辑水平和校对水平2个二级指标;印刷质量体现为印刷水平1个二级指标。三级指标则是每一个二级指标下的更为详细的评估标准。

一级指标的总分为10分,根据理论基础、内容质量、编校质量和印刷质量这四个方面在初级阶段对外汉语综合教材中各自所占的重要性打分。各个二级指标的总分也是10分,只需在一级指标的范围内权衡某一个二级指标该得多少分。各个三级指标的总和都是10分,只需要在二级指标的范围内权衡各指标的重要程度。

从高一级指标到低一级指标,层层分析对比,既考虑到了某一项指标在整个评估指标体系中的地位和作用,又每次都把综合考虑的范围层层缩小,仅在上一级指标的范围内,和同级指标之间进行对比和权衡。用这样的方法来评估某一部教材,基本上能反映其质量和水平状况。

除了以上从整体角度对初级汉语精读教材进行评估以外,也有学者对单本初级汉语精读教材进行研究。洪炜(2008)结合教材的评估的理论方法,对初级汉语教材《博雅汉语》(起步篇)进行评估。作者认为该教材总体框架完整,结构清晰。不足的是在一开始没有给出教材的使用说明,对于每课的学时以及各部分内容的具体操作都未给出提示。在这一方面,有的教材做得比较好。如陈贤纯主编的《汉语强化教材》,该教材除了有使用建议外,还附有《致老师》和《致学生》两个单独说明,让教师和学生对教材的使用有清晰的认识。

关于生词量方面,洪炜(2008)认为应该尽量避免越级词的出现;对于超纲词,则要视其性质来定。对于一些现代日常生活常用而大纲中未收入的词语,应该在适当阶段的教材出现。如该教材收入了"手机""酒吧""贺卡"等现代高频词语,使教材的词汇更加贴近生活,受到学生的普遍欢迎。在词性标注上,该教材没有罗列工具书的多个词性标注,而是根据课文用例有针对性地确定具体词性,避免给学生带来理解上的困惑。

在语言点方面,洪炜(2008)认为教材某些课文语言点的容量过大,如第41课有4个语法项目共7个小点,第19课出现了5个语法点。吕文华(2002)指出,在初级阶段,每课以 2 个语法项目为常,有的仅可安排 1 个,少数课可以安排 3 个。语言点说明简短、多借助公式符号是该教材的一大特点。这种公式化语言更加直观易记,便于学习者掌握。该教材课文对语法点的复现是相当出色的,如学生在第 41、42 课学习"把"字句这个语法点,在第 45、46、49 等课中都复现了该句式。

从课文编排来看,《博雅汉语》(起步篇)总体选材做到了题材广泛,风格多样,但也有的课文包含的哲理过于含蓄,不太适合初级阶段的留学生阅读。如第 50 课《好咖啡总是放在热杯子里的》,这篇课文对于初级阶段的留学生来说难以理解。

在练习方面,该教材题型多样,增加了学生的学习兴趣。但是在练习内容的具体设计方面还有待改进。如第 31 课要求学生用"一……就"看图写话,有一幅图片画的是一个人一手拿着勺子、一手拿着一盘饺子。让学生根据这样的图片内容造出符合要求的句子较困难。

在版面设计上,采用绿色作为主色调,给人以清新舒畅的感觉。排版合理,布局较为松散,方便学习者直接在书上做笔记。不同的板块采用不同的字体字号,避免单独枯燥。插图贯穿于课文对话中,增强了教材的趣味性。

综上可知,《博雅汉语》(起步篇)结构合理,内容丰富,难度适中。虽然在某些小细节上有待进一步改善,但不失为一本优秀的初级阶段汉语学习汉字教材。

(二)中级汉语精读教材

赵新、李英(2006)选取了三套有代表性的中级精读教材,从总体设计、语料的选取、生词的编排和控制、重点词语和语法注释以及练习的设计五个方面对其进行评估与分析。三套教材分别是《桥梁——实用汉语中级教程》(以下简称《桥梁》,北京语言文化大学出版社,1996)、《标准汉语教程》(以下简称《标准》,上海教育出版社,1998)、《中级汉语精读教程》(以下简称《精读》,北京大学出版社,1999),都是使用一学年的成套教材,分别由北京语言文化大学、复旦大学、中山大学编写,反映了北京、上海、广州三地编写者的理念和精读课教学情况,有一定的代表性。

在总体设计上,赵新、李英(2006)认为正确理解精读课的特点,弄清学生对精读课的期望有哪些是至关重要的。通过分析 5 个中级班的调查问卷后可以看出,学生对精读课的第一期望是获得语言知识,提高语法水平、阅读能力和书面表达能力,但同时也希望有围绕语言知识进行的听说训练。也就是说,精读课需要有听、说、读、写的训练,但是是相互配合的,而不是相互孤立的。体现在教学中,就需要一切紧紧围绕着主课文来进行,没必要另设听和说的材料练习。文章以《桥梁》为例,举例说明了精读课中听、说、读、写围绕主课文的重要性。第17课《我无怨无悔》主课文是宇航员的故事,阅读课文是关于下岗职工再创业的事,听力课文是关于打工的,会话课文是关于求职的。三篇副课文在内容上与主课文无关联,其中,共重现生词5个6次,但又出现新的生词36个、成语及固定结构6个、俗语4个。主课文中的生词和语言点未得到足够的练习,还要花不少时间去学习几十个新的生词和新的内容,显然弊大于利。

关于教材语料的选取,赵新、李英(2006)认为在语料的实用性、持久性和知识性方面,这三套新教材都做得比较好,但通用性和趣味性还不能令人满意。比如,这三套教材反映中国社会文化的语料都比较多,《桥梁》上册15篇课文,其中反映中国社会生活的文章有14篇;《标准》一、二册20篇课文中有13篇与中国社会生活和文化传统有关;《精读》(Ⅰ册)20篇课文中有10篇反映中国社会生活文化传统。对于反映中国当代社会生活和传统观念的文章,学生的意见相当不一致,具有文化特色的文章并不必然地具有趣味性(刘颂浩,2000)。教材的编写一定要坚持通用性原则,题材要广泛,避免同一主题的内容过多,不仅要有反映中国的内容,也应有反映世界各国普遍关注的内容,如人生、婚姻、家庭、健康、科技、环保等,才能适应学生多元化的要求,扩大教材的适用范围。

在生词数量上,赵新、李英(2006)认为中级精读教材每课的生词量应保持在40—55个,逐册增加。《精读》和《标准》在生词数量的控制上相对来说比较好,《桥梁》的生词过多,最多的一课多达118个。如此多的生词,教学时不好操作,学生也接受不了。另外,一册中每课生词的数量相差不能过大,应当保持在5—8个。这三套教材在这一点上都有欠缺,都相差几十个。

赵新、李英(2006)同时指出,生词等级的控制是目前精读教材中存在的大问题。根据教材的层次性,中级精读教材生词等级的控制应当有一个梯度:中级词至少占70%—80%,高级词+超纲词至多占20%—30%,其中,超纲词应控制在10%以内。另外,精读教材承担着扩充生词量的主要任务。作为使用一学年的中级精读教材,所使用的中级词语至少应当占中级词语总量(2 850个)的60%(1 710个),其余的应由其他中级教材(阅读、听力、口语等)承担。从数量上看,这三套教材的生词总量都超过1 710个,都能满足教学需要。但生词的难度控制不同。在生词等级的控制方面,《标准》和《精读》控制得比较好,中级词(丙级词)的比例超过了50%,超纲词的比例比较小。而《桥梁》(上、下)平均丙级词仅占 32.9%，丁级词和超纲词占 42.2%，特别是下册，丁级词和超纲词达到 70%，显然已经不能说是中级水平的教材了。

作者认为，要保证中级教材确实是中级水平，生词等级的控制是非常重要的。生词的学习应当由易而难、循序渐进。生词等级的控制主要在于语料的处理。中级教材应当加大语料改写的力度，依据《教学大纲》对生词进行处理，去掉超量的高级词和超纲词，增加中级词，同时要保证文章内容和风格不变。这对于编写者来说比较麻烦和辛苦，但却是完全可以做到的。

关于生词的释义和重现，作者认为汉语中级精读教材历来用外语解释生词，《桥梁》和《标准》也是如此，《桥梁》采取英语、法语双语释义，《标准》采取英语释义。《精读》在这方面作了改进，采取汉语、英语双语释义，这是合理的。提高生词的重现率非常重要，只有不断重复，才能使生词保持在记忆中。这三套教材生词的重现率虽然有所提高，但还远远不够。应当开辟生词重现的多种途径，除了主、副课文中重现外，在生词释义、词语例释、语法注释和练习的例句中，都应当注意重现生词。

关于语法注释，《教学大纲》把语法项目分为初、中、高三级，其中，中级语法项目有 83 项。与生词一样，语法项目同样需要依据《教学大纲》来进行处理。作者认为中级精读教材应编排至少 90% 的中级语法项目，此外，还需要根据习得难度和顺序合理地编排语法项目。但是《教学大纲》没有列出各语法项目出现的顺序，因为目前缺乏这方面的研究。目前，精读教材语法项目的处理和编排是个薄弱环节，这三套精读教材语法项目的注释都没有依据大纲来进行处理和编排，有较大的随意性，有些语法项目是初级的，有些语法项目是高级的，中级语法项目并不多，这是今后需要重点加以改进的。

练习是将语言知识转化为语言技能的重要途径。在设计练习时，如何使练习既能有效地覆盖全部教学内容，又能强调重点词和语法点的训练；既注意汉字、语音、词语句式的训练，又能通过由词到句、由句到段的多种练习提高学生的表达能力和交际能力，这是编写者需要认真研究的问题。在具体的编排中，三套教材各有特点。

《桥梁》非常注重语言表达能力和交际能力的训练，训练方式多种多样，且注意练习的层次性。每篇课文先是理解记忆性练习，如熟读词组、词语搭配；其次是半机械半交际性练习，如用指定词语完成句子或回答问题、整理句子或改正病句、根据课文内容成段表达；最后是围绕某个话题进行交际训练。这样的安排有助于学习者由浅入深、循序渐进地掌握语言，提高语言交际能力。但过多强调某一类训练又会带来片面性的问题。

《精读》和《标准》在练习的设计上注意到了主客观题型的结合。每一课既有字、词、句等语言知识方面的训练题，又有语段、篇章方面的理解、表达题，如根据课文回答问题、根据具体的问题进行写作。相对而言，《精读》的题量更为充足，题型更加多样化，也更加重视词语及语法点的训练，每课都有近义词、多音词、容易混淆的词、成语、语法难点的训练，这样就使语言知识的学习更具系统性。另外，《精读》在表达题上作了改进：没有传统那种简单的造句练习，而是让学生完成句子、模仿造句、改写句子；没有简单的命题写作，而是让学生根据提纲写语段或改写课文，因为有了明确具体的指引，更加易于操练。值得一提的是，《精读》在练习题型的设计上注意与汉语水平考试接轨，实用性更强。但《精读》和《标准》在语段表达方面的题型较少，在语段表达训练的系统性方面不及《桥梁》。

综上所述，教材的总体设计、语料的选取、生词和语法项目的编排处理、练习的设计是否科学合理是十分重要的，它们既是教材科学性的保证，也是评估中级精读教材的重要标准。

（三）高级汉语精读教材

高级精读教材的编写是一个复杂的过程。张丽秋（2016）以《拾级汉语　精读课本》第9级、第10级和《发展汉语　高级汉语》上、下两册为研究对象进行对比分析研究，认为高级精读汉语教材的编写存在一些问题，并提出了相应的改进策略。

在生词的选编过程中，高级阶段精读教材的生词量应该控制在每课50—70个比较合适，大概两页纸，而且各课之间生词量的差距在5个以内波动为宜。《发展汉语　高级汉语》中单课的生词量最多达到91个，这样会让学生产生畏难情绪。到了高级阶段，教材的编写应该做到全用目的语来编排，解释生词意义也是一样。教材编写者没有必要借助其他语言，况且其他语言也无法与汉语做到一一对应。对于高难度的词语，编者可以用简单汉语来解释，这样也能提高学习者的阅读理解能力和运用汉语的能力。此外，在对生词意义解释之后，应该说明生词的词级，学习者可以根据词级来判断该词在汉语中的地位和重要性，方便抓住学习重点。生词展示的顺序可以如下：序号—汉语拼音—词性—解释—词级。

课文分为主课文和扩展阅读两个部分。主课文在整部教材中居于核心地位，因此，在选编主课文时要反复思考。对于教材课文的删改，学界有不同的意见。有人认为修改后的文章太过规范化，太过死板，与日常表达有差异。张丽秋（2016）认为，高级精读教材的主要任务是呈现新知识，提高学生的阅读能力，因此,有必要对原文作适当的修改。课文篇幅既不能过长,太长会给学习者造成压力;也不能太短,太短会影响知识点的呈现,字数在 2 000 字左右较为合适。体裁需要多样化,并且交叉分布在教材的不同地方,不要按顺序、按板块编排。话题的选择除了注意广泛性之外,还应该注意连续性,这样可以增加话题的趣味性和悬念,还可以提高词语和语法结构的重现率。如《拾级汉语　精读课本》高级阶段的教材编写者只为学习者提供一个学期的学习内容,下个学期需要另找教材,给教和学造成了一定的困扰。对于扩展阅读来说,扩展阅读的文章主题与主课文相同、相似或相关,编入教材时不要改动原文,以弥补主课文太过教材化的语言特点。另外,扩展阅读部分后面应该附有相应的生词解释,并设计几个相应的练习题,加深学生对主题的理解。

教材注释是为了让学习者学习汉语的基础知识,辅助学习者更好地理解文章内容。注释的呈现需要尽量简洁,避免太过繁琐,进而使学习者的水平无法完全理解。如《拾级汉语　精读课本》第 10 级解释“冠冕堂皇”时,先介绍其出处,写到“人言应制,早朝等诗,从无佳作也,人自不佳耳。故凡此等诗竟将堂皇冠冕之子,累成善诵善祷之辞,献谀成媚,岂有佳作?”后面根本没有白话文的解释,学生看不懂也就丧失了应有的价值。

在练习编写上,张丽秋(2016)认为高级阶段汉语精读课的主题型应该包括填空题、词语辨析、成语练习、选择正确答案、判断正误、完成对话、造句、改写句子、用所给的词语或结构回答问题、排序题、解释画线部分的意思、根据课文内容回答问题、讨论题,但不是每课都要出现这些题型,编者可根据课文内容适度增减。同种题型在同一课中最好不要重复使用,同种题型使用同一种表达方式就行,方便学生归纳总结和掌握题型的特点。练习题量波动不要太大,下册尽量比上册多一些,尽量控制在 10 题以内,遵循“i＋1”的原则。例如,《拾级汉语　精读课本》第 10 级的练习量明显少于第 9 级,这不符合学习者的学习规律和认知规律,第 10 级的练习应比第 9 级稍多一些,要有一定的梯度,要符合“i＋1”的原则。

二、口语教材的评估与分析

(一)初级汉语口语教材

陈晨(2005)从教材的编写实践出发,对初级口语教材的内容编排以及练习编写提出相应的建议。初级口语教材种类较多,内容涉及了社会生活的各个方面,但形式上基本是会话体。然而,在学汉语的初级阶段,常会碰到“自我介绍”

"介绍宿舍情况"等场景,就要使用叙述性话语来进行表述。所以,教材的课文内容的语体应该包括对话体和叙述体两种。需要注意的是,叙述性话语对于初级阶段学习者来说较难,为了提高学习积极性,应该在编排课文中的"对话体"和"独白"两部分内容时,注重内容上的联系性。教材中所选取的语料必须是真实的,不能为了特意让语料体现某种功能或语法结构,而去生造失真的话语。作者认为,新型初级口语教材的练习编写应该分为三个方面:(1)完全控制性练习,此类题型主要为朗读、复述;(2)部分控制性练习,如"看图写话""角色扮演"等;(3)无控制性练习,此类题型主要是"谈一谈",针对学习者的水平,要求学习者进行成段表达的内容所需的词汇、句型及连接手段是课堂教学中训练过的。

孙玉茜(2012)结合 6 套初级口语教材,从话题的编排、语料的选择、练习的设计等方面对教材的实用性进行分析,提出一些问题。初级汉语口语系列教材的读者群决定了话题的选择具有强烈的"生存意识",即首先要解决他们在中国的衣食住行。在话题的编排上,除了要根据由易到难的语言规律,也要注重学习者的生活需求。例如,买东西是留学生经常进行的活动,在教材中应该尽早出现,但是有的初级口语教材,句型"您要买什么?"出现在第十二课,位于整本教材的近 2/3 处,这样是不合理的。在语料的选择上,语料应该尽量简短,俗语、俚语不应该过多地出现在初级口语教材中。在练习设计方面,大部分口语教材的句型、课文都有拼音标注,而练习没有拼音标注,这对零起点的非汉文化圈的留学生来说是较难的。

（二）中级汉语口语教材

语言学习经过初级阶段后,通常会经历一个较长的徘徊不前的时期,即学习心理学上所谓的"高原时期"。对外汉语也不例外,如果教材初、中级之间的坡度处理不当,刚进入中级阶段(也有人称之为基础后阶段)的学生就常常会有力不从心之感,这对顺利完成该阶段的学习任务有很大的影响,这种情况如果持续下去,就更谈不上实现从中级到高级的质的飞跃了。中级阶段学习任务的完成情况关系到学生能否顺利有效地继续其汉语学习,这是一个至关重要的阶段。从目前的教材建设情况来看,中级口语教材的编写及评估比较薄弱。

刘进(1999)在考察使用较广泛的十一部教材的基础上,从中级口语课的实际需要出发,结合教材编写的现状,根据两大使用者群体对教材的要求与评判教材的视角,设计了包括教师用表与学生用表两部分的对外中级口语教材评估表。文章还就教材评估的两大基本类型、对外中级口语教材评估表的使用说明及设计理据等问题作了相应的阐述。该评估表内的各个项目既是中级口语教材的评估依据,也是对新一代教材编写所作的一系列构想。中级口语教材评估表 50 个评估项目的总分满分为 200 分。

林雅茜(2019)选取国内高校目前使用得较多的口语教材的中级阶段课本《发展汉语·中级口语Ⅰ》(第二版)和《中级汉语口语 1》(第三版)进行对比研究,并提出自己的一些具体意见。首先,应该明确口语教学的目标,突出口语教材的特点。例如,《发展汉语》每篇课文后面都有不同形式的练习题,这样使学生占用了大量课堂时间进行机械性的练习,与精读课并无差别。无论是练习的形式还是内容,都应该充分调动学习者"说"的欲望,提高学习者的口语表达能力。其次,口语教材应该将结构—功能—文化三者有机地结合。例如,《汉语口语》在编写中更重视功能、话题和文化的地位,使学习者在大量典型语句中体味功能项目的作用,这样的安排使学生难以掌握表达所需的语言知识。最后,教材应该生动有趣,调动学习者的兴趣。在课文体裁和话题的选择上,应该选择学习者最感兴趣、最能引起共鸣的。在练习的设置上,应该将练习与实践相结合,要以半控制或非控制性练习为主,让学生能够发挥自己创造力进行表达训练。《汉语口语》在这点做得比较成功,形式多样,充分调动了学生的积极性。

刘弘(2019)认为,中级阶段口语教材的练习与相关课程标准的匹配度不高,在练习形式上有较大的可改进空间。对外汉语教学的对象多是成年人,一部分汉语学习者具备很强的思维能力,能在口头表达中充分表现出自己的语言能力。但仍有一些学生并非如此,部分学生在思维能力上的不足甚至直接影响语言表现。中级口语教材与初级口语教材不同的是学生的输出要涉及段落和篇章,思维能力的不足会直接影响成段表达的效果。因此,在编写中级口语教材的练习部分时,应该提供一定的"思维支架"。例如,传统的描写性练习多是提供一张图片,要求学生描述这张图片的内容并说明自己对图片的想法,可以在该练习中加入"观察—思考—怀疑"的问题,可以是"你看到了什么?你想到了什么?你有什么疑问?",这样为学生的表达打好了基础,有利于口语表达能力的提高。

(三)高级汉语口语教材

刘元满(2008)认为,高级汉语口语教材编写时需要综合话题、情景、话轮等因素。话题解决的是说什么的问题。除了学生感兴趣的话题,一些使留学生产生畏难情绪的话题需要引导。情景解决在哪里对谁说的问题。不同身份,不同生活场景,不同知识结构的差异,会表现出强烈的跨文化交际特点。在具体场景中,面对具体的交流对象,自始至终保持谈话得体性,在谈话中处于主动地位,这是高级口语教材中必须注意的问题。话轮解决怎么说的问题。初、中级阶段的学习注重的是语言表达的常规性、准确性,到了高级阶段,应该提供多样化情感的表达方式。编写教材时需要编写者有意识地涉及一些不如意情感的表达。总之,高级口语教材需要转换思路,将话题、情景、话轮作为高级口语教材的必备要素而同时兼顾,进行科学的、系统的安排。

翟安琪(2014)选取《发展汉语 高级汉语口语》(上)和《汉语高级口语教程》(上)两本高级口语教材作为研究对象,通过对两本教材课文和练习的比较,文章从针对性、趣味性以及人文性三方面对高级口语教材的编写提出了一些设想。为了加强教材的针对性,需要了解学习者的学习目的、母语背景、国别文化以及专业领域,不能一本教材适用于所有的来华学习者。在内容和形式上体现教材的趣味性。在教材中穿插一些笑话、幽默故事是有必要的。《汉语教程》每课后专门有"轻松一乐"的板块,以调节学习者的兴趣。在教材版面的设计上,教材颜色可以增加淡彩色作为搭配,配合一些小插图来调节气氛。教材的编写需要体现人文性,可以结合学习者的母语文化,不仅能够将两国文化进行对比,也体现了对学习者母语文化的尊重。选取语料时,要选取积极向上的文化意识,传递正能量,避免消极文化因素带来的负面影响。例如,《发展汉语》中有一课的话题为青少年犯罪,其中多次提到了弑母等血腥案例,这点不利于国家形象的正面宣传。

三、听力教材的评估与分析

关于听力教材的编写和研究,学界关注得比较多的是初级听力教材,对中、高级听力教材的研究则相对较少。下面择要稍加梳理和介绍。

（一）初级汉语听力教材

随着交际能力的培养在语言教学中的地位不断提高,教学法和教材也在培养听力理解的技能上作出了相应的调整,20世纪90年代出版的听力教材基本上是建立在交际性原则的基础上,听力理解微技能训练的特点越来越突出。同时,有的听力教材在语料的长度、生词量的大小和练习的设计上都存在差异。听力语料多长为宜、生词应占多大比例,以及配有多少练习才合适? 胡波(2000)就《初级汉语课本·听力练习》(3)(以下简称《听力练习》,北京语言文化大学出版社,1986)进行了分析。《听力练习》每课分为单词理解、对话理解和短文理解。单词理解和对话理解检查学生词语的掌握情况及对语用功能的理解,内容有一定的难度,问题提得巧妙。但是短文理解部分显得比较薄弱,主要有以下两个问题:(1)文章的长度失控,长课文(指600字以上的课文)占的比重比较大,而生词量又很小,80%的课文只含有2%的生词;(2)练习多为检查记忆效果的题,且相对那么长的课文来说,练习数量又明显不足,因而语料的实际信息和得到反馈的信息有些不成比例。

金志军(2008)检索统计了1949—2006年国内出版的对外汉语听力教材共88本(套),集中分析了其中具有明显初级标识的14本(套)听力教材,结合前人对于对外汉语教材历史发展的阶段性分析,概括出初级听力教材历史发展的起步阶段、过渡阶段和发展阶段的阶段性特点和代表性教材,并对此类教材的选材和练习类型进行了分析。

金志军(2010)认为,初级听力教材在遵循语言学习规律的原则前提下,以某个"大纲"为主线的情况下组织教材结构是有很大空间的。可以按照选定人物的生活进展安排材料,材料的选择来源于主人公生活中的事情。还可以按照学习规律做模块式的教材结构安排,可以在听力教材中集中安排语音篇、语法篇、词汇篇、会话篇、短文篇。也可以按照话题分类,安排日常生活篇、学习生活篇、工作赚钱篇等。还可以按照不同年龄人群的生活分类,如少年篇、青年篇、中年篇、老年篇。这样的安排可以给学习内容提供一个合理的承载系统,学生也能在这个系统的带领下,循序渐进地学到他们想学的东西。

(二)中级汉语听力教材

胡波(2000)除了分析上文提到的初级听力教材《听力练习》外,还着重分析了《中级汉语听和说》(以下简称《听和说》,北京语言文化大学出版社,1990)和《汉语中级听力教程》(以下简称《听力教程》,北京大学出版社,1994)。

《听和说》是一本听力兼口语的教材,文章只就其听力部分同其他两部教材进行比较。该教材不同于《听力练习》和《听力教程》之处是,它将听力理解训练项目分为精听训练与泛听训练。精听训练部分有一个短文体的课文,练习突出了微技能训练的目的,重理解,轻记忆,形式多样,内容丰富。练习内容基本上包括语料大意的理解、语用功能的理解、重点句的理解和全文的概括总结。泛听训练部分有三个短文,练习形式为理解大意的判断正误练习和简答题等。不论是精听短文还是泛听短文,长度均控制在400—600字。精听课文的生词量也得到了较好地控制。一半以上课文的生词约占全篇词汇的10%左右。

《听力教程》的教材设计比较新颖。首先,它将课文的体裁分为短文和对话两种,每课由一篇短文和一篇对话组成,短文有故事、报道、启事、广告等多种题材。上册长语料的长度大多控制在500—600字,下册有的比较长。对话中的生活语言比较多,口语性强。其次,多数课文中所包含的生词量比另外两本教材多,有一定的理解难度,但又在学生可接受的限度内。由于突破了生词的局限,所以，编者在编写课文内容时相对自由一些，较易编出题材新颖、内容丰富的短文，使学生听后不仅训练了听力和理解能力，同时也学到了很多新知识。对于提高学生的学习兴趣有一定促进作用。最后，这套教材的练习比较丰富，形式比较活泼，多数练习都是围绕训练听力微技能的核心而进行。该教材的听力理解训练的特点非常突出，是一本非常好用的教材。但是该教材也有缺点，例如，第二册的部分课文太长，有的超过了 1 000 字，有些长课文采取了分段听、分段练习的方式，有些没有分段，给教和学增加了难度。

胡波（2000）认为听力语料应尽量控制在 600 字以内，在这个范围内，学生可以比较顺利地完成听力课上的各项教学任务。如果不可避免地出现了长课文，也应该将文章分成几段进行，不可一次从头听到尾。在控制使用长语料的同时，还应适当选用短语料。长短不一的课文正好为训练各种听力技能服务。快速反应训练、抓主要信息的训练等都以较短的语料为宜，如听一则寻人启示、一条广告等。记忆存储能力和概括总结能力的培养，则使用相对长的语料比较合适。

在教学实践和两次实验的基础上，胡波（2000）提出听力教材生词量应该适当加大。认为不但不会影响听力效果，反而会收到良好的效果。还提出听力教材的练习量应该充分，形式应多种多样。听力理解的任务很多，除了记忆存储能力的培养外，还有抓关键信息、跳跃障碍、联想猜测、快速反应、语境理解和概括总结等。就一篇语料而言，它可以有多重任务，对每一堂听力课而言，则必须结合不同的训练任务而进行。因此，练习的形式必须丰富。

（三）高级汉语听力教材

俞佳（2017）选取了一套较有权威性的高级听力教材——《汉语高级听力教程（上/下）》（幺书君编著，北京大学出版社，1999），对它的生词、课文、练习分别进行了统计与研究，并对汉语高级听力教材编写提出以下建议。

在生词方面，俞佳（2017）认为要注意兼类词的词性标注，以及增加词类，让词类更加多元化、全面化；在生词释义方面，可将生词释义放置于课文册或答案册中，供教师和学生课后查阅；在生词数量上，教材每课生词数量应该在 40—60 个，且波动不能较大。例如，该教材中的第九课的生词量高达 78 个，第一课的生词量却低至 15 个，生词量的变化没有一定的规律可循。

在课文方面，编写者可以对高校留学生和教师进行实地考察，探究教材使用者爱学和爱教的课文题材，增加题材范围，让题材多元化、全面化。还可以结合新 HSK5—6 级考试题材，帮助学生熟悉汉语考级听力教材。在课文长度上，精听课文长度应该控制在 780 字左右,泛听课文由于练习目的不同,可适当增加课文长度。

在练习方面,题型种类可以多样化,借鉴 HSK5—6 级的练习题型,客观题与主观题相统一,训练学生把握课文主旨以及重要信息的能力。教材中增设开放性题型,听力材料随时更新,与时俱进,富有时效性。

四、汉字教材的评估与分析

随着对外汉语教材的发展,对外汉字教材的种类也越来越多。其中大多是以初级汉语学习者为教学目标的,如周健的《汉字突破》、张朋朋的《集中识字》、张惠芬的《张老师教汉字》等,也有专门为中级汉语水平学习者所编写的,如李大遂的《系统学汉字》;有的教材明确提出以"字本位"为教学理论,如张朋朋的《集中识字》系列教材;有的教材专门配有练习册,如《系统学汉字》和《汉字突破》。总的说来,对外汉字教材得到了飞速发展,其教学理论、内容形式、教学方法、练习方法都有了较大的突破,但是对于对外汉字教材的评估方面的研究还很少见。下面简单做一些梳理,以期给感兴趣者提供一些参考。

肖奚强(1994)论证了在目前的对外汉语教学体系中,汉字教学尚未受到应有的重视,阐述了怎么在现有教材的基础上教学汉字,从汉字教学的重要性的角度提出了要编写相对独立的对外汉字教材,认为教材应该把教授汉字知识与培养学生实际书写技能结合起来。

张静贤(1998)分析了各种综合教材中的汉字教学的内容,并且详细地从字量的确定和字种的选择、编写的原则和方法、教材的结构内容三大方面阐述了对编写汉字教材的看法。

卢小宁(2001)介绍了目前对外汉语教学汉字教材的情况,对现存汉字教材的利弊进行了分析,并在此基础上对新型汉字教材的编写原则、内容方面提出了设想。认为汉字教材的内容应该以汉字的形体为宗,要把汉字归入系统链内,要强调部件教学、强调训练学习者对汉字表达的正确。认为汉字教材的编写应遵循有理性、趣味性、符合学习者、媒介的多元化原则等。

柳燕梅(2002)论证了识记的重要性和影响识记的因素,从汉字的识记方面论述了汉字教材在内容的选取上应该遵循有理性原则、趣味性原则、明确性原则和练习的丰富性和循环性原则,在教材的具体编写操作中应该注意系统化原则、分散性原则、类化原则和循序渐进原则。

以上学者较多的是对汉字教材的印象性评价,或是对现有汉字教材编写的建议等。

姜安(2007)、于娜(2011)、胡炳立(2013)针对汉字教材进行了评估研究,姜安(2007)建构了汉字教材评估指标体系。

姜安(2007)对目前通行的 9 部对外汉字教材进行了对比分析,分别是《外国人汉字速成》(周健,华语教学出版社,1996)、《汉字速成课本》(柳燕梅,北京语言文化大学出版社,1996)、《张老师教汉字》(张惠芬,北京语言文化大学出版社2005)、《常用汉字图解》(谢光辉,北京大学出版社,1997)、《汉字津梁》(施正宇,北京大学出版社,1998)、《集中识字》(识字篇)(张朋朋,华语教学出版社,2002)、《系统学汉字》(中级本)(李大遂,华语教学出版社,2005)、《汉字突破》(含练习本)(周健,北京大学出版社,2005),论文从教学对象、教学用字字量、教学内容安排、练习 4 项为参照项目,对以上教材进行列表分析,比较了它们的异同。并对留学生进行了问卷调查,研究了他们对汉字教材的需求以及对教材内容和教学方法等方面的期望。在对这些对外汉字教材以及调查问卷分析的基础上,初步设立了对外汉字教材评价体系的五大纬度(一级指标)和相对应的二级指标。

姜安(2007)设立的对外汉字教材评价体系的一级指标分别是前期准备、汉字知识教学、汉字教学方法、教学材料、印编质量、其他。相对应的二级指标分别是:(1)前期准备(教学对象、教学目标、字量、字种);(2)汉字知识教学(笔画、笔顺、独体字、部件、合体字、其他);(3)汉字教学方法(字理识字法、类推法、比较法、其他的方法);(4)教学材料(总生字和生词表汉字与汉语的关系、图画、注音、外文释义、练习);(5)印编质量(装帧设计、印刷质量);(6)其他(教学用字字形、汉字与汉语的关系、整体结构)。这些二级指标还不符合操作性原则。所以,论文又在二级指标的基础上进一步分解出可以操作的三级指标。例如,在“教学对象”这个指标下用“教学对象有针对性”和“对教学对象的需求有了解”这两个指标来评价。再如,“字量”这个二级指标用“符合学习对象的需要”这个三级指标来评价。

吕必松(1996)曾对汉字教学作出系统的概括:“汉字教学要贯彻从笔画少的字到笔画多的字和从独体字到合体字的原则;要多作部件的分析和组合练习;要尽可能地解释字义并适当介绍形音义结合的特点,充分利用象形、形声、会意等造字方法帮助学生理解和记忆汉字,对区别性小的字要作对比练习。汉字教学必须跟词语教学相结合”。姜安(2007)设计的对外汉字初级教材评价指标体系基本上符合了吕必松先生提出的要求。

　　郝程(2017)选取《汉字速成课本》《张老师教汉语》《新编汉字津梁》三本独立的对外汉语汉字教材进行研究分析,对对外汉语中汉字教材的编写进行说明,并为后续的教材编写提出相应的建议。

　　首先,对教材中的知识点排列进行评估,文章认为三本教材中的基础知识都符合由浅入深、由易到难的原则。但是,《张老师教汉字》和《新编汉字津梁》两本教材都涉及简繁字的内容,文章鉴于繁体字在对外汉语的教学中主要起到推动理解的作用,这一部分不属于必有的内容。在笔画数量上,三本教材的前100个生字都是较简单的,几乎很少或者不出现10画以上的汉字,汉字的选择是大纲中较为简单的甲级字,这符合初学者汉字水平掌握程度低的状况。该文对于该编写方式是持肯定态度的。

　　通过对三本教材的对比,郝程(2017)给出了对外汉语汉字教材的编写建议。首先,编写者应该对《大纲》进行深入考察研究,认真编写独立的汉字教材。根据学习者的水平,进行有区别地教材编写,例如,对于初学者就要编写以《大纲》中甲级字为主的教材,编写原则上由易到难,笔画数由少到多。其次,编写时应具有国别性的意识,按照不同国家的学生特点编写有针对性的教材。最后,在汉字排序上,《汉字速成课本》中的汉字大致按照象形、指示、会意、形声的顺序排列;《张老师教汉字》中是按照部首进行排列。作者认为可以采用笔画由少到多或部首笔画由少到多来进行排序,以减少教学和学习中的阻碍。

　　以上是关于不同技能汉语教材的评估研究的简单梳理,总体来看,主要停留在微观层次,例如,精读教材和听力教材主要集中于总体框架设计、生词注释与生词量、课文长度以及语法点的出现、练习的设置等;口语教材主要集中于话题、语料的选择;汉字教材主要集中于教材知识点的排列顺序等。不同语言技能的教材对应的教学目标也不同,对教材的评估标准也应是不同的。如何构建科学的、可操作性强的不同语言技能教材的评价系统,仍是目前需要解决的重要课题。

　　教材是连接教与学的桥梁,是教师施教、学生受教的主要工具。在第二语言教学中,教材所起的作用尤为重要,因为它既是学习语言的媒介,又是为学习者提供语言输入的重要渠道。

　　我国对外汉语教材建设随着对外汉语教学事业的蓬勃发展而发展,尤其是近20年来,对外汉语教材无论是在数量上还是在质量上都取得了不小的进步。但教材编写在很多方面还存在问题,"原因之一就是缺乏一套完整的、科学的、便于操作的对外汉语教材评估系统"(赵金铭,1998)。

　　王胜利、赵勇(2006)指出,由于传统的教材评估本身存在太多的主观性,个人经验判断和定性分析的东西太多,定量的指标过少,所以,评估结果中的"失真"现象也就在所难免。Richards(2001)曾经分析了教材评估中定性分析和定量分析各自的特点并指出,在语言课程评估中定量分析和定性分析都是必要的,两者互补且使用目的不同。因此,如何使教材评估工作更加客观可信,如何增加评估中的量化标准且使之更具可操作性,便成为目前教材评估的一项新挑战。

　　王胜利、赵勇(2006)认为,电脑技术和语料库的介入是一条可能的出路。随着电脑软硬件的发展,现在的语料库建库已经相当容易,通过把整套教材建成一个语料库并对之进行分析,可以轻松得到关于整套教材的一些重要数据,如教材涵盖的词汇量、生词的复现次数甚至与大纲的参照等。总之,对教材评估进行进一步全面的定性、定量分析,将是教材评估领域一项开创性的尝试。

　　语料库语言学和语料库技术的发展日益革新,对语言教学的课程设计、教材编写与课堂教学均带来广泛影响。①语料库证据指将大型语料库里真实语料的使用频率、常用搭配、前后语境等语言特征提取出来,为教材编写提供资源,指导教学中的语言选取、内容选编等。②

　　周小兵等(2017)关于国际汉语教材语料库的建设及应用为教材编写指南的研制、教材评估与难度测定等提供了可能。中山大学国际汉语教材研发与培训基地广泛地收集国际汉语教材,形成国际汉语教材语料库,通过统计和分析单字、词汇、语法点、文化点出现的频率,并结合国际汉语教学专家组的意见,教材基地于 2012 年研制出《国际汉语分级字表》《国际汉语分级词汇表》《国际汉语分级语法点表》和《国际汉语分类文化项目表》,并将其作为教材编写的指南,真正体现了教材语料库建设"从教材中来,到教材中去"。国际汉语教材语料库为教材评估与难度测定提供了研究语料,依托语料库可以评估和测定教材中的词汇、成语、练习、文化项目等内容,并已经取得了不少研究成果。

　　周小兵等(2017)认为,国内教材语料库发展的必然趋势是,依托现有教材库,编制出国际汉语教学各类大纲的参考依据,并形成教材编写的资源,通过从人工评定教材到机器自动评定的研发,构建出一套较完整的人—机评估模型基础,更好地应用于教学、服务于教学。

---

　　①　何安平:《语料库的"教学加工"发展综述》,《中国外语》2010 年第 4 期,第 47-52 页。
　　②　郭曙纶、杨晓惠、曹晓玉:《另类中介语初探》,肖奚强、张旺熹主编《首届汉语中介语料库建设与应用国际学术讨论会论文选集》,世界图书出版公司 2011 年版。

经过学界同行的多角度探讨和努力,一旦建立了一个科学的教材评估体系,尤其是一个客观的、可以量化的评估体系,就拥有了一个衡量的尺度,不仅可以淘汰粗制滥造的教材,而且有利于介绍和推广好的教材。可见,建立一个教材评估体系并不断加以完善,使之走向科学化,这对对外汉语教学和汉语国际推广都将具有非常重要的作用和深远的意义。

第五章　对外汉语教材的设计与编写

教材是体现教学内容和教学要求的知识载体,是进行教学的基本工具,也是提高教学质量的重要保证。古人说得好:"工欲善其事,必先利其器。"要搞好对外汉语教学、教好留学生汉语,设计、编写出好的对外汉语教材是必不可少的条件之一。

第一节　对外汉语教材的编写原则

一、关于对外汉语教材编写原则的研究

教材建设在学科建设和教学实践中占有举足轻重的地位。一门课程开设得成功与否,很大程度上取决于所用的教材,教材直接影响教学的质量和效率。因此,教材编写和建设历来受到各学科的高度重视,而有关教材编写的原则更是受到国内对外汉语教学界专家学者的关注。下面介绍几种有代表性的观点:

1. 赵贤洲提出的"四性原则"

赵贤洲(1988)在他执笔的《建国以来对外汉语教材研究报告》中,提出教材编写的"四性原则",即针对性、实践性、趣味性、科学性。

所谓针对性,就是要求注意学习对象的自然条件、学习目的、学习时限;所谓实践性,即要求教材内容要与教学对象的需要相适应,把握语言技能,只有通过实践才能真正掌握的特点;所谓趣味性,即要求考虑语言材料的实用价值,要适应学习者的心理特点,语言材料的风格要多样化;所谓科学性,就是要体现语言规律的系统性和语言知识的准确性。

2. 吕必松提出的六条原则

吕必松(1993)在他的《对外汉语教学概论(讲义)》(续五)中,提出了各种类型的教材普遍适用的六条原则,即实用性原则、交际性原则、知识性原则、趣味性原则、科学性原则、针对性原则。

实用性原则指教学内容和教学方法的实用性;交际性原则主要指教学内容

的选择和语言材料的组织要有利于交际能力的培养;知识性原则指教学内容中要有包含学生感兴趣的新知识;趣味性原则则要求教材内容和形式生动有趣;科学性原则就是语言要规范、解释要科学、内容的组织要符合语言规律和语言学习规律等;针对性原则就是要明确所编教材适用于哪一种教学类型、哪一种课型、哪一种教学对象等。

3. 束定芳提出的"六性原则"

束定芳等(1996)在《现代外语教学》一书中,认为教材编写除了要遵循外语教学的一般原则外,还应该遵守以下六个具体原则:

(1) 真实性原则。语言材料要真实地道,能反映目的语社团的真实语言使用情况;

(2) 循序渐进原则。即遵循从易到难、从旧到新的原则;

(3) 趣味性原则。语言材料要有趣味,让学生在轻松愉快的气氛中获得知识;

(4) 多样性原则。语言材料要选择各种不同题材、体裁和语域的文章;

(5) 现代性原则。语言材料要贴近现实生活,让学生学习现代语言;

(6) 实用性原则。教材编写要与培养目标密切配合,适应社会和使用者的需求。

4. 刘珣提出的"五性原则"

刘珣(2000)在《对外汉语教育学引论》一书中,结合教材的特点,把教材编写和选用的原则概括为"五性",即针对性、实用性、科学性、趣味性和系统性。

(1) 针对性。教材要适合使用对象的特点,不同的母语、母语文化背景与目的语、目的语文化对比所确定的教学重点不同,使用对象的不同还表现在:①学习者的年龄、民族、文化程度特点;②学习者学习目的的不同;③学习者学习的起点不同;④学习时限的不同。

(2) 实用性。第二语言教材不同于语言学教材,主要用于培养语言技能和能力;语言知识要通过教学转化为技能,是为培养能力服务的。只有实用的教材才能激发学习者学习的积极性。实用性主要体现在:①教材内容要从学习者的需要出发,是学习者进行交际活动所必需的,是在生活中能马上应用的,也是学习者急于要掌握的;②语言材料必须来源于生活、来源于现实,要有真实性;③要有利于贯彻精讲多练的原则。既要提供必要的理论知识,更要提供大量的、充分的练习;④要有利于开展交际活动,使教学过程交际化。

(3) 科学性。针对性、实用性以及后面谈到的趣味性、系统性也都属于科学性的范围。这里所谓的科学性主要强调以下五点：①要教规范、通用的语言；②教学内容的选择要尽可能地参照已公布的等级标准和大纲；③教材内容的组织要符合语言教学的规律；④对语言现象（语音、词汇、语法、语义、语用等）的解释要注意准确性，避免造成对学习者的误导；⑤教材内容要反映出学科理论研究的新水平，及时更换陈旧内容；另一方面，语言研究的新成果进入教材，又要持慎重态度。

（4）趣味性。教材内容和形式生动有趣，能吸引学习者，使学习者产生学习兴趣和动力，让相对说来比较枯燥的语言学习过程变得轻松愉快。如何体现教材的趣味性呢？刘珣（2000）指出：①教材的趣味性与教材的实用性、交际性紧密相关；②教材内容要反映现实，是学习者所关注的话题。像恋爱、婚姻、家庭、妇女、教育、犯罪、环境保护、老龄化社会、最新科技等话题都是年轻人所关心的，学习者都有自己的看法想要表达。到了中高级阶段愿意在一起讨论，特别是用目的语表达，会有更大的兴趣；③教材内容要逐步加大文化内涵，多方面介绍目的语文化；④多样化是形成趣味性的重要因素。在语言教学需要的前提下，特别是在中高年级，除了题材多样化外，应注意体裁和语音风格的多样化。还要提供丰富多彩的练习方式，如游戏、对话、扮演角色、演剧等。此外，教材版式设计活泼醒目，装帧美观大方，插图生动风趣等，也是使学习者对教材产生兴趣的重要因素。

（5）系统性。教材系统性涉及很多方面。首先是指教材内容在基本知识介绍和技能训练方面，也就是语音、词汇、语法、汉字等语言要素和听、说、读、写言语技能的安排方面，要平衡协调，有一定的章法。其次，学生用书、教师手册、练习本、单元试题各部分要分工合理，相互呼应。在纵的方面，初级、中级、高级不同阶段教材要衔接；在横的方面，综合技能课与听、说、读、写专项技能课教材要配合。还要考虑图片、幻灯、声、像、电脑辅助教材的提供，从而形成系列的、立体的教材体系。

5. 李泉提出的十项基本原则

李泉（2005）在《第二语言教材编写的通用原则》一文中，在分析、综合前人研究的基础上，提出了对外汉语教材编写的十项基本原则，对已有的研究作了补充和拓展。下面择要介绍一下李泉的对外汉语教材编写的十项基本原则。

（1）定向原则。所谓定向，就是要确定所编教材的基本走向。包括确定所编教材的性质——定性、找准所编教材的位置——定位以及规定所编教材的容量——定量。

　　（2）目标原则。即根据对教学对象的需求分析,参照教学大纲和课程大纲等规定的教学目标和课程目标,以及教学环境和学时、学制等多种因素,来研究和制定教材的预期目标,并对学完本教材所应达到的语言能力的具体表现以及语言知识、文化知识的具体范围作出尽可能详细的表述。

　　（3）特色原则。即要求教材设计和编写从理论到实践、从体例编创到各环节的组织和安排,都要考虑所编教材与以往同类教材的不同之处,并且这些不同之处应该是符合第二语言教学规律和学习规律的创新之处。编写一部教材,如果在教材设计中就没有新意和特色,那就失去了编写的意义,因为太多的雷同和重复,就没有多大的编写价值。

　　特色和创新应该是一部教材的生命和价值所在,但是也要避免为了特色而特色,或者自认为是特色就是特色两种观念和做法。真正的特色和新意,必须要有新的理论和观念来支撑,更要经得起实践的检验。

　　（4）认知原则。即要求教材设计和编写的过程中,要尽可能地考虑教学对象在语言习得过程中的认知因素。主要包括分析教学对象识别语法结构和语法功能的能力、对语言现象的归纳概括能力、对语言材料的记忆能力等语言学能因素;了解教学对象为发展语言交际能力以及解决学习中遇到的问题而采取的各种方法、途径、技巧和调节措施等学习策略;把握教学对象为顺利进行语言交际活动而有意识地采取的回避、简化、目的语中夹杂母语等各种交际策略。

　　了解学习者的认知因素,不仅对教学原则和方法的选择和制定有益,对教材编写同样有重要的参考价值。学能因素、认知方式等是可以利用和改造的,学习策略和交际策略是可以训练和培养的,并且不同的学习者所采取的学习策略和交际策略有很大的一致性和规律性,这些都为教材编写更加靠近学习主体的习得过程提供可能。所以,分析和了解学习者的认知因素,并加以合理地引导和利用,应该是教材设计和编写的一项基本要求和努力方向。

　　（5）时代原则。即要求教材在设计和编写的过程中,所依据的教学理论、所采取的教学方法、所拟订的编排体例,以及教材目标的设定、课文的编写和知识的解说、现代化教学手段的利用等,都应体现学科研究和教材编写研究的新成果,体现时代发展的水平和需要。这是一种理想化的要求,现有的教材在这方面做得很不够,在吸收本体研究成果方面比较欠缺。如语法注释内容陈旧、不少教材体例模式雷同、内容远离当代社会现实、现代技术和手段利用不够等。要尽可能地吸收并体现学科理论研究、目的语本体研究、教材编写研究的新成果,这样才可能编写出有时代特点并能适应时代发展需要的新教材来。以《尔雅中文·

初级汉语综合教程(下)》(魏新红主编,北京语言大学出版社)为例,教材依据"结构、功能、文化相结合"的编写理念,其编排体例、选取语料及场景等都体现了时代发展的水平。教材第 26 课"自动取款机比银行方便"设置的交际场景,就符合与时俱进的时代原则。

(6)语体原则。即要求教材设计和编写过程中要充分考虑语体因素。教材中教什么样的语体要明确,编写或选择的课文语体特征要典型,语汇、语法等语言材料和表达方式的语体属性的体现要充分。第二语言教学的根本目的就是让学习者掌握目的语各种语体的特点和使用规律,也就是让学习者学会根据不同的交际内容、交际目的、交际对象和交际场合来选择恰当的语言材料和表达方式。得体是语言交际的最佳状态,也应该是教材编写努力追求的理想境界。因此,教材的设计和编写要精心策划教材的语体问题,包括口语语体和书面语语体大类的确定和具体语域风格的选定,以及语体知识的介绍、语体风格的识别、语体转换的训练等。

现有的对外汉语教材总体上说对语体的重要性认识不足,语体特征体现不明显,至多只是从大类上区别出口语和书面语。而口语往往以规范的、典雅的口头交际形式居多,书面语则以文学语体居多,其中,基础汉语教材多以既可用于口头表达又可用于书面表达的所谓中性语体居多。事实上,口语语体内部的谈话语体、论辩语体、演讲语体以及书面语体内部的公文语体、政论语体、文学语体、科技语体,在语言材料和表达方式等语体特征方面仍存在着很大的差别。因此,要增强教材编写的语体意识。

(7)文化原则。即要求教材设计和编写过程中要增强目的语文化教学的意识,要处理好目的语文化和学习者母语文化之间的关系。

要在教材编写中融入目的语文化也许并不难,难的是融入什么样的文化内涵和如何融入。编写任何一种第二语言或外语教材,都无法也不应该回避如何处理文化因素和文化内涵的问题,这是第二语言教学的性质和目的所决定的。因此,教材的设计和编写应恰当地选择和安排文化点,这些文化点一般应是目的语的主流文化、现代文化、跟目的语交际密切相关的文化、跟学习者母语文化有差别的文化。

教材中对待不同文化的态度应该是尊重和平等、包容和多元、沟通和理解、求大同存小异、抓主流不猎奇、要求了解不强求认同。教材中文化教学的基本目标是培养学习者跨文化交际的意识,增强学习者识别目的语文化点的能力,提升学习者在跨文化交际的具体情景中处理文化差异的能力。

（8）趣味原则。趣味性原则要求教材设计和编写过程中要尽最大可能地增强教材的趣味性,想方设法让学习者感到教材的内容既有趣又有用,教材的形式既赏心悦目又方便实用。

教材的内容包括课文、词汇、语法、注释、翻译、练习等;教材的形式是指教材的封面设计、体例篇幅、字体字号、插图照片、装帧用纸、印刷效果等。一部好的第二语言教材、一部优秀的外语教科书,应该具有不断唤起学习者的学习热情、不断激发学习者学习兴趣的功能。相反,不重视教材的趣味性或教材的趣味性不强,即使在其他方面做得很好,也不能发挥教材的应有作用。事实上,趣味性的作用往往是不可替代的,趣味性是绝大多数学习者评价教材优劣的首选标准。

趣味首先是对学习者而言的,而不是对教汉语的中国教师而言的;教材是否有趣,归根结底应由学习者来裁决,而不应由教师来裁决。这一点似乎是不言而喻的,但实际上并不完全如此。就对外汉语教学实践来看,许多情况下教师苦心经营出来的趣味性在外国学习者那里并不觉得有趣,有的还让他们觉得可笑,这是很值得我们深思的。如果学习者对教材的内容和形式都产生不起兴趣来,学习效果就会大大地降低。这就要求第二语言教材设计和编写过程中,要充分调查和研究教材使用者(学生)的兴趣点,全面把握不同国别及文化传统、不同动机及个性心理的学习者的兴趣取向,并满足其合理的兴趣需求。

（9）实用原则。实用原则要求教材设计和编写过程中要充分考虑到教材的实际应用价值,课文内容的取向、词汇语法的选择、练习的内容和方式、情景设置和功能项目的安排等,都要有利于教材总体目标的实现,有利于满足学习者当前学习和生活的实际需要,有利于满足学习者未来对目的语使用的目的和方式的需要。总之,要求所编写或所选择的教材要让学习者感到有用。

（10）立体原则。即要求教材编写向立体化方向发展。现代社会的第二语言教学,已经并进一步向着充分利用现代科技手段和教育手段的方向发展。教材的设计和编写不仅包括教科书的设计和编写,还应包括练习册、教师用书、课外读物、挂图、录音带、录像带、光盘等的编写和制作。现代编写的教材除了纸质教材外,还有录音带、录像带、CD、光盘、多媒体等利用现代化教学手段的教材。

教材立体化的优势是便于教师灵活多样地组织课堂教学活动和课外学习活动,更好地把课内和课外学习联系起来;便于学习者通过多种媒介和方式来学习目的语,更好地满足不同学习风格的学习者的需求。概括地说,教材立体化为教学立体化和学习立体化提供了便利,可以较好地把文字材料和音像材料配合起来,把课上学习和课下学习联系起来,把视觉和听觉调动起来,把场景情景和交际功能引入进来,使学习者"走脑"(阅读)、"上眼"(观看)、"动耳"(倾听)、"张口"(交流)、"出手"(参与),使教师摆脱相对单纯和枯燥的教学方式,从而更有效地发挥学习者的学习潜能,更好地发挥教师的教学潜能。

二、对外汉语教材设计与编写的基本原则

以上介绍了教材编写原则的几种主要观点,应该说各家提到的原则都是值得我们重视的,都应该成为教材设计和编写所要遵循的基本要求和基本原则,因为我们都知道教材设计和编写过程中应遵循的原则应该是多角度、多层面的。随着学科的发展和教育理念的更新,对教材编写的基本原则也要作进一步的研究和探讨,使其更加切合设计和编写的实际。

当然,一本教材不可能涵盖所有的原则,教材编写的原则总有主次之分。下面就其中四条最重要的基本原则进行分析。

(一)针对性原则

关于针对性原则,赵贤洲、吕必松、刘珣都谈到了,但侧重点有所不同,赵贤洲主要是从学习对象的角度出发,强调教材编写时要注意学习对象的自然条件、学习目的、学习时限;吕必松认为不仅要注意是给哪一种教学对象,而且还要明确所编教材适用于哪一种教学类型、哪一种课型。刘珣同样认为教材要适合使用对象的特点。也就是说,不同母语、母语文化背景与目的语、目的语文化对比所确定的教学重点不同,这一点必须在教材编写中得到重视并加以体现。刘珣从学习者的年龄、民族、文化程度不同、学习者学习目的的不同、学习者学习的起点不同、学习时限的不同四个方面把教材使用对象的特点进行了细化。李泉(2005)所谓定向原则及目标原则其实跟针对性原则有异曲同工之处。

教材的针对性越来越受到学界同行的重视,并在教材编写过程中加以体现。例如,国家汉办规划教材《当代中文》(吴中伟主编,华语教学出版社,2003)的针对性体现在教材的方方面面。《当代中文》面向以英语为母语或媒介语的汉语学习者。目前正在加拿大、美国、澳大利亚、新西兰的一些大学使用。由于主要在国外使用,因此没有中文前言或编写说明,而是简单地用英文写的"To Learning";在对国外大学实地考察的基础上,充分考虑国外汉语教学环境的特点,教学容量富有弹性,教材课文容量适中,第一册 8 课,第二册 12 课。

《走向中国》(石慧敏、金子真也编著,北京大学出版社出版,2006)是一本汉语口语教材,明确定位是适用于在日本大学学过一段时间汉语、具有 300 个以上词汇量的学生使用,选取的内容都是一个日本大学生从日本到中国留学生活中

必需而又感兴趣的话题。

我们认为针对性原则还体现在教材的国别化上。下面以面向法国人的《汉语入门》为例，来探讨一下汉语作为外语环境下的教材编写的针对性问题。

《汉语入门》（俗称"好好学习，将来过好日子"）（Isabelle Rabut，吴勇毅等编写，2003）是中国国家汉办采用中外合作方式在国外编写出版的第一部汉语教材，目前是法国的主力教材之一。在法国最大的汉语教学单位国立东方语言文化学院，每年约有 600 名一年级的学生使用该教材。

这本教材的针对性体现在它是为法国大学汉语专业的学生量身定做的，适应法国的教育体制和大学汉语教学的课程设置及教学安排；预设的教学对象是大学中文专业一年级学生，学习时间为一学年（26—27 周），其模块组合式的结构以法国国立东方语言文化学院的课程设置为蓝本。

在教材设计和编写时，《汉语入门》并未依照技能和知识的不同分别编成听力书、口语书、语法书等，而是综合性的一本。如果教学单位是不分课型的，可以作为一门各种技能同时训练的综合课教材来使用；如果教学单位是分课型/分学分的，教材可以拆开来按不同的学分性质（如听、说、读、写、语法、汉字）进行授课。这样做适合法国的国情和课程设置。这种可分可合模块组合式的综合性教材的编写方式是一种针对性较强，尤其是适合汉语作为外语教学的教材编写模式。

另外，《汉语入门》重视汉字教学，彰显法国汉语教学的特点与传统，尤其强调字组字（字作为部件组成其他字）的能力和字组词语的能力，以及字义的联想作用。教材从 56 个基本汉字起步，在每一课里，把某个字与本课其他字或以前学过的字的组合都标写出来供学生复习、"把玩"和拓展，其组合量之大为其他教材少有，教材还配有足量的不同形式的汉字练习。

为了达到识字和写字的不同要求（识大于写）并降低学习难度，教材首次区分了"积极/主动字"和"消极/被动字"，并采用拼音先行、汉字滞后的做法。要求识写的字用一般的黑色印刷，只要求识、不要求写的字则用灰色标出，比如"**葡萄酒、豆腐、奶酪、解释、卢浮宫**"等（标灰色的字是动态的，有些开始是灰色，只要求识，但到了一定的阶段则要求会写，比如巴黎的"黎"，在第一课就出现了，但标成灰色，到了第六课才要求写）。

(二) 实用性原则

关于实用性原则，吕必松、束定芳、刘珣、李泉都提到了，吕必松是从教学内容和教学方法这个角度来强调教材的实用性的，而且把它放在了首要地位。束定芳所谓的实用性则是指教材编写要与培养目标密切配合,适应社会和使用者的需求。刘珣从教材内容要从学习者的需要出发、语言材料必须来源于生活、来源于现实,要有真实性、要有利于贯彻精讲多练的原则、要有利于开展交际活动这四个方面阐述了实用性。概括起来就是教材内容要实用,要为培养语言技能和能力服务。

李泉从学习者是否感觉学了有用、课堂教学是否有较强的可操作性、语言要素的筛选是否有具体的目标和实际效用、内容编排是否遵循由易到难等基本原则等四个方面阐述了教材的实用性要求。可见,实用性是衡量一部教材是否优秀的重要原则。

《当代中文》的编写充分体现了实用性,教材前面是语音知识部分,不出现汉字,但有实用的、拼音的对话课文;第一课的课文都有拼音、汉字(简体、繁体)、英文,汉字上都标有声调,非常方便实用;体现了"会话—语音—汉字三线并进,逐步汇合,以语音教学为主线"的入门教学框架。语法点说明简洁明了,以举例为主;从使用者的角度出发,两册中最基本的语法点都出现了,如:是字句、有字句、"了"、"是……的"、"比"、"过"、结果补语、可能补语、"把"字句、"被"字句等。学生能学了就用。《当代中文》包括《课本》1—4 册,《教师手册》1—4 册,《汉字本》1—2 册,《练习册》1—4 册,配有 CD、CD-ROM 和录像带。《教师手册》力求详尽,如重点提示、难点解释、背景说明、练习答案、试卷、教案等,应有尽有。

《走向中国》针对日本大学生学了汉语以后练习机会少、开口难的问题,十分注重功能,讲究简单、实用,注重常用词汇、重点句型的重现率。课文共有 20 课,从"在飞机上"到"送别",可以说是一个相对完整的学习过程,为他们在中国,尤其是在上海的学习、生活、交友、购物、旅行等提供方便,目的就是要使他们能尽快开口表达,从而增强学好汉语的自信心。

除了基本的会话外,编者在调查研究的基础上,还设计编写了日本学习者经常会遇到的场景,补充了"情景会话",如"去银行开户""电话订座""坐公交车""买衣服""去演唱会""买火车票"等,对话内容力求简洁实用。

《风光汉语·初级读写》(方绪军主编,北京大学出版社,2008)在实用性方面做得不错。话题涉及问候、介绍、时间、天气、日常生活、学习、习惯、爱好、旅游、用餐、计划、娱乐、请假、看病等,贴近留学生的生活。活动场所有学校、宿舍、家庭、商店、餐厅、宾馆、运动场、银行、电影院、景点、车上、飞机上等。这些话题和场景非常贴近留学生的实际生活,对于刚来中国而且对一切都还很陌生的外国学生来说,都是非常感兴趣且迫切需要的。

（三）趣味性原则

关于趣味性原则，赵贤洲、吕必松、束定芳、刘珣、李泉无一例外地都谈到了，并且都把它放在一定的地位。"教材内容和形式生动有趣"是大家的共识，赵贤洲还特别强调："要考虑语言材料的实用价值，要适应学习者的心理特点，语言材料的风格要多样化"；除了强调教材内容要实用、要反映现实、要多样化以外，刘珣认为要使教材有趣味性，"教材内容要逐步加大文化内涵，多方面地介绍目的语文化"。因为学习者一般对汉文化以及中国社会很感兴趣，这种兴趣可能成为他们学习汉语的动力。特别是中高级语言教材如能有丰富的文化含量，本身就体现了浓厚的趣味性。刘珣指出："教材版式设计活泼醒目、装帧美观大方、插图生动风趣等，也是使学习者对教材产生兴趣的重要因素。"李泉（2002）指出："教材要有趣味性是对编写各级各类教材的普遍要求，增强教材的趣味性，符合认知心理学和教育心理学的一般规律。兴趣是注意的内在动力，有兴趣、兴趣强烈，便会对认识某种事物或从事某种活动产生积极的选择倾向和情绪反映。就教材编写来说，增强和创造教材的趣味性，可以起到保护和调动学习者学习积极性、维持和强化学习者学习动机的重要作用。因此，一部好的第二语言教材、一部优秀的外语教科书，应该具有不断唤起学习者的学习热情、不断激发学习者学习兴趣的功能。事实上，趣味性的作用往往是不可替代的；趣味性是绝大多数学习者评价教材优劣的首选标准。"

趣味性体现在教材内容和形式的各个方面，尤以内容为主。例如，《桥梁——实用汉语中级教程》（上、下）（陈灼主编，北京语言文化大学出版社，2000年）是中级汉语主干教材，适合掌握2 500个词汇的学生使用。围绕教育、婚恋、经济、法律、科技等不同题材进行编排，课文的时代感强，练习丰富，课后设计了"语言游戏"部分。例如，第十六课的主课文是"地球的主人"；副课文有：（一）阅读课文"人虎官司"；（二）会话课文"动物明星"；（三）听力课文"武松打虎"；练习中还设计了"语言游戏"部分。

《当代中文》的编写也充分体现了趣味性，教材每课中都插入真实的照片或图片；每册最后有两首中文歌，有五线谱和注音的歌词，还加上了英文翻译。

《起步——实用汉语口语入门》（石慧敏编著，上海外语教育出版社，2003年）针对来华的外国初、高中学生编写，强调实用性，针对课文中的重点词语举一反三，让学习者在会话实践和课后操练中领会并掌握词义及用法，注重语言实践和课内课外相结合的原则。由于面向中学生，所以，每课练习后都配有一则趣味读物。

教材内容的趣味性确实很重要，但版面设计是否生动有趣、插图是否丰富、色彩是否协调等形式要素也不容小视。《游学中国》(石慧敏编著,人民教育出版社,2009)在这方面是比较用心的。

形式的趣味性在少儿教材中尤为突出,也更加受到关注。马亚敏主编的《轻松学汉语(少儿版)》(三联书店(香港)有限公司,2011)版面活泼、插图丰富、字号大,特别适合儿童学习。

（四）文化性原则

文化性原则在教材编写过程中都会涉及,尤其是在国别教材中更应突出这一点,要处理好目的语文化和学习者母语文化之间的关系,有针对性地在教材中进行文化差异对比,使学习者了解两国语言及文化的差异,避免因为文化差异而造成的交际障碍,真正达到培养学习者跨文化的语言交际能力的目的。

在前文提到的《尔雅中文·初级汉语综合教程(下)》中,"文化点滴"板块充分体现了文化性原则。既有饮食、旅游方面,又有风俗习惯等内容。这些文化板块不仅为整套教材增添了趣味性,还对国际学生的跨文化交际意识和能力的培养有帮助。例如,第 17 课"食堂怎么样"谈论的话题是食堂,介绍的则是中国的面食文化,相得益彰。

当然,在教材中融入什么文化是一个值得研究和探讨的问题,必须考虑针对性,即教材所面向的学习者的国别、语言水平的等级等因素。比如,编写面向韩国学习者的中高级教材时,可在语法解释或练习中适当融入中韩成语的对比。由于受中国语言文化的影响,韩语中有很多来自汉语的成语,其中,既有同形同义的,也有异形同义的,还有同形异义的,非常容易引起误解,进行适当的对比,可以引起学习者的注意。

随着中国语言文化的传播,汉语中的一些成语从意义到形式完整地被韩语借去,成为韩语成语中非常具有中国特色的部分,形成了同形同义的中韩成语。如百发百中、画龙点睛、朝三暮四、自暴自弃、锦上添花、千辛万苦、一目了然、大同小异、好事多磨、卧薪尝胆、温故知新等。

也有异形同义的中韩成语,这些成语的意思基本上一致,只不过有结构上的区别。结构上的区别大致可以分为三类:(1)四个字的中国成语与减少字数的韩国成语的同义。例如,汉语中的"决一雌雄""自相矛盾"在韩语中变为"对决""矛盾";(2)汉字相同,字数也一样,但韩中次序排列不同的同义成语。例如,汉语中的"寡不敌众""弄假成真"在韩语中分别为"众寡不敌""假弄成真";(3)韩中汉字局部不同或全部不同而意义相同的成语。例如,汉语中的"画饼充饥""一箭双雕"在韩语中分别为"画中之饼""一石二鸟"。

有些汉源成语形式上与汉语成语完全一样,但意义却并不相同。这就是中韩同形异义的成语。例如,"百尺竿头"在韩语中表示"就像站在百尺高的竿子顶端一样,比喻陷于困境,处于危殆不堪的情景。"正好与汉语的意思相反,表示"百尺高的竿子顶端,形容已达到很高的境界"。这个成语出自《景德传灯录》:"百尺竿头须进步,十方世界是全神",语后多接为"更进一步"、"复进一步",用以勉励人们不以已取得的成绩为满足,而更要求上进。可见,在教材中适当地进行一些有针对性的对比,既可以增强趣味性,在某种程度上还可以起到防患于未然的作用。

以上对针对性、实用性、趣味性和文化性原则进行了简单分析,当然,教材的科学性、系统性、多样性、立体性等也很重要,都应该在教材编写中认真地加以体现。

第二节　对外汉语教材的编写程序与实践

一、对外汉语教材的编写程序

要编写出一本好教材,编写前的各项准备工作显得尤为重要。所谓前期准备,包括思想上对教材重要性的认识以及各项资料的收集和研究。李泉(2005)指出:教材编写者首先要有"编教材不容易、编教材难"的思想准备。其次要充分认识到教材对学习者、对教师和整个教学过程的重大影响。的确,编写者只有充分认识到教材的重要性,才会在思想上、理论上做好充分的准备,才有可能编写出高质量的教材来。下面主要参考李泉(2005)①,结合一些实例从前期资料的准备、编写方案的制定等方面进行阐述和说明。

（一）教材编写的资料收集

着手编写教材前,必须收集相关的各种资料,同时也要对资料进行研究、分析和筛选。资料是教材编写不可缺少的基础。

1. 收集与拟编教材相关的研究文章

编写教材前,首先要搜集与拟编教材相关的理论研究的文章、对以往相关教材的评价文章、对教材的某一方面进行研究的文章,如研究教材的语言、语体、语法、文化、注释、选文、练习等。认真阅读和研究这些文章,从中可以获得极大的启发和丰富的营养,对提高教材编写者的理论水平,获得教材编写的间接经验和技巧无疑将大有好处。

---

①　李泉:《对外汉语教学理论思考》,教育科学出版社 2005 年版,第 212－216 页。

2. 收集与拟编教材同类的、具有代表性的教材

不仅要收集同类对外汉语教材,也可以收集一些国内外著名的第二语言教材,如英语教材。后要对所收集到的教材进行全面的分析和考察,包括教材的编写理论或理论倾向、编写意图和思路、教材目标及其措施、体例编排、课文语言和练习设计等。这样才能扬长避短,才有可能编写出有特色有创新的教材来。

3. 收集相关的各类大纲

大纲是教材编写的重要依据,只有在充分研究和利用这些大纲的基础上,才可能制定出符合拟编教材需要的可操作的教材编写大纲。我们要收集的大纲主要包括:(1)各种水平等级大纲,如《汉语水平考试等级标准与语法等级大纲》、《汉语水平词汇与汉字等级大纲》、《国际中文教育中文水平等级标准》;(2)各种课程教学大纲,如《高等学校外国留学生汉语言专业教学大纲》、《高等学校外国留学生汉语教学大纲》(长期进修)、《高等学校外国留学生汉语教学大纲》(短期强化);(3)各种语言教学大纲,如语法教学大纲、功能—意念教学大纲、任务型教学大纲等;(4)各种专项内容的教学大纲,如语法教学大纲、词汇教学大纲、汉字教学大纲、文化教学大纲等。如果是编写专项汉语教材,则还要搜集涉及专项活动方面的大纲,如旅游功能大纲、商务汉语教学大纲等。

4. 收集与拟编教材有关目的语的语料

选择目的语素材应注意话题、语体、体裁等的多样性,应注意更多地反映目的语社会现实、注意贴近学生的实际,注意语言的地道和规范。这样才有利于保证所选择的课文或作为课文底本的素材更符合教学大纲的要求,或者说更符合教材编写大纲的要求,有利于使课文语言生动化、生活化、趣味化。

需要强调的是,在从语料中选取编写内容时,应主要依据教学大纲来衡量和检验,应更多地考虑学习者的需要和好恶,并结合时代性、实用性等多方面因素来考察,而不是编写者的个人好恶。

(二)教材编写方案的制定

教材编写方案可以说是教材编写的"图纸"。制定教材编写方案是教材编写的关键性环节。教材编写者为教材编写所做的一切"精神准备"和"物质准备"都应该在教材编写方案中有所体现。一般来说,制定教材编写方案主要涉及以下六项工作。

1. 教学对象需求分析

所谓教学对象分析即为什么人编写教材。首先需要了解教材使用者的文化背景、学习目的,是一般性的提高语言能力还是有专业或职业倾向,是听说读写全

面要求还是有所侧重,侧重哪一个或几个方面? 其次需要了解教材使用者的学习时间,学到什么程度? 有无汉语基础,已到什么程度? 另外需要了解学习者的年龄、文化程度、性格特征、学习兴趣、学习动机,以及他们的学习习惯和认知风格等情况。

在综合分析上述诸多因素后,"教材编写者应着眼于满足教材使用对象中大多数学习者的共同需求,而不是每个学习者的个别需求"。(程晓堂,2002)

2. 明确教材编写目标

根据对教学对象的需求分析,结合各类教学大纲所确定的教学指导思想和教学目标,以及学习环境和学制、学时等多种因素,确定教材编写的总目标和具体目标。

总目标规定培养学习者哪些方面的语言能力,是听、说、读、写、译多种语言技能的全面培养,还是哪一两个方面的能力,预计达到何种程度;对目的语国的文化、国情或其他领域的知识掌握到何种程度,等等。具体目标是对总目标的细化和补充,规定语言能力应用的领域和范围,学完本教材学习者能够用目的语进行交流的内容和层次;有关的知识(如国情、文化、专业或行业)掌握到何种程度,并尽可能对有关能力和知识进行描述。明确教材编写的具体目标,并精心策划实现目标的各种途径和具体措施,应该是教材设计和编写的一项基本要求。

3. 研究教材的创新和特色

在教材编写设计的过程中,不仅要研究和思考在哪些方面要学习和借鉴以往教材编写的某些理念和成功做法,更要研究和思考拟编教材在哪些方面有创新,哪些方面有特色,哪些方面比之同类教材有改进、有进步。

比如,设计思想、编写原则有独到之处;采用了某种新的教学模式或新的教学大纲;在增强教材的针对性、科学性、趣味性或体现教材其他编写原则(如文化原则)等方面采取了更有效的措施;在体例设计、练习设计、课文编选、目的语文化体现等方面有不同于以往的做法等。

4. 确定教材编写原则

根据所掌握的教材编写理论,特别是有关教材编写的通用性原则,以及对有关教学大纲的分析和把握,结合拟编教材的编写目标和教材的创新设计,确定拟编教材的具体编写原则。这些编写原则是为实现教材目标而制定的有可操作性的具体要求或标准,如语料选择原则、词汇量及难易度的要求、练习的编排原则、课文语言的实用性要求等。

5. 设计教材的体例

这是教材设计必不可少的常规项目,也是教材编写方案中最具操作性的部分。教材的目标、编写原则、创新和特色等有关教材编写的各种构想,基本上都要通过练习来体现。设计教材的具体内容包括:设计教材的编写体例(由几个部分构成、具体是哪几个部分);设计教材的容量(篇幅字数、课数、每一课的生词量、注释量等);设计教材的规模(教材册数、是否含教师手册、学生练习册或其他配套材料);教材的学制学时(预计使用多长时间、每周多少学时);习题设计(题型的选择和编创、各类练习的比例安排)等。

6.制定具体的编写方案

前期整个工作基础要形成书面的教材编写方案,以供参与教材编写的人员在教材编写过程中使用。编写方案主要包括以下内容:首先是使用对象、教材目标、指导思想和编写原则、教材的特色追求、教材的体例设计、课文及练习的编写要求等等;其次,编写方案还会附带词汇表、语法表、功能项目表等若干个附件。最后是编写程序和时间表,包括编写者的具体分工、完成每项任务的要求和时间节点等。

二、对外汉语教材的编写实践

(一)《风光汉语·中级泛读》的设计与编写

以上简单地介绍了对外汉语教材编写的基本程序,其中包含前期的各种资料准备以及编写方案的制定。尽管不同类型、不同技能的教材各有其特点,但基本的编写程序大致都是这些步骤。下面以《风光汉语·中级泛读》这一案例对教材编写程序来作一些说明。

1.《风光汉语·中级泛读》编写的前期准备

北大版对外汉语教材·基础教程系列《风光汉语》,是一套系列性对外汉语教材,共分 28 册。在纵向系列上,共分六个等级:初级 1、初级 2;中级 1、中级 2;高级 1、高级 2;在横向系列上,各等级均配有相互协调的听、说、读、写。

《风光汉语·中级泛读》是中级汉语泛读教材,分Ⅰ、Ⅱ两册。编写目标是希望通过本套教材大量的阅读训练,提高学习者的汉语阅读理解能力,逐步培养学习者汉语的正确语感,同时通过丰富多样的阅读材料,帮助学习者扩大词汇量,学会阅读的技巧,尽快适应 HSK 阅读理解部分的答题方式,从而提高答题能力和答题速度。

(1)同类代表性教材的收集与分析。

首先我们收集当时学界较有代表性的阅读或泛读教材,并从教材名称、教材性质和特点、编写体例、话题内容、练习形式、阅读技巧等角度,进行对比和分析,以供编写时参考。如《步步高汉语阅读教程》(张丽娜主编,北京语言大学出版社,2005 年)、《汉语阶梯快速阅读》(李禄兴等编,北京语言大学出版社,2005 年)、《汉语系列阅读》(修订版)(张丽娜主编,北京语言大学出版社,2006 年)、《汉语快速阅读——训练与测试》(暨南大学对外汉语教学系编,华语教学出版社,1996 年)、《汉语阅读技能训练教程》(吴晓露编著,北京语言学院出版社,1992 年)、《HSK 快乐阅读》(任冠之主编,北京大学出版社,2004 年)等。

除此之外,我们还收集了一些报刊阅读教材作为参考。如《读报知中国——报刊阅读基础(上)》(吴雅民编,北京语言大学出版社,2005 年)、《新编汉语报刊阅读教程(中级本)》(吴丽君编著,北京大学出版社,2000 年)等,基本上都是适合学完汉语基础语法、掌握 2 500 个左右词语的、具有中级水平的留学生使用的教材。这些也都符合拟编教材教学对象的水平。

(2) 相关大纲及本系列教材参考内容的收集。

教材编写要有一定的科学依据,如第二语言教学理论中的教学法流派、语言学习理论等,还有各类教学大纲。有学者认为,"没有教学大纲的约束和指导,就不可能标出科学实用的教材来"。(李泉,2005)

《风光汉语·中级泛读》在编写过程中遵循循序渐进的原则,以《汉语水平词汇与汉字等级大纲》《旅游汉语功能大纲》;《旅游汉语词汇大纲》以及本系列教材相关的《风光汉语·中级读写》的词汇、语法表等为依据,对课文内容、词汇、练习的难度进行控制。

2.《风光汉语·中级泛读》的创新点

在前期准备阶段,我们对收集的相关教材进行了较为详细的分析和对比,结合本系列教材的特点以及编写目标,《风光汉语·中级泛读》在以下四个方面进行了探索和尝试。

(1)"10 分钟热点话题"旨在让教师和学生先热热身,谈论一下与本课相关的问题,既可提高兴趣、活跃气氛,也可活跃思路。

(2) 关于本教材的练习设计,可以说也是泛读课的教学建议。首先可组织学生快速阅读一遍课文,让学生不查词典自己阅读,看看有多少生词,画出来,然后做练习一;然后再精读一遍,教师适当地讲解一下生词及语法点,要求学生完成练习二;最后再泛读一遍,完成练习三。

(3) 除了主课文外,还设计了一个"拓展阅读",是与主课文相关的内容,篇幅稍短,不再列生词。有两个读后练习:(1)根据短文内容,判断正误;(2)根据短文内容,回答问题。便于布置学生自学,或教师在课堂上进行快速阅读的训练。

(4) 每个单元后有一个"阅读小技巧",进行阅读技巧的指导,目的是要配合泛读课程,培养和提高学习者的阅读理解能力。

3.《风光汉语·中级泛读》的编写方案

《风光汉语·中级泛读》有两册,在主课文和副课文的长度、词汇量多少及难易度等方面都有所不同。这里以《中级泛读Ⅰ》的"编写方案"为例,介绍其主要内容。

表 5-1　《风光汉语·中级泛读Ⅰ》的编写方案

一、体例
1. 10 分钟热点话题(与主课文相关的话题 2 个)
2. 主课文(600 字左右;标明出处)
3. 练习(具体要求见后)
4. 注释(酌情处理)
5. 生词(难度以乙级、丙级词为主,少量丁级,极少量超纲词,此类生词主要是与旅游相关的词语。每课生词约 25 个,不包括专业名词。生词选择参考王励主编的《中级读写》)
6. 副课文——拓展阅读[500 字左右;不列生词。练习包括:(1)根据短文内容,判断正误(5 题);(2)根据短文内容,回答问题(3 题)]

二、关于主课文的练习
练习分三类:
(1) 快读类。出两题,主要考察学习者跳跃障碍、抓关键信息的猜测能力。
参考题型:
一、快速阅读课文后,完成以下练习:
(一) 根据课文内容,选择正确答案(4 题,ABCD)
(二) 根据课文内容,判断正误(5 题)
(2) 精读类。出两题,主要考察学习者的阅读理解能力。
参考题型:
二、精读课文后,完成以下练习:
1. 选择画线词语在文中的意思(指出画线词语的正确含义)(6 题,ABCD)
2. 根据课文内容,选择下列句子的正确解释(4 题,ABCD)
(3) 泛读类。出两题,主要考察学习者的概括能力。
参考题型:
三、泛读课文后,完成以下练习:
1. 从文章中可以看出作者认为://这篇课文主要想说明://从课文中可以看出作者的观点是:(1 题,ABCD)
2. 根据课文内容,回答问题(3 题)

三、关于附录
1. 词语表(基本词语及专业名词)
2. 部分练习答案

四、关于单元
1. 本书共分 8 个单元,每个单元有 4 课课文。
2. 每个单元有一个"阅读小技巧"。
3. 每 4 个单元后设计一个"HSK 阅读理解模拟试题"。

《风光汉语·中级泛读》每册 30 课,共 60 课。在每课前面编排了"10 分钟热点话题",旨在让教师和学生先热热身,谈论一下与本课相关的问题,既可提高兴趣,活跃气氛,也可集中思路,扫除一些阅读障碍。

教材的语料丰富多样,内容包括社会生活的各个方面,如人文地理、旅游风光、民风民俗等,还有跟现代生活密切相关的社会热点问题、新生事物等。教材内容除了主课文外,每课还有一段"拓展阅读",内容跟主课文相关,长度控制在 450—550 字,不列出生词。"拓展阅读"给使用者留下一个灵活运用的空间,可以根据课时情况在课堂上训练,也可作为课外作业,供学习者"拓展"之用。

4.《风光汉语·中级泛读》练习选择项的要求

练习是教材编写中重要的组成部分,泛读教材的练习应该为提高学习者的汉语阅读理解能力等服务。泛读练习不少是选择题,因此,练习选择项的编写尤为重要。下面以《风光汉语·中级泛读》编写时编写方案中有关练习选择项的要求做一简单介绍。

表 5-2　关于练习选择项的编写要求

(1) 正确答案必须具有唯一性,拟选择项时必须反复斟酌。
(2) 非正确答案必须具有一定的迷惑性,要求"似是而非"。每个非正确答案拟定都应结合语料及被试理解或表达时容易出错的特点来设计,切不可随意编排凑数。
(3) 选项的表述应简明,不在四个选项中含有共同的成分,避免复杂、累赘。
(4) 各选项中不出现超纲词语和语法项目。
(5) 每个选择项都应跟提问保持连贯,避免答非所问。
(6) 每个选项在长短、结构、词语难度等方面要大体相当,避免出现很明显的与众不同的选项。
(7) 选项之间尽量按逻辑次序排列,如果没有明显的逻辑次序,则可从短到长排列。
(8) 选项应避免照抄课文中的原句。
(9) 正确答案的序号应分布均匀、合理,避免正确答案连续几题出现相同的序号。

(二)《游学中国》的设计与编写

无论是世界还是中国,旅游已经成为一种时尚、一股潮流,各国都有"旅游热",旅游文化正成为人们的热门话题。留学生来自世界各国,他们来到中国也离不开旅游,因为旅游是一种学习语言、运用语言的好方法。我国十分重视汉语国际推广工作,已开发了各种汉语水平考试,其中包括 HSK(旅游),学习者对旅游汉语教材的需求大大增加。

《游学中国》(石慧敏编著,人民教育出版社,2009 年)是"游学"类汉语教材,以具有准中级以上汉语水平的各国学习者为主要对象,以留学生的留学、旅游生活为情境内容,介绍中国最具代表性的人文景观和自然景观。教材以会话为课文形式,通过对一定词汇、语法项目的整合和应用性的功能训练题目的编排,切实做到"以游导学""以游促学",为留学生掌握实用汉语、提高旅游生活能力提供帮助。(倪明亮,2016)

1.《游学中国》的编排体例

《游学中国》共 20 课,每课由会话、生词、重点词语与句式、练习、旅游文化小知识、旅游指南等部分组成。全书共收入生词近 800 个,分为普通词语和专有名词两种形式,以 HSK 乙级、丙级词语与旅游相关的词语为主。在语法方面,以"重点词语与句式"的形式呈现,共列出 60 多个"重点词语与句式",以 HSK 乙级、丙级语法项目为主。在练习方面,紧扣各课语法点设置练习,便于学习者进行操练;练习中根据课文内容设置相关的短文进行拓展阅读,是每一个城市最具代表性的旅游文化小知识,并参照 HSK 阅读理解的题型设计练习题目,有利于训练学习者阅读理解的能力;"成段表达"及"交际活动"两项练习,涵盖了一定数量的旅游情景和功能,体现了"以游导学"的原则,能够达到学以致用的效果,为提高学习者的口语表达能力打下一定的基础。每课都有一个"旅游指南",具有丰富的文化信息,提供各地的主要旅游景点、特色商业街、特产小吃等,为学习者提供实实在在的旅游指南。教材最后还附有词汇总表、"交际活动"一览表、"各类交通工具的广播用语"等,便于学习者在旅游的过程中查询使用,具有很强的实用性。

2.《游学中国》的课文选篇

全书共有 20 课,因为是旅游汉语教材,所以,课文内容的选取主要包括人文景观和自然景观,寓"学"于"游"。教材中所选的景点和话题都是在多次对各国留学生问卷调查的基础上选定的。教材课文几乎涵盖了中国从北到南、从东到西的最负盛名、最有代表性的城市和旅游景点。课文目录如表 5-3 所示。

表 5-3   《游学中国》课文目录一览表

第一课 北京的天安门	第十一课 四季春城——昆明
第二课 西安的兵马俑	第十二课 天涯海角——海南岛
第三课 上海的外滩	第十三课 黄山归来不看岳
第四课 天津的狗不理包子	第十四课 桂林山水甲天下
第五课 东方威尼斯——苏州	第十五课 人间仙境九寨沟
第六课 人间天堂——杭州	第十六课 风吹草低见牛羊
第七课 六朝古都——南京	第十七课 北国冰城——哈尔滨
第八课 啤酒之乡——青岛	第十八课 浪漫之都——大连
第九课 海上之城——厦门	第十九课 西域明珠——乌鲁木齐
第十课 羊城——广州	第二十课 蓝天白云日光城——拉萨

教材选取了大量的人文景观内容,通过介绍具有代表性的人文活动间接介绍中国独特的文化内容,突出了"游学汉语"的文化导向型特点。"游学汉语"与普通的旅游汉语不同,它从某种角度上可以视为一种体验式教学模式,即通过游览、参观等跨文化体验方式进行汉语学习。大卫·库伯(David A.KoIb)把体验学习阐释为一个体验循环过程:具体的体验——反思和观察——形成抽象概念和原理——在新情境中检验概念的意义——具体的体验。《游学中国》的教材选篇很好地体现了这种体验式学习过程,教材通过有目的地创设真实的情境,如"啤酒之都——青岛",使学生复现还原已经学过的语言及文化知识,学生通过体验青岛啤酒节,感受青岛独具特色的啤酒文化,从而认识并了解青岛这座城市,进而建构自己的语言和文化体系。

此外,课文所提供的语境都是真实的社会环境,语料都是源于自然地道的实际生活,且专门介绍当地独特的自然景观、代表建筑、习俗习惯等,将中国的传统文化与现代生活相结合,不仅展示了中国悠久的文化底蕴,也展现了现代中国的社会情况。课文标题言简意赅,不仅突出了每座城市的特色,也吸引了学习者的兴趣,具有一定的趣味性。(倪明亮,2016)

3.《游学中国》的编写特色

(1) 创新性。《游学中国》并不是以旅游功能项目来安排课文,而是以旅游景点名称作为课文标题,且在课文标题中突出景点特色,让外国学习者一目了然,具有创新性。

(2) 交际性。《游学中国》中的课文以会话形式呈现,让学习者以会话内容为引导，进一步强化自己的语言交际能力。另外，每一课的练习中都有一项"交际活动"，便于学习者在练习中完成一些实用的交际任务。

（3）实用性。《游学中国》中的所有课文会话全部加注了拼音，生词配有英语、韩语及日语三种翻译，可以为更多的学习者提供方便，具有实用性。

（4）趣味性。《游学中国》不仅内容实用有趣，形式上也体现了这一特点。每课课文都配有精美的照片作为插图，来源于真实的场景，使教材更加生动形象。

表5-4　《游学中国》"交际活动"一览表

第一课 　　你打算利用假期去某个地方旅游，请先对几类交通工具进行比较，说说各有什么利弊，然后确定最合适的交通工具以及购票方法。	第七课 　　出门旅游，有时会因为各种原因出现身体不舒服的情况。如果因为水土不服，晚上在饭店里突然生病了，你会怎么办？
第二课 　　你跟朋友一起参加了旅行社组织的旅游活动，回来后，大家都感到很满意，请你代表大家写一封感谢信，向旅行社尤其是导游的优质服务表示感谢。	第八课 　　好朋友要回国了，想给家人、朋友买些礼物，他来跟你商量。请你推荐一些中国有名的特产或纪念品，并说明推荐理由。
第三课 　　你跟一个朋友一起来上海旅游，在途中你突然发现同行的旅伴走散了，在这种情况下，你通过什么办法跟他（她）联系，并找到他（她）。	第九课 　　你和朋友准备去厦门旅游，发现在厦门住宿方式有很多选择，如宾馆、家庭旅馆、大学招待所等，请你收集资料，说出各种住宿方式的优点和缺点以及价格，最后选择一种并预订房间。
第四课 　　随着经济的发展，很多历史文化名城都有"要不要保护历史遗迹"的问题，请分成正反两个小组进行讨论，然后发表各自的看法。	第十课 　　在我们的生活中，冷餐会的用餐方式越来越普遍，越来越为大家所熟悉。如果需要举办一个50人参加的冷餐会，你会从哪些方面进行准备？举办冷餐会有哪些注意事项？
第五课 　　有座城市将要修建一个很大的游乐园，政府要向市民征求意见。从环境保护的角度，你认为修建游乐园应该注意些什么问题，请你提出建议。	十一课 　　长城旅行社为了把旅游服务工作做得更好，决定在外国游客中进行一次问卷调查，了解游客对旅游景点、导游服务、餐饮服务、交通安排等方面的意见，请你为旅行社设计一份问卷调查表。
第六课 　　历史上描写西湖的作品很多，其中，苏东坡《饮湖上初晴后雨》可以说是家喻户晓的名诗。请你熟读并理解这首诗的主要内容，并把它介绍给你的朋友。	第十二课 　　如果你是导游，为客人办好入住手续以后，请你向游客介绍一下这家饭店的设施、条件以及注意事项。

第十三课 　　你的朋友想来中国旅游,请你为他(她)推荐、设计一条旅游线路,安排好具体的行程和景点,并说明推荐理由。	第十七课 　　夏天外出旅游,途中有时会出现意想不到的情况,比如有人突然中暑,这时候应该如何应付? 请说说简易的急救方法。
第十四课 　　你准备要去旅行,发现各种各样旅行社的广告特别多。面对这么多的广告,你会作出怎样的选择? 请说说在选择旅行社时,你比较注重旅行社哪方面的实力。	第十八课 　　在飞机场取行李时,如果突然发现自己的行李被人拿错了,你会怎么办? 请具体说明一下你的处理方法。
第十五课 　　每个国家或每个民族都有自己的禁忌或风俗习惯,中国有一句话叫"入国问禁,入乡随俗"。请根据自己的情况,结合具体的例子谈谈对这个问题的看法。	第十九课 　　防晒是每个旅游者夏天出游时都关心的一个问题,尤其是女士更怕晒坏了皮肤。你有哪些有效的防晒方法和防晒产品呢? 请互相介绍、交流一下。
第十六课 　　很多人喜欢自己驾车旅游,你跟两个朋友一起去内蒙古大草原也准备自己开车,所以在当地租了一辆车。如果你所租的车在半路上出了问题,你将怎么办? 说说你的各种做法和理由。	第二十课 　　青藏铁路的开通方便了游客去西藏旅游,但因为西藏海拔很高,不是所有的人都适合去那儿。请你了解并介绍一下哪些人不适合在高海拔地区旅行。

《游学中国》可作为初级以上长、短期外国留学生的旅游汉语口语教材,寓教于"游",学习者在提高汉语水平的同时,也了解了各地的旅游文化。本书也可作为有一定汉语水平的外国人的自学材料或旅游指南。

（三）《游学上海》的设计与编写

对外汉语教学界具有乡土特色的教材相对比较少。上海作为中国著名的国际化大都市,一直深受外国人士的欢迎,但真正从各个视角介绍上海吃、住、行、游、购、娱等方面特色及文化的汉语教材却不多见。

《游学上海》(石慧敏编著,人民教育出版社,2010 年)是《游学中国》的姐妹篇,也是具有上海本土特色的"游学"类汉语教材,以具有准中级以上汉语水平的各国学习者为主要对象。本教材可以为对上海感兴趣的外国学生提供一个通过"旅游"进一步了解上海、走进上海的学习途径。

1.《游学上海》的编排体例

《游学上海》全书共 20 课,每课由会话、生词、重点词语与句式、练习、短文、旅游文化小知识等部分组成,还有各类上海特色内容的一览表、"轻松一刻"等趣味内容。全书共收入生词 800 多个,分为普通词语和专有名词两种形式,以

HSK 乙级词、丙级词为主,还有不少与旅游相关的词语;共列出 60 多个"重点词语与句式",以 HSK 乙级、丙级语法项目为主,练习设计紧扣各课语法点,以便学习者进行操练;练习中的短文部分是上海最具代表性的旅游文化知识,如"水晶宫殿——上海大剧院""豫园的龙墙""上海的母亲河""上海方言趣谈""海派风味上海菜""上海科技馆""东方明珠和金茂大厦""上海城市规划展示馆""东方绿舟""鲁迅与鲁迅故居"等内容。文后练习参照 HSK 阅读理解的题型设计,目的在于训练学习者的阅读理解能力;"成段表达"及"交际活动"两项练习,涵盖了一定数量的旅游会话情景和功能。

2.《游学上海》的课文选篇

全书共 20 课,力求从各个角度反映上海的自然和人文景观,反映上海的饮食、交通、旅游、购物以及宗教、历史、文化、教育等方面的情况,以点带面,让外国学生通过一篇篇课文自"游"自在地学汉语,"游"上海,体验上海独特的文化和魅力,从而更加了解这座城市。课文目录如表5-5所示。

表 5-5　《游学上海》课文目录一览表

第一课　上海——海派文化的代表	第十一课　上海的市花
第二课　上海的古典名园——豫园	第十二课　上海的第一
第三课　上海的浦江游览	第十三课　松江的古塔
第四课　"阿拉"上海话	第十四课　古镇朱家角畅游
第五课　"吃"——在上海	第十五课　嘉定孔庙思学
第六课　"饮"——在上海	第十六课　青浦大观园寻"梦"
第七课　"玩"——在上海	第十七课　申城的博物馆
第八课　"购"——在上海	第十八课　申城的名人故居
第九课　上海的交通	第十九课　申城的古刹教堂
第十课　上海的教育	第二十课　申城的民间收藏

3.《游学上海》的编写特色

《游学上海》具有以下几个特点:

(1) 本土化。作为一本上海乡土文化教材,除了通过会话与短文介绍上海的食、住、行、游、购、娱外,还有宗教历史、文化教育等内容。每课后面都有一个"一览表",如"外滩主要建筑一览""上海风味菜馆一览""上海主要文化设施一览""上海各类博物馆一览""上海部分名人故居一览""上海主要宗教名胜一览"

等,可以大大增加外国学生对上海的了解,为学习者的生活、学习和旅游提供方便。

(2) 实用性。本教材具有丰富的文化信息,能为学习者提供体贴的旅游服务。本教材从外国学习者的实际需要出发,除了主要介绍上海以外,还辐射周边。每个单元后面编排、设计了"从上海出发"这个栏目,介绍了"影视基地游""文化专题游""名人遗迹游""江南古镇游""远古遗址游"等,为学习者在周末或假日时出游提供方便,是教材编写者为使用者精心设计的上海及周边地区的"旅游指南"。《游学上海》所有课文的会话全部加注了拼音,生词配有英语、韩语及日语三种翻译,可以为更多的学习者提供方便。

(3) 交际性。《游学上海》中的课文以会话的形式呈现,目的是让学习者以会话内容为引导,训练围绕一个话题进行交际的能力。另外,每一课的练习中都有一项"交际活动",突出文化内容在旅游汉语教材中的重要性,便于教师布置交际任务,训练学习者利用文化内容进行语言交际的能力。

(4) 趣味性。《游学上海》跟《游学中国》一样,课文内容是在多次面对留学生进行问卷调查的基础上选定的,是大家普遍关注的旅游话题和景点。只有对教材内容感兴趣,才会觉得有趣味。另外,教材中还编排了跟课文相关的趣味内容"轻松一刻"栏目,有"名联欣赏""想想猜猜""唐诗欣赏""伟人名句欣赏"等。教材不仅内容实用有趣,形式上也体现了这一特点。教材采用双色印刷,每课课文都配有精美的照片作为插图,来源于真实的场景,使教材更加生动形象。

表 5-6 《游学上海》"交际活动"一览表

第一课 　　有朋友向你请教,希望你告诉他(她)去上海的哪个地方玩好。请你给这位朋友出个主意,并说明理由。	第四课 　　请学几句最常用的上海话,然后用方言进行简单的日常会话,如打招呼、自我介绍、买东西问价格等。
第二课 　　豫园是江南有名的古典园林,有很多值得一看的景点。如果你是一名导游,你怎么向游客介绍豫园呢?	第五课 　　你的一位好朋友非常喜欢品尝各种美食,请你为他(她)设计一条上海美食路线图,并且说明各处美食的特点。
第三课 　　你有一个好朋友在北京留学,他(她)即将来上海旅游,并希望去黄浦江游览。请你给他(她)介绍一下浦江两岸的主要景点。	第六课 　　你去一家茶叶店买茶,了解了很多中国名茶以及茶文化知识,还观看了茶艺表演。请介绍给你的同学或朋友听。

第七课　请选择一个你认为上海最好玩、最有意思的公园介绍给你的好朋友,并且向他(她)说明推荐的理由。	第十四课　在中国的许多地方都可见到塔这种建筑,在你们国家有吗? 请选择一座古塔,查找它的图片和资料,然后向大家介绍一下。
第八课　平时你喜欢去哪些地方逛街和购物? 有朋友来上海,请你向他(她)推荐一到两个值得一去的购物地点。	第十五课　古今中外都有很多著名的桥,每座桥都有它不同的历史和特色。请选择一座自己印象最深的桥,给大家讲一个关于桥的故事。
第九课　请为你的朋友设计一条从上海到苏州或者到杭州的旅游线路,并为他(她)选择最方便的交通工具。	第十六课　孔子有许多名言,至今还对人们有很大的影响。请选择几句孔子的名言,熟读并理解意思,然后把它们介绍给大家。
第十课　有朋友向你打听上海的汉语教育情况,请简单地介绍一下你所在地区的汉语教育情况以及自己的学习感受。	第十七课　你看过或知道《三国演义》吗? 请你选择书中的一个人物,介绍一下他的外貌、性格等特点,或者有关他的一个故事。
第十一课　在上海,春夏秋冬各有不同的花卉。请观察和了解一下目前这个季节有什么花,并向大家介绍一种你最喜欢的花卉,说说它的形状、颜色等特征。	第十八课　你的朋友对上海的名人故居、对老房子很感兴趣,请你为他(她)设计一条"名人故居"旅游线路,并说明推荐理由。
第十二课　不论是过去还是现在,上海都有很多"世界第一"。请选择一些你认为是上海"第一"的地方或者事情向你的朋友们介绍。	第十九课　"八仙"是中国民间家喻户晓的人物,也是道教供奉的八个神仙。请选择其中的一位,说说有关他(她)的故事。
第十三课　上海有各种类型的博物馆,有大有小,各有特色,请选择一个自己感兴趣的博物馆,好好地了解一下,然后把它介绍给大家。	第二十课　东西方饮食文化有很大的差异,其中也反映在餐具的使用上。东方人大多使用筷子,而西方人大多使用刀叉。请讨论一下使用筷子和刀叉时各有什么讲究和礼仪,使用这两种餐具各有什么利弊。

　　旅游是一种学习语言、运用语言的好方法,旅游汉语教学应该成为对外汉语教学中的一个有机组成部分,作为教学重要环节的旅游汉语教材编写也应引起我们的重视。相比通用性汉语教材,作为专项教材的旅游汉语教材还不太丰富,且以初级水平的教材为多,远远不能满足不同学习者的需求,具有各地乡土特色的旅游汉语教材则更少。如何寓教于"游",多层次、多角度地编写面向外国学习者的旅游汉语教材是值得思考并付诸实践的课题。

　　以上着重介绍了《游学中国》《游学上海》这套教材的设计和编写特色。我们认为教材必须首先是语言的,然后才是旅游的,要遵守"语言·旅游·文化"相结合的编写原则。本套教材在编写过程中体现了任务型教学法的思想,同时也涵盖了一定数量的旅游情景和功能,具有丰富的文化信息和体贴的旅游服务。笔者希望通过自己在旅游汉语教材方面的编写实践,能为世界汉语教学的教材多元化建设添砖加瓦。

　　(四) 日本少儿汉语教材的研发

　　进入新世纪以来,留学生出现了低龄化倾向,外国来华的少儿数量日益递增。在国内现行的对外汉语教材中,面向成年留学生的各类教材可谓比比皆是,面向"小"留学生的汉语教材却不多,远远不能满足不同国家、不同年龄、不同层次的来华外国孩子的不同需求。

　　2003 年,笔者曾获得国家汉办"十五"科研规划项目"针对日本来华中学生汉语学习心理的对外汉语教学法研究"。我们在对 300 多位日本来华中学生开展的汉语学习情况调查的问卷中,有一项涉及"课堂表现自我评价"的问题,日本中学生自己认为上汉语课时"思想集中"的只有近 23%,而"不太集中"(56%)和"不集中"(20%)的学生共占了 76%。究竟是什么原因使这些中学生上汉语课时思想不能集中呢? 问卷调查的结果表明,在给出的七个选项中,思想不集中的原因排序依次为:①汉语教材没意思;②跟旁边的同学讲话;③学习内容太难;④老师讲的话听不懂;⑤汉语不是重要的课程;⑥学习内容太简单;⑦其他,其中包括"声音太吵"之类的原因。

　　可见,没有适用的教材很可能会影响教学效果,甚至有可能使"小"留学生们失去对汉语学习的兴趣。因此,面对来华外国学生低龄化的现象,编写具有针对性的、适合"小"留学生的对外汉语教材已势在必行,必须尽快着手进行,而且应该按不同年龄层次来进行,只有这样,才能使外国少儿的汉语学习有一个良好的起步。

　　1. 编写面向日本来华中学生的汉语教材的总体要求

　　(1) 重视有关日本中学生特点的思想理论的准备。

　　吕必松(1992)认为,"把简单的语言内容编成使外国人容易接受的语言教材,需要很大的学问",因为一部高质量的汉语教材,体现了编著者对语言规律、语言学习规律、语言教学规律的认识,它们是教材的理论基础。[①]同时,因为我们

――――――――――

　　① 吕必松:《关于对外汉语教学学科建设的一些问题》,《面向世界的汉语教学》,中国对外汉语教学学会华东地区协作组,复旦大学出版社 1992 年版,第 1－28 页。

编写的是中学生的汉语教材,势必需要更大的"学问"。

编著者除了要加强以上论及的语言理论的学习之外,还必须了解日本的文化背景、中日之间的文化差异,了解中学生的语言特点,尤其要加强中学生学习心理等方面的理论学习,丰富自身的业务知识。只有打好了一定的理论基础、做好了充分的思想准备以后,才能着手编写工作。

"生理是心理的基础,心理是生理的活动内容。"十四岁左右的初中学生的心理和生理发展还处于不平衡的阶段。"一方面,他们在身体形态上长得像个大人;另一方面,他们在心理上、在人格的社会化上却远远的落后。……这种矛盾使他们常常陷入困扰之中,出现一些不适宜的行为。"[1](朱新春,1993:35)因此,他们学习过程中的注意、观察、记忆、思维以及情感、动机、兴趣等都会呈现出明显的特点,日本中学生也不例外,事先对此必须进行有关的调查研究。关于日本中学生的学习心理特点,笔者已另文阐述(石慧敏,2007)。总之,如果匆忙上阵,很难想象能编写出令学习者满意的、高质量的教材来。

(2)确定具有针对性的总体设计方案。

"要编写出适用的对外汉语教材,必须首先确定所编教材的适用对象和适用范围,同时要确定这种教材在整个教材体系中的地位、作用和跟其他配套教材的关系,还要确定教材本身的编写原则和编写方法。而要明确这些,就必须以一定的总体设计方案为依据。"[2]每一种教学类型都有其不同的具有针对性的总体设计方案,它们也是教材编写的依据。

来华外国中学生的汉语教学可以说是新形势下诞生的一种新的教学类型,也是对外汉语教学总体设计的一个新课题。要使来华外国中学生的汉语教学走向科学化、规范化,首先必须制定一个适用于这种教学类型的总体设计方案。

这里主要针对集中在北京、上海、广州、大连、天津等日本人学校以及在中国一些中学的国际部独立成班的来华日本中学生。这两类学生比较具有代表性,前者的汉语教学目的是培养学生对汉语的兴趣,方便在华生活,当好父母的小帮手。因此,学校明确提出以"会话为中心",开设的汉语课程一般只有口语课。后者的汉语教学目的是为学生进入中国高中做准备,课程课型就要丰富些,有口语、听力、阅读等,其中,口语课仍是他们迅速适应中国生活、加快入门的关键。

上文已经提到过,笔者曾进行过一项《日本来华中学生汉语学习情况调查》

---

[1]　朱新春:《青少年生理与心理》,上海教育出版社1993年版,第35页。

[2]　吕必松:《关于对外汉语教学学科建设的一些问题》,《面向世界的汉语教学》,中国对外汉语教学学会华东地区协作组,复旦大学出版社1992年版,第1-28页。

（以下简称《调查》），在调查中有这样一个问题："在汉语学习中，你觉得哪方面最重要？"在"日常会话"、"汉语语法"、"写作能力"以及"阅读能力"四个答案中进行选择，304 个被试中有 249 个学生选择"日常会话"，占了近 82％。由此可见，虽然汉语发音很难，造成日本学生觉得口语表达比较困难，害怕开口，但大多数日本来华中学生还是认为日常会话是最重要的。

因此，根据以上的具体情况，以总体设计方案、课程课型为依据，以理论研究为支撑，编写适合不同等级的、系列口语教材已成为当务之急。

（3）明确相应的教学原则与教学方法。

一种教学类型中不同的课程和课型都有不同的教学目的和教学要求，因此，每门课程或课型必须有其具体的教学原则和教学方法。这些具体的教学原则和教学方法既是总的教学原则和基本教学方法的具体化，又是一门课程或课型的教学特点的直接体现，同时也是教材编写的直接依据。

随着教学理念的更新，随着人们对于学习规律和教学规律探索的深入，任务型教学已逐渐成为对外汉语教学界关注的热点。20 世纪 90 年代后期甚至被称为"任务的年代"。笔者认为，在对日本来华中学生的汉语教学中应充分体现任务教学法的思想。与之相应的汉语教材首先应在实用上下功夫，注重语言实践和课内课外相结合的原则。每课扣住几个重要句型和重点词语，在课文中举一反三，要求学习者在会话实践和课后完成"任务"的过程中领会并掌握句型、词义及用法。其次，为了迎合中学生的心理、生理特点，使学生能"寓学于乐"，教材还可以配一些趣味读物。通过这部分内容的学习，学生既可增长汉语知识，又可了解一定的中国文化。

一旦确定了具体的教学原则与教学方法，教材就可以在这样的编写思想指导下研究具体的编写模式了。

2. 面向日本来华中学生的汉语口语教材的编写模式

明确了教材编写的总体要求后，就可以研究具有科学性和实用性的编写框架，确定具体的编写模式了。由于不同类型的教材具有不同的编写模式，这里主要以口语教材为例，从教材结构、培养目标、内容体例、练习设计等角度，就如何编写有针对性的口语教材提出相关思路。

（1）教材结构以功能为主、结构为辅、文化兼顾。

当代学习理论发展迅速，布鲁纳（J. S. Bruner）的认知结构理论就是其中较有影响的一种，而且与教材编写关系密切。

布鲁纳认为，"在任何情况下，认知的获得都取决于一种积极的构造过程，学习最好的状态是思维,思维则是通过一些概念或规则及其编码形成的所谓概念化和类别化的过程。在这个过程中所形成的编码系统,就是人的认知结构",他进一步阐述道:"认知结构的组织性和层次性往往是由教材的组织性和层次性决定的,也受教材呈现方式的影响"。①布鲁纳之所以非常重视教材的本身结构,是因为他认为有了科学、合理的教材结构,学生才能形成较好的认知结构。

正因为如此,教材结构的确定至关重要。日本来华中学生既然要学会用汉语开口说话,这当然要以一定的汉语知识、汉语语法作铺垫;同时,他们也要了解中国的风俗习惯和文化知识,通过和当地中学生的交流活动,了解中国学生的思想情感和校园生活等。因此,结合日本中学生的这些具体情况,以实用生活口语为主、文化知识为辅的初、中、高系列教材,在内容编排上应采用以功能为主、结构为辅的原则,对语言现象的解释侧重于使用场合、语言环境,同时,必须重视语言中的文化因素的介绍。另外,可以补充一些适合中学生的语言游戏,以增强汉语学习的趣味性。

日本人从小到大对中国文化都有或多或少的认识,中学生也不例外。在他们的国语教科书中,就有《静夜思》《黄鹤楼·送孟浩然之广陵》之类的唐诗,还有《论语·为政》中"学而不思则罔,思而不学则殆"之类的孔子名言,也有"盲人摸象"这样的成语故事出现。因此,通过学习汉语,从一个全新的角度重新学习这些内容,他们会有一种亲切感。当然这一定要做到适度,否则,就会过犹不及。中学生毕竟更关心那些身边的、当代的活生生的东西。

(2)教材目标以培养口语能力为主,读写等其他能力兼顾。

日本来华中学生集中的学校往往汉语教学时间不多,例如,上海日本人学校的汉语课每周2小时,且一般只能安排会话课。在时间少、课型又有局限性的情况下,口语教材的编写就应该体现其特殊性,担负起培养听、说、读、写各种能力的责任,这样既可以防止学生汉语学习的跛脚现象,也可以更好地促进说的能力的发展。

基于这样的思路,在教材中除了编写会话课文外,还必须编写短文。练习编排中除了继续加强情景会话的训练外,也应该有少量听力、阅读理解的内容。由于教学对象是日本中学生,教材不必太多考虑汉字的原因而完全受限于汉字等级大纲。教材可以通过短文部分提供丰富的语料,可以通过各种练习进行听说读写的训练。

---

① 朱新春:《青少年生理与心理》,上海教育出版社1993年版,第53-55页。

　　大家知道,"为了讲解一个句法结构,引入一个交际情境,操练一个功能项目,介绍一种文化现象,常常需要突破字词的等级界限和数量限制。然而,只要一考虑到汉字这块绊脚石,界限的突破就必须慎之又慎,通常的做法只能是退而求其次了。"①对非汉字文化圈的学习者,尤其是欧美学生进行汉语教学时,我们通常会遇到这种情况。

　　而与中国渊源深厚的日本,汉字早已融入文化中。日本政府曾在1946年进行过一次文字改革,规定了一些汉字作为使用的范围,共有1 850个,被叫作"当用汉字"。1981年10月1日,日本政府又公布实行了"常用汉字表",规定1 945个常用汉字作为"一般社会生活中使用汉字的大致上的标准"。

　　就拿初中生来说吧,中学一年级要掌握的汉字为300字;中学二年级为350字,中学三年级为229字,再加上附表中补充的若干汉字,中学三年总共需掌握939个汉字。文部省规定日本孩子要从小学开始学习汉字,所以,从小学到初中毕业,国家规定的"常用汉字"已经基本上掌握了。

　　笔者以为,面向日本中学生的汉语教材在编写过程中不必太多考虑学生对汉字的承受能力,可以不必像编写面向欧美学生教材那样担心汉字这个障碍。

　　(3)教材内容体例、版面等须充分体现中学生特色。

　　众所周知,中学阶段是一个很特殊的年龄段,他们的学习心理既不同于成年人,又不同于幼、小学生,因此,供他们使用的汉语教材不管是内容还是形式,都必须根据他们的生理、心理特点来考虑。而且不能想当然,应该从调查研究出发。

　　以教材的话题内容为例,笔者在《问卷调查》中曾有过相关的问题,对日本来华中学生感兴趣的话题进行了了解。在设计"在汉语学习中,你最喜欢学习哪方面的内容?"的选项时,根据日本人学校中学生的具体情况,笔者提供了8个参考选项,分别是:①学校生活方面的内容;②日常生活方面的内容;③体育运动方面的内容;④中国文化方面的内容;⑤中国唐诗等;⑥中国菜等饮食文化;⑦中国各地的旅游景点介绍;⑧其他。

　　以上提供的选项,学生可多项选择,还可以自由填写自己喜欢的内容。按照感兴趣人数的多少,8个选项依次排序为:①日常生活方面(约占36%);②体育运动方面;③中国菜等饮食文化;④学校生活方面;⑤中国文化方面;⑥中国各地

　　①　杨巍:《关于编写专供日本学生使用的初级汉语教材的思考》,《汉语学报》第4期,湖北教育出版社2003年版,第173页。

的旅游景点;⑦中国唐诗等。以上 8 个选项肯定不太全面,而且还有一些交叉,设计得也许不太科学,但不管怎么样,通过调查研究得出的结果,至少可以为我们的教材编写提供一些参考。

在调查研究的基础上,编写过程中应有新的观念、新的思路,与成人的汉语教材比起来,由表及里——编排体例、版面设计、话题内容等方面都应该充分体现中学生的特色。

首先,课文内容要尽量贴近学生的意愿,应主要围绕初中学生日常学习和生活中必需而又感兴趣的话题,为他们在中国的学习、生活、交友、外出、购物等提供方便,激发学习兴趣,加快他们在中国"留学"的适应过程,使他们能尽快开口表达,从而增强学习汉语的自信心。

其次,教材在语句上应该努力贴近自然,力求贴近中学生,避免拘谨、刻板,必要时还可以增加一些幽默色彩,努力使学生学得轻松。

另外,日本人从小就喜欢漫画,中学生更是对此情有独钟,因此,在教材设计中可以采用一些漫画作为插图,既生动又有趣,主要目的就是要使他们在学习汉语的起步阶段有一个愉快的开始。

(4) 教材的练习设计力求体现"任务"模式。

教材编写应及时反映研究的最新成果。早在多年前,马箭飞就在其主编的《汉语口语速成》的"前言"中指出:"我们试图吸收任务教学法的一些经验,力求每一课都能让学生掌握并应用一项或几项交际项目,学会交际中所应使用的基本的话语和规则,最终能够顺利地完成交际任务。"(马箭飞,1999)

任务是一个活动,它要求学习者为达到某个目标而使用语言(吴中伟,2005)①。笔者以为,在传统的 3P 模式内借助"任务"的模式,可操作性更强一些。这一点应该在面向日本中学生的汉语教材的练习设计中体现出来。

例如,会话课文已经学习了互相作"自我介绍",在练习中可设计一段教师自我介绍的短文,然后给出一个"任务",要求学生回家后把这位新老师的情况告诉自己的父母。又如,在"问路"一类的课文中,练习设计可要求学生用本课学过的词语进行这样的活动:

学生甲想去超市买东西,但不知道怎么走,学生乙告诉学生甲去附近超市的路线,并把路线画了出来。甲再向乙复述一遍去超市的路线。

---

① 吴中伟:《从"3P 模式"到"任务教学法"——任务教学法研究之三》,《国际汉语教学动态与研究》,第 3 辑,外语教学与研究出版社 2005 年版。

教材旨在通过练习中的这些"任务",能激发学生参与活动的热情,使日本来华中学生产生开口表达的欲望,帮助他们迅速适应在中国的学习和生活。

以上根据日本中学生的身心特点、结合当代语言学习理论,着重探讨了面向日本来华中学生的汉语教材尤其是口语教材的编写模式。笔者以为,研究、解决这个问题,不仅有利于我国的汉语国际推广工作,也可以成为我们编写这方面汉语教材的突破口,对以后编写其他国家来华少儿汉语教材也有一定的借鉴意义和参考价值。

第三节　对外汉语教材的内容设计与编写研究

一般的教材中,一篇课文的体例往往会包含课文(对话或短文)、词汇、语法项目以及练习等内容。一本教材的好坏和以上各方面内容的编排质量有直接的关系,因此,关于教材各方面内容的编写研究历来受到学界的重视。下面将结合一些实例进行分析。

一、课文话题的选择研究

李泉(2005)认为:"编任何类型的教材,课文都是其成败的决定性因素。专家评价一部教材可能会考虑方方面面,而学生评价一部教材的优劣往往只看课文,并且主要看课文有没有意思。"赵贤洲(1988)认为:"技能的培养总是脱离不了课文、语法、练习三大部分,三者是统一的整体。从语言习得过程看,其中最重要的是课文。语法知识也是在课文中获得的,语法条条只是对课文中语言现象作规律性的描述。因此可以说,课文是教材的中心部分。"可见,课文是教材的主体,它为语言教学提供了一个特定的语境,无论是语言知识的学习还是语言交际能力的培养,都离不开课文。近些年来,课文的编写研究越来越受到对外汉语教学界的重视。

首先,在对外汉语教材中,课文话题的选择不但决定着常用词语的选择取向,而且影响着语法结构及文化项目的融入。话题的选择直接影响着学习者的兴趣。朱志平(2008)等指出,"话题是教学内容设计思想的集中体现",并统计出23 部对外汉语教材涉及的 109 个话题,包含社会生活的各个方面,并根据话题与学习者个人关联的远近,将话题归纳为四个方面:"第一,与个人相关;第二,与家庭相关;第三,与社会相关;第四,与文化相关。"

郭媛(2013)把话题种类分为人物介绍、时间方位、校园生活、日常生活、气候天气、社会交往、运动健康、交通旅游、娱乐文化等九种,并以《体验汉语基础教程》和《博雅汉语》(初级起步篇)为例,对初级汉语教材的课文话题进行了分析。从话题种类看,《体验汉语》与《博雅汉语》课文话题种类都比较丰富,都涵盖了以上九种话题,但涵盖的方式不同。《博雅汉语》1 册和 2 册对这 9 个话题都有所涉及;而《体验汉语》(上)只涉及人物介绍、时间方位、校园生活、日常生活四个话题,《体验汉语》(下)则涉及气候天气、社会交往、运动健康、交通旅游、娱乐文化这五个话题。另外,两套教材各自侧重的话题也有所不同。《体验汉语》更侧重社会交往的话题,与社会交往相关的话题共 15 个,占总话题数的 31.25%;《博雅汉语》则更重视日常生活话题,与日常生活相关的话题共 25 个,占总话题数的 29%。

其次,在课文的选材方面,胡明扬(1999)认为,应该有计划地搜集各种可以作为课文底本的语料,如各种会话等。刘珣(1994)、赵金铭(1997)都认为课文应选择真实的语言材料,要有思想内容,要弘扬中华文化,要富有教育意义。李泉(2005)强调教材中与中国有关的课文内容应以反映当代社会生活为主。

《汉语文化双向教程(准中级)》(杨瑞、李泉主编,北京语言文化大学出版社,1999 年)作为"文化＋语言"型文化语言课本,从文化着眼,从语言入手,采用"文化—结构—功能"相结合的编写原则,力求把文化教学和语言教学结合起来。在课文内容方面,涉及的文化大致有三类:(1)国情文化,即有必要让来华留学生了解的基本国情。如中国的人口政策,中国人的交际习俗等;(2)古迹文化,即来华(特别是来京)必看的名胜古迹,有故宫、天坛、长城、颐和园等。教材编者把视点放在古迹所体现出的文化内涵上,而不是古迹名胜的"履历"介绍或"规格"说明;(3)兴趣文化,即外国人感兴趣的中国问题,如中国人的"面子"、中国人的"关系"等。

二、语法项目的编排研究

黄锦章、刘焱(2004)指出,语法结构自始至终都在教材中占有举足轻重的地位。我们评估一部教材的语法主要看两个方面:一是教什么,二是怎么教。前者是看教材中语法项目的选择是否科学、实用;后者是看教材中语法项目的编排是否合理、策略。因此,教材中语法项目的选择和编排的成功与否,是教材成败的关键。

吕文华(1987、2002)提出,汉语教材中语法项目的选取与编排是否合理,是教材是否具有科学性的一个重要标志。语法项目选择和编排的一个主要依据,就是是否反映了汉语语法的特点和是否针对外国人学习汉语的难点,要循着语法自身的难易差异,按照结构、语义、用法区分难易度。

国内对教学语法中语法项目的选择和编排的研究时间不长,研究成果不多,主要见于一些单篇论文。对这一问题的研究较为全面、系统的主要是吕文华(1987、2002)、周小兵(2003、2004)、邓守信(2002、2003)。

在语法点的选择上,刘月华(1987)、吕文华(1993)等都认为应以使用频率为依据。若一种语法现象有几种形式、几个用法时,不要一次出全,先介绍覆盖面大、使用频率高的,其余的后出,使用频率很低的甚至可以不出(如重动句式"看歌舞看了两个小时")。周小兵(2003)提出了更为全面具体的标准,对外汉语语法项目的选取必须考虑使用频率、交际需求、体现汉语总体特征、学习难度四个因素。周小兵(2004)又从四个方面讨论了测定学习难度的方法和程序:(1)语言差异难度;(2)语言发展难度;(3)语言认知难度;(4)偏误分析。邓守信(2003)提出了评定对外汉语语法点的难易度的五项原则:(1)结构越复杂,困难度越高;(2)语义越复杂,语法点的困难度越高;(3)跨语言差距越大,困难度越高;(4)越不易类化者,困难度越高;(5)语用功能越强,困难度越高。周小兵和邓守信考察的角度不完全一致,但测定方法并不矛盾,例如,邓守信的语言差距度与周的语言差异难度相一致,周小兵的考察还同时参照了对比分析、目的语规则泛化、自然度因素与回避策略等问题。

语法点的排序就复杂很多。杨寄洲(2000)讨论了对外汉语教学初级阶段语法项目的排序问题,认为存在着一个前后有序、由简到繁的语法序列,存在着一个语法的链,按照这个语法序列进行教材编写和课堂教学,符合循序渐进这一教学的根本原则,也能保证教材的科学性。作者提出了在初级阶段以助词"了"为分界线的观点,并对"了"前语法和"了"后语法各个项目之间相互依存、互相制约、由简到繁、不断推进的关系进行了论述。杨德峰(2001)发现,现有的初级汉语教材确定、编排语法点基本上形成了三种基本模式:大系统化——非系统化、非系统化——非系统化、非系统化——小系统化,并仔细分析了用这三种模式来确定、编排语法点的利弊得失。最后提出按《语法等级大纲》确定以及编排语法点时应该遵循的原则:针对性原则、适度原则、循序渐进原则、分散原则、点面结合原则、量少原则。

吕文华(2002)指出,语法项目的顺序包括结构序、语义序、用法序三种。结构序从简式到繁式、从有标志到无标志、从基本式到衍生式;语义序由浅入深、由实到虚、由基本义到引申义或比喻义;用法序从常用到非常用、从一般到灵活、从单个句到相关句的比较、从结构语义深入到语用。邓守信(2003)系统地提出适当的教学语法点的排序需考虑的十个原则:(1)词汇、句构及情景之相互牵制;(2)语法点内部排序;(3)跨语法点排序;(4)使用频率;(5)结构依存包孕;(6)结构复杂度;(7)语义难度;(8)跨语言差距;(9)一语习得发展;(10)二语习得发展。当这些因素相互冲突时,应注意轻重平衡的问题。周小兵(2003)认为语法项目的排序要遵循 5 个原则:(1)由易到难;(2)从交际出发;(3)参照使用频率;(4)相关语法点组成序列;(5)复杂语法点分阶段教学。

高顺全(2006)以"了"为例,从语法化的角度讨论了语言点的安排问题,认为语言点的安排首先要考虑的就是语言自身的规律,汉语缺乏严格意义的形态变化,功能词都和语法化有关,因此,对外汉语教材语言点的安排应该充分考虑到语法化的因素。高文提出,如果虚化前后的语言成分或者虚化链中相邻语言成分的使用频率差别很大,则按照使用频率的高低排序;如果使用频率差别不太明显,则按照语法化顺序安排语言点项目。

以上是关于语法项目的编排研究的几种代表性的重要观点,一定程度上向我们展示了这方面大致的研究现状。

我们以《博雅汉语·初级起步篇》(李晓琪主编,任雪梅等编著,北京大学出版社,2013 年)为例,从语法项目的编排和选择等方面进行一些分析。[①]

《博雅汉语·初级起步篇》作为初级汉语入门教材,主要适用于零基础的国际学生。在编写过程中运用结构—情景—功能理论,以结构为纲的编写原则主要体现在教材的语法部分。根据倪明亮(2016)的统计,《初级起步篇》Ⅰ和Ⅱ两册共有 144 个语法点,第Ⅰ册平均每课的语法点有 2.5 个,第Ⅱ册平均每课的语法点有 2.76 个,综合两册来看,平均每课的语法点有 2.63 个。

从每课平均语法点的个数来看,《初级起步篇》的编排也是合理的。吕文华(2000)通过问卷调查得出,在初级阶段的教学中,每课出现 2—3 个语法点比较合理,在编排有一定难度的语法点时,一课最好只安排一个,多个难点集中在一课的比例应该尽量控制。这一点《初级起步篇》也做到了,每课的语法点个数分布均匀,除了第Ⅱ册第 53 课有 6 个语法点外,其他每课都在 3—4 之间,有些课的语法点较难,比如第Ⅰ册第 28 课和第 29 课的语法点主要为带"得"的状态补语、结果补语、"会",这些语法点是汉语学习的重点和难点,为了减轻学生的负担,这两课都只有两个语法点。

---

① 　倪明亮:《国际汉语综合课教材引论》,北京语言大学出版社 2016 年版,第 43-45 页。

《初级起步篇》主要的语法项目有：动词和形容词的基本用法；重点虚词的用法，如"最好""又""就"等；词类、短语和大量的固定格式，如"太……了""……的话，就……""对……来说"；句子成分，如结果补语、可能补语；特殊句型，如"把"字句、"有"字句；数的表示法和提问的方法等等。

从语法项目的编排顺序上来看，倪明亮（2016）认为《初级起步篇》遵循了先后有序、由简到繁的语法序列，体现出一个语法链，不仅符合循序渐进这一教学原则，也可以保证教学的科学性。例如，在编排定语和状语时，它们不是孤立出现的，而是随着形容词谓语句、"是"字句和一般动词谓语句的出现而出现的。再如，陈述句先出现，其次才会教授用"吗"的一般问句。又如，能愿动词安排在状态补语前，从交际双方心理和交际实际需要来看是适当的，因为只有知道对方"会"做什么、"能"做什么之后，接下来才能谈到对方"做得怎么样"，自然而然地就引出了带状态补语的动词谓语句，这都符合学生的学习心理和思维习惯。

关于语法项目的切分，总的来看，《初级起步篇》采取了化整为零的编写原则，有些语法结构较为复杂，内容量大，学习难度高，在对外汉语初级阶段的语法教学中，如果将这类语法结构一次性地教给学生，必然会给学生造成一定的学习负担，不仅难以掌握，而且还会打击他们学习的积极性。因此，对于较为复杂的语法结构，应采取化整为零的做法。例如，"了"是对外汉语教学的重点和难点，这部教材将"了"分成了"了(1)、了(2)、了(3)、了(4)"分散在四课中，分别对"了"的四种用法进行讲解，符合语言学习规律，也可以化难为易，学生学习的难度也就随之降低了。当然，对于切分的语法点，我们需要及时总结，这样循环学习，有利于学生的复习和巩固。

以上是对《博雅汉语·初级起步篇》语法项目编排的简单分析。李泉（2006）认为，"教材中语法项目的选择与编排的成功与否，是教材成败的关键"。一部教材能达到教起来顺手、学起来容易的境界，在很大程度上取决于编者是否在语法项目的选择和编排上下过一番功夫，或有其独到之处。《初级起步篇》的语法编排总体来说是比较合理的，我们认为这也是该教材被众多院校选用的原因。

三、教材练习的编排研究

作为对外汉语教材不可或缺的一部分，练习的重要性历来受到对外汉语教学界的重视，练习的设计和编排往往体现了编者的编写原则和所遵循的教学法理念。前辈时贤从不同的视角对教材练习的重要性进行了强调。吕必松（1993）在谈到第二语言教材编写时说："练习是第二语言教材最重要的组成部分之一。

一部教材练习的好坏,对课堂教学质量有直接的影响。"赵金铭(1998)把练习编写的质量作为对外汉语教材评估的一项重要内容。周健、唐玲(2004)指出:"只有我们从培养学习者的汉语语感这一根本目的出发,突出技能训练的目的性、针对性和有效性,贯彻交际原则、任务原则和意义原则,汉语教材练习的设计质量就能大大提高一步。"任何有关技能的学习都有赖于练习,语言技能的学习同样也有赖于语言练习,所以,要重视练习的研究。

目前关于汉语教材练习的研究主要集中在题型设计、编写方法、原则及练习的有效性、练习题中词汇的复现与扩展以及本土化等角度,下面进行简要介绍和分析。

1. 教材练习题型设计角度的研究

李绍林(2003)在前人研究的基础上,对练习编写提出了一些思考和意见。第一,练习内容要和课型的教学目的相一致。教学时要达到教学目的,需要各个教学环节的共同配合,作为教学环节之一的练习,当然也要为完成教学目的服务。吕必松(1993)指出:"有的阅读教材编写了不少口头表达方面的练习,特别是缺少快速阅读练习。这就是练习内容与课型的教学目的不一致。"李绍林(2003)指出,语言练习和课型的教学目的要一致,切忌流于空泛,应该有具体的操作程序。以听力课为例,教学目的是提高学生听的能力,但是在不同的教学阶段还有不同的目的。在初级教学阶段,要求学生能够理解以课堂风格表达的简单的词句;在中级阶段,学生要练习听懂带有某些常见变化的语句,使学生逐步适应外界的口语表达;在高级阶段,学生要逐步学会听学术报告以及视听节目中的广播,理解说汉语的人在各种情景下的语言表达。这三个阶段的教学目的是隶属听力课目的的短期目的,这种短期目的对编写语言练习更具直接的作用,应该始终贯穿在练习编写的过程中。

第二,练习内容必须兼顾泛化和分化两个方面。在第二语言学习的初期,学习者学到的词语和语法规则都很有限,一般只能单项表义,比如,说到"吃"义只有"吃"这个词,说到"拿"义只有"拿"这个词,没有其他类似的替换项目,不会产生语言项目的泛化和分化问题。随着学习的深入,学到的语言项目越来越多,就产生了泛化和分化问题。语言的泛化和分化是第二语言学习中的正常现象,有助于对目的语的学习。通过泛化,学习者可以扩大同义词语、同义结构和同义表达,使语言表达丰富多彩;通过分化,学习者可以了解到相似或相类项目之间的细微差别,使表达趋于精细得体。泛化和分化在教学中的重要性显而易见,语言教学包括语言练习,所以,泛化和分化也应该成为练习编写的一条原则。通过泛化练习,学生们可以巩固已学过的语言知识,以新忆旧;也可以理解和学习新的知识,以旧带新,使相关的语言项目在头脑里建立起有机的联系。通过分化练习,学生们便于理解和掌握相似语言项目的区别性特征,使这些项目成为各具特征的鲜明个体。李绍林(2003)用这个原则对《中级汉语教程》(上、下册,1987)中的练习样式做了一个统计,统计出该教材共有 28 种练习样式,其中,有 8 种属于主观性练习,其余 20 种属于客观性练习。泛化和分化练习属于客观性练习。文章认为《中级汉语教程》的练习样式不可谓不多,但泛化和分化练习实在是太少。

2. 教材练习评估角度的研究

魏红(2009)总结了练习评估的标准:练习是否跟前边的词汇、课文、语法点相配,是否能起到帮助词汇、语法、课文学习的作用;练习的指令是否清楚,是否具有可操作性;练习的形式、内容是否有意思,是否多样化,学生是否喜欢;练习量是否合适,练习是否突出了教材主要教授的专项技能或综合技能。可见,练习的设计与编排对一部教材的质量优劣来说相当重要。

杨翼(2010)认为,有效性是衡量练习题质量优劣的最重要的指标。有效性研究是练习题研究的关键,也是提高练习题质量的突破口。论文定义了练习题的有效性概念,从练习题内在的有效性、练习题外在的有效性及练习题使用的有效性三个方面分析了练习题有效性的研究内容,并讨论了练习题有效性研究的几种方法。

3. 练习题中词汇复现与扩展问题的研究

练习题中词汇的复现是帮助学习者巩固所学词汇的有效方式之一,词汇的扩展也是练习题编写中不可回避的问题。谭晓平、杨丽姣(2015)以《新实用汉语课本 1》为研究对象,对该册教材练习题中词汇的复现及扩展的量、频率、分布、形式、与题型的关系等问题进行统计分析,发现练习题中复现率在 0.35 以下的词汇占到了 53%;单音节词、话题明确且领域性较强的词汇复现率较低;看图造句、回答问题等题型中词汇的复现率较低。在词汇扩展方面,课本 1—5 课、10—14 课的词汇扩展量较低,6—9 课的词汇扩展量较高;名词的扩展量高于其他词性的词;在完成对话、句型替换等练习中,词汇的扩展量较大;词汇扩展形式可分为隐形扩展和显性扩展。文章认为,词汇的复现应关注音节、话题领域、词性之间的平衡,合理安排词汇复现的间隔。词汇的扩展应控制在 2—5 个词汇之间并统一扩展的形式,提高扩展词汇学习的效果。对于词汇复现与扩展问题的研究,可以为今后汉语教材练习题的编写提供相关的数据参考,使练习题中词汇的复现和扩展更加科学、合理。

4. 学习者视角的练习设计研究

当今的教学法越来越重视学习者的因素,将重心从教师转向学生,由教学效果转移到学习过程。体现在教材编写上,也从侧重于教师如何教转向更多地考虑学习者如何学。石慧敏(2012)曾从学习者的视角出发,着重对初级对外汉语教材的练习设计进行了一些有益的探讨,分析了非目的语环境下汉语教材的练习设计应考虑的因素,并以日语为母语的汉语学习者为例,提出了初级汉语教材练习设计时值得注意的几个问题。①

根据自身编写对日汉语教材的体会,笔者以为针对以汉语作为外语的日本学习者,初级汉语教材的练习设计可采用以下方式。

(1) 机械练习、意义性练习和交际性练习交替进行,以交际性练习为主。

日本学生的性格普遍比较内向,先进行机械练习,操练一番,然后再进行交际性练习会比较自信,效果也好一些。交际性练习可以编写成一个个目标明确的小任务,便于开展课堂交际活动。

为了训练学生的言语技能和言语交际技能,练习可以多设计一些两人一组的对话,便于在课堂上分组练习,提高学生的开口率。可以先进行机械操练,然后围绕所学内容进行两两对话,学生要独立思考,说自己想说的话。比如《速成汉语初级教程》针对重点句型的“替换操练”、针对会话的“模仿练习”就是机械性练习,然后在此基础上两两“完成会话”“按照所给情景,用本课句型谈话”等练习形式,则是接近真实的准交际练习。

在教师的指导下,学习者通过各类练习可以熟练地运用本课学过的功能项目和语言结构,以提高口语交际能力。

(2) 输入性练习和输出性练习互相配合,以输出性练习为主。

口语交际能力包括听力理解和口头表达两方面。在非目的语环境下学习汉语,听和说的机会都很少,所以,在课堂上尽量让学生多一些这样的练习机会,教材练习中多设计一些如听后模仿、听后完成句子、针对课文内容“回答问题”等练习。练习时,由于自己事先不知道对方说什么,所以必须注意听,听后再根据对方的意思决定自己说什么和怎么说。另外,在课堂上即兴设计一些“听后回答”,学习者在听懂老师简单问题的基础上,进行一些口头回答、口头介绍、口头造句等,让学习者在与教师一来一往的交际中,尽量多地输出学过的内容,从而产生

---

① 石慧敏:《从学习者视角谈初级汉语教材的练习设计问题》,《国际汉语教育研究》(第二辑),高等教育出版社 2012 年版,第 175－181 页。

成就感。

（3）运用双语题解，以母语设题、目的语回答为主。

在日本，我们发现有些教材为了让日本学生有更多的机会接触汉语，课后的练习从标题到内容全都用汉语，这对学习者是一种强化训练，出发点是好的，但对在非目的语环境下的日本学生来说有点难，效果不一定好。如果教师不懂日语，学生对练习题的理解就不太容易，或者会有偏差，也不利于学生在课外没有老师指导下进行复习。相反，如果练习标题及练习要求等都用日语，学生接触目的语的机会就更少，而且这样的编写方法对教师的要求也很高。

笔者认为，在非目的语环境下，初级汉语教材的练习应尽量以母语设题，或者双语设题，以降低难度，让学生产生亲切感，避免因畏难情绪而失去学习的信心和兴趣。当然，教师使用起来也比较方便。以笔者与日本龙谷大学教授金子真也合编的汉语教材《上海びより》为例，在编写过程中，我们力求从日本学习者的角度出发，考虑了在非目的语环境下如何充分利用学习者的第一语言作为教学资源来进行双语并用的汉语教学及教材编写。除了生词、会话、语法例释采用日语翻译外，练习部分也采用双语设题，例如，针对画线部分进行替换练习（下線部をおきかえて会話を実演してみましょう。）、用汉语说出下列句子（中国語で言ってみましょう。）、画线连词（ふさわしい組み合わせを線で結びなさい。）等。学习者首先接触到的是汉语，如果实在看不懂，下面就是日语，这样举一反三，就会逐渐熟悉以汉语设题的练习。

5. 汉语教材练习本土化视角的研究

陈楠、杨峥琳（2015）通过对比美国、日本及韩国编写的三部使用广泛的汉语教材，发现教材练习采用的策略存在较大的差异：美国的汉语教材以社交策略、自然习（认知策略）等为高频策略；日本的汉语教材采用的演绎（认知策略）、重复（认知策略）、意象（记忆策略）等高于其他两国的教材；韩国的汉语教材较多采用翻译（认知策略）。

下面参照具有代表性的英语、日语、韩语为二语的教材，探讨汉语教材体现的学习策略与当地教学法、课堂现状和学习者需求的匹配情况。

美国的汉语教材为《中文听说读写》（Integrated Chinese，简称《听说读写》，刘月华、姚道中主编，美国 Cheng & Tsui Company，2009 年）；日本的汉语教材为《新编实用汉语课本》（新编实用汉語课本，简称《新编》，相原茂、徐甲申主编，日本東方书店，2004 年）；韩国汉语教材的为《多乐园掌握汉语》（Darakwon. Junggukeo Master，简称《掌握》，Pak Jeonggu & Baek Eunhui 主编，韩国 JRC，

2010 年)。三部作为参照的二语教材分别是《剑桥国际英语教程》（New Inter—change，简称《英语》，Jack C. Richards 主编，外语教学与研究出版社、剑桥大学出版社，2007 年）、《大家的日语》（简称《日语》，日本 3A 株式会社编著，外语教学与研究出版社，2009 年）和《新标准韩国语》（简称《韩语》，韩国庆熙大学主编，外语教学与研究出版社，2009 年）。

通过考察美国、日本、韩国三部汉语教材练习所采用学习策略的异同，参照英语、日语、韩语二语教材，结合各国教学法、课堂现状及学习者需求调查，文章为今后汉语教材的本土化练习编写提出三点编写建议：（1）该地区常用教学法和学习者习惯；（2）该地区汉语教学的课堂现状；（3）参考成熟的该语种二语教材。细致了解该地区二语教学的主流观念，编写出更合适的汉语教材。

在汉语教材练习设计与编写这一领域可以深入发掘的东西还很多，学界对此日益重视，研究成果也越来越丰富，以上只是梳理了其中的一些。

下面以《博雅汉语·中级冲刺篇Ⅰ》（李晓琪主编，赵廷风编著，北京大学出版社，2005 年）为例，对其练习部分进行具体分析。据倪明亮（2016）的统计分析，《中级冲刺篇Ⅰ》的练习题量充足，练习分布也比较均匀。练习题型以主课文练习为例，包括词语练习、语法点练习和综合练习。下面分别对这三种练习题型以表格形式进行统计和分析，便于大家有个直观的了解。

首先是词语练习题型的统计情况，详见表 5-7。

表 5-7 《中级冲刺篇Ⅰ》词语练习题型及频率表

题　　型	出现频率（次）	题　　型	出现频率（次）
1. 根据拼音写汉字＋选词填空	12	6. 根据课文内容填空	6
2. 选词填空	12	7. 选择＋造句	3
3. 查字典，理解词义、字义并组词	12	8. 写反义词	2
4. 搭配＋造句	10	9. 连线＋造句	1
5. 根据意思写出词语＋造句	9		

从表 5-7 可以看出，首先，有 3 种题型是每课都会出现的，分别是根据拼音写汉字、选词填空与组词。"根据拼音写汉字＋选词填空"把语音与汉字练习结合起来，既体现了从初级阶段到中级阶段的过渡性，又有本阶段的独特性，把这一题型作为固定题型放在每一课，并且为之固定，处于每课的词汇练习部分的第一大题的位置，符合语音、汉字贯穿教学始终，但又有教学阶段侧重的原则。其

次,词语练习部分的"选词填空"也是位置很固定的一个题型,是每课的第二大题。这是《中级冲刺篇Ⅰ》的特点所在,不仅表现在它的位置固定,而且表现在它与词语表后面新增的词语辨析板块是对应的。编者在编写说明中明确提到,每一课的"词语练习"第二题是针对"词语辨析"设置的练习。第三,即"查字典,看看下面词语和其中黑体字是什么意思,然后再写出两个由这个黑体字组成的词语"是词语练习的最后一道大题,其他如"搭配+造句""根据意思写出词语+造句""根据课文内容填空"等,出现的频率也很高。另外,从所选题型来看,造句题型出现的频率很高。可以看出,《中级冲刺篇Ⅰ》非常重视词汇句子的编排,词语练习部分以词汇练习为主,句子练习为辅,词汇练习与句子练习并重,遵循由易到难的原则。

　　以上是《中级冲刺篇Ⅰ》词语练习的编排情况与分析。下面再来看一下语法点练习题型的统计情况。

表 5-8　《中级冲刺篇Ⅰ》语法点练习题型及频率表

题　　型	出现频率(次)
1. 用所给词完成对话或句子	12
2. 用本课重要语法点造句	12

　　《中级冲刺篇Ⅰ》的语法点练习题型只有"用所给词完成对话或句子"和"用本课重要语法点造句",是固定题型,每课出现,当然也遵循了由易到难的编写原则,由词语导出语法点,第一题是第二题的基础,第二题是第一题的提高,题目紧扣语法点反复操练,针对性很强。

　　最后,我们再来看一下综合练习题型的统计情况。

表 5-9　《中级冲刺篇Ⅰ》综合练习题型及频率表

题　　型	出现频率(次)	题　　型	出现频率(次)
1. 根据提示写作	9	5. 讨论	3
2. 选词填空	5	6. 读句子,理解词义及其用法	3
3. 根据课文内容填空	5	7. 口头表达	2
4. 朗读	3		

　　从表 5-9 可以看出,《中级冲刺篇Ⅰ》的综合练习部分没有每课都出现的固定练习题型,是题型多样化体现得比较明显的板块,主要有 7 大题型,"根据提示

写作""讨论"和"口头表达"都是语言的输出,只不过"口头表达"重点考查说,"写作"考查写,"讨论"则考查听和说;"朗读"和"读句子,理解词义及其用法"都是语言的输入,输入和输出相结合。整体来看,练习囊括了词汇、句子、对话和成段表达,不偏离综合练习的宗旨。

倪明亮(2016)认为,总体来说,《中级冲刺篇》的练习编排是比较合理的,练习分为词汇练习、语法点练习和综合练习,专项练习目的性强;语法点练习的题型固定,使留学生学习时很快适应。但是也有一些不足之处,如练习没有答案,没有专门的听力练习,综合练习中的题型过于多样,这些需要在今后的教材修订时多加注意。

部分作者自编教材书影

第六章　对外汉语教材与中国文化

在对外汉语教学领域,以往关于文化教学及教材的理论研究明显滞后于其实践经验,关于文化教学的系统研究不多。不过进入 20 世纪 90 年代,教材编写呈现出百花齐放的局面,文化在教材中的地位得到重视和加强。一些学者开始专门探讨文化及语言教学问题,如张占一(1990)的《试议交际文化和知识文化》、鲁健骥(1990)的《对外汉语教学基础阶段处理文化因素的原则和做法》、杨国章(1991)的《文化教学的思考与文化教材的设计》、赵贤洲(1992)的《关于文化导入的再思考》、陈光磊(1992)的《语言教学中的文化导入》、胡明扬(1993)的《对外汉语教学中的文化因素》、程棠(1993)的《汉语和中国文化教学争议》、张英(1994)的《论对外汉语文化教学》等。1994 年 12 月,在北京召开了对外汉语教学的定性、定位、定量问题座谈会,从会后发表的纪要中可以看到,此次会议强调语言教学的目的是培养学生用这种语言进行交际的能力,同时还讨论了语言教学和文化教学的关系问题。

进入新世纪以来,更多学者开始关注文化教学及教材方面的研究,如祖晓梅(2003)的《跨文化能力与文化教学的新目标》、元华(2003)的《中国对外汉语教学界文化研究 20 年述评》、张英(2004)的《对外汉语文化教材研究——兼论对外汉语文化教学等级大纲建设》、赵宏勃(2005)的《对外汉语文化教材编写思路初探》、李晓琪(2006)的《对外汉语文化教学研究》、陈绂(2006)的《五个"C"和 AP 汉语与文化课教材的编写》、周小兵、罗宇、张丽(2010)的《基于中外对比的汉语文化教材系统考察》、李泉(2011)的《文化内容呈现方式与呈现心态》、祖晓梅(2015)的《体验型文化教学的模式和方法》、张英(2016)的《二语教学目标与中文教师的文化意识》等。这些时贤前辈的研究成果为我们了解现状、展望未来提供了有益的参考和启示。

第一节　对外汉语教学中的文化教学问题

一、关于语言教学与文化

对外汉语教学担负着文化传播的使命,文化与语言教学的关系日益成为热门话题。文化是很多研究者都感兴趣的概念,人类学家、社会学家、艺术家甚至政治家等都谈论过文化。文化也是个含义非常广的概念,从广义上讲,文化是"人类在社会历史发展过程中所创造的物质财富和精神财富的总和";从狭义上讲,"文化是一种生活方式,文化是我们生存、思维、感觉和与别人发生关系的环境,是联结人们的'黏合剂'"(H.Douglas Brown:《语言教学的原则》)。

不同民族由于种种因素的影响,其生活方式也不尽相同,因而文化带有民族性。语言是该民族在长期的物质生活中产生和发展起来的,是物质生活基础上的精神产品,是文化的主要载体。语言由特定的文化而造成,同时,作为文化的一种表现形式,语言又受到文化的制约,使不同民族的语言呈现出各自不同的特点。外国学生在理解汉语时所产生的种种问题和障碍,其主要原因在于语言本身的差异,而不是生活方式上的文化差异造成的。

语言是文化发展的基础,文化由于有了语言而得以表达和传播,而文化的发展又必然带动语言的发展。美国语言学家帕默尔(L.R.Palmer)说:"语言的历史和文化的历史是相辅相成的,它们可以互相协助和启发。"

语言与文化的关系给了我们这样的启示:语言与文化相互依存、密不可分。要真正理解中国文化,必须掌握作为该文化载体的汉语;而要学好汉语,必须同时学习汉语所负载的中国文化。越是深刻细致地了解中国的历史、文化、传统、风俗习惯、生活方式以至生活细节,就越能准确地理解和使用汉语。

语言和文化的特殊关系决定了语言教学不能在"文化真空"中进行。对外汉语教学既是一个教授语言的过程,也是一个传播中国文化的过程,两者缺一不可。(孟子敏,1992)也就是说,文化教学是对外汉语教学不可缺少的组成部分。

请看下面一段对话:

甲:喂,老兄,你的个人问题怎么样啦?

乙:八字还没一撇呢。你给当个红娘吧!

甲:好说,我一定努力搭鹊桥。

乙:你的那位不错呀,什么时候请大家喝喜酒呀?

甲:巧啦,龙抬头的日子。

从上面这段对话中我们可以看到,"老兄""个人问题""八字还没一撇""红娘""搭鹊桥""那位""喝喜酒""龙抬头的日子"等词汇背后都隐含着丰富的文化意义,如果不懂得言语表达中的交际文化意义,就会直接影响对语言信息的接收,也就不能保证正确地运用语言传达信息。可见,只有将语言和文化结合起来,在语言教学中导入文化,才能帮助学生克服文化冲击带来的障碍。当然,我们也绝不能因此而忽视语言本身的教学,文化教学应该服从于对外汉语教学的实际要求,贯穿于语言教学的始终。

二、对外汉语教学界文化研究的阶段

在 20 世纪 60 年代以前,在第二语言教学的实践中,不论是结构主义语言学还是转换生成语法,都只是关注语言内部结构的研究,不考虑文化因素和社会因素。受这方面的影响,第二语言教学也一直注重语言结构的教学,不重视社会文化对语言运用的影响。随着 60 年代社会语言学兴起和 70 年代功能法出现,语用学、跨文化交际学也迅速发展,这才逐渐改变了人们"就语言教语言"的模式,加强了对语言教学中文化问题的研究。

毕继万、张德鑫(1996)指出,在对外汉语教学界,从文化差异的角度研究语言,大致始于 70 年代末 80 年代初到 90 年代初、中期的十来年中,这一研究经历了由不自觉到自觉、由经验型向科学型的转变过程,这三个重要的发展阶段分别是:(1)1986 年以前的起始阶段;(2)1987—1989 年的转折阶段;(3)1990—1994年的科学研究阶段。李晓琪(2005)将对外汉语文化教学研究从时间上分为两个时期,即 20 世纪 80 年代的起步期以及 90 年代以来的蓬勃发展期。

这里我们沿用毕继万、张德鑫(1996)的观点,在此基础上,把学界关于文化及教学研究划分为四个阶段,并进行简要介绍和分析。

(一)起始阶段

吕必松在 1980 年提出:"语言教学的基本任务是培养学生运用语言进行社会交际的能力。"1981 年,吕必松又谈到风俗习惯、文化传统以及观念和心理特点对语言和语言教学的影响,指出文化背景知识介绍在外语教学中的重要性。(吕必松,1987)

1984 年,张占一在《汉语个别教学及其教材》一文中,从第二语言教学培养交际能力的实际出发,按文化在交际中的功能,首次将语言应用中的文化内容分为交际文化和知识文化。他认为:"语言教学(尤其是初级阶段)中文化内容应分为两种——知识文化(cultural knowledge information)和交际文化(cultural communication information)。""所谓知识文化,指的是两种不同文化背景培养出来的人进行交际时,对某词、某句的理解和使用不产生直接影响的文化背景知识。双方或一方不会因为缺乏这种文化知识而产生误解。所谓交际文化,指的是两种不同文化背景熏陶下的人,在交际时,由于缺乏对某词、某句的文化背景知识而产生误解。这种直接影响的文化知识就属于交际文化。学生不懂某些知识文化固然不好,但不会造成误解;如果不懂交际文化就会直接影响交际效果,引起误解或出现问题。"

孟子敏(1992)曾在文中举例说明有些学生"在语言上能力相当不错,但在交际时,遇到文化问题就会束手无策,这是令人遗憾的事情。发生在我们身边的事实已足以证明这一点。我班上有一位语言成绩相当不错的学生,有一次我对她说'你的口语不错',她回答道:'老师胡说!'我当然能理解她的真正意思。应该承认,这位学生对'胡说'这一词语背后的文化意义一无所知。所以,她犯了交际文化的错误。"因此,在进行语言教学的同时,必须揉进交际文化的教学,这样培养出来的学生才是具有跨文化交际能力的。否则,外国学生与中国人交往时的文化错误就是不可避免的,那他们就会处于被动的境地,正像美国语言学家沃尔福森说的那样,礼貌错误比语法错误更难令人宽容。(胡文仲,1985)

赵贤洲(1989)也强调了从语言角度来区分知识文化与交际文化的必要性。1990年,张占一在《试议交际文化与知识文化》中对1984年的论述有所补充,指出非语言交际(如体态语)也可以纳入交际文化的范围,交际文化的重点应放在现代共时文化上。纠正了人们把交际能力只看成语言能力的看法,由表入里地将交际文化细分为交际形式、交际误点和交际误因。这些论点对进一步探讨交际文化非常富有启发意义。

交际文化这一概念被提出以后,虽然在对外汉语教学界一直存在争论,但它改变了语言教学中文化范畴的笼统观念,从而带动了与对外汉语教学有关的文化因素范围的理论研究。

自1986年开始,学界开始摆脱一般性的议论,有意识地去探索与对外汉语教学有关的文化因素的性质和范围。

(二) 转折阶段

在前期研究的基础上,这个阶段各方面的研究出现了可喜的现象。探索与对外汉语教学有关的文化因素的性质的论文主要有张德鑫(1989)的《对对外汉语教学本质之认识》。文章明确提出,"对外汉语教学的最佳模式就是语言文化一体化教学,将文化教学渗透、融化在语言教学之中",认为对外汉语教学的本质就是"以汉语为中心跨越文化的语言对比教学"。

探索与对外汉语教学有关的文化因素的范围的论文主要有陈光磊等（1987）的《语言教学与文化背景知识的相关性》、于丛扬（1987）的《文化与报刊语言教学》、赵贤洲（1989）的《文化差异与文化导入论略》等。

尤其值得一提的是 1986 年 6 月国家汉办发布的《1988—1990 年对外汉语教学科研课题指南》，对对外汉语教学界的跨文化理论研究起了很大的推动作用。《指南》明确地把"文化因素在对外汉语教学中的作用""中国文化与外国文化的双边或多边比较研究""汉语和汉语教学在外国人接受中国文化并形成中国文化观过程中的作用"等课题作为基础理论研究的内容。

这个阶段是由经验型向科学性研究的转折阶段，各方面的研究都取得了不小的成绩。

（三）科学研究阶段

进入 90 年代以后，由于学界更加重视，也逐渐统一了思想，于是出现了大批语言与文化间关系的论著，这方面的研究开始进入主动、自觉的科学研究阶段。

主要论（译）著包括：吕必松（1990）的《对外汉语教学发展概要》中专门有一章论述"关于比较文化理论的研究"；盛炎（1990）的《语言教学原理》专用一章论述"文化与语言教学"；1991 年，毕继万翻译的《中国和英语国家非语言交际对比》由北京语言学院出版社出版；吕必松（1992）的《华语教学讲习》专用一节论述"'语言交际文化'教学"。

除此之外，许多有代表性的论文集中有关语言教学与文化的论文占了很大比重。例如，在由上海外语学院主办的"中国文化与世界"国际学术讨论会的论文集《中国文化与世界》中，由对外汉语教师撰写的论文数量很多；在 1992 年召开的中国对外汉语教学学会第四次学术讨论会上，有关语言教学与文化的论文占了很大比重，并在会上形成了研讨热点，最后有 10 篇文章被选入讨论会论文选（1993 年出版）；1993 年，盛炎等编著的《对外汉语教学论文选评》中收录了 6 篇与汉文化教学有关的文章；第三届社会语言学讨论会论文集《语言与文化多学科研究》中涉及对外汉语教学和由对外汉语教师撰写的论文占了全书的很大比重。

关于文化方面微观研究的论文也出现了前所未有的发展和繁荣景象，如胡明扬的《问候语的文化心理背景》（1987）、王德春自 1990 年起连载在《汉语学习》上的十多篇《对外汉语教学漫议》，以及张德鑫的一系列关于数词文化的研究，如《从"十三点"谈起——数字凶吉象征的中外不同文化审美因素窥探》《"十二"探微》《"零"与"0"》《数字"七"的文化内蕴》等。

这个阶段最大的成果是理论研究开始走向系统化,语言文化教学的探索走向深化。

围绕对外汉语教学中如何进行文化教学的讨论,出现过4种不同的观点,也就是"文化导入说""文化揭示说""文化融合说"和"文化语言有机化合说"。(苏金智,1992)其中,"文化导入说"和"文化揭示说"最有影响。另外,还有借鉴苏联"语言国情学"倡导进行目的语国家文化背景知识教学的观点。

"文化导入论"是将文化因素导入外语教学的理论。许多学者认为这一理论是由赵贤洲于1989年提出的。卞觉非、陈光磊、魏春木等先生也论述过文化导入问题。赵贤洲认为:"第二语言教学必须考虑同步进行第二文化导入,教师在教授汉语时,应该自觉地、积极地、有计划地传授文化知识,培养学生使用汉语的社会规则。"以后,赵贤洲又提出文化导入中必须遵循的原则为阶段性、适度性、规范性、科学性。(赵贤洲,1989)

"语言国情学"是苏联在开展文化与语言关系的研究中提出的理论。该理论旨在向外族的俄语学习者介绍所学语言国家的文化情况,理论的侧重点在于词汇单位的文化内涵方面。

"文化揭示说"强调对外汉语教学中应该揭示汉语语言中所隐含的交际文化因素。核心理论就是对学术界有很大影响的"交际文化"。

孟子敏(1992)认为,对交际文化的认识可以分两个层面:其一,对本文化群体内部而言,交际文化是不言而喻的东西。从这个角度来说,交际文化是制约本文化群体成员的交际行为的一系列规范或准则。其二,对另一个文化群体的成员来说,交际文化是陌生的,必须作为知识来学习才能得到的东西。从这个角度来讲,交际文化是干扰另一个文化群体成员与本文化群体成员之间的交际行为的一系列规范或准则。他进一步指出,在对外汉语教学中,交际文化教学必须系统化。不能零敲碎打,东鳞西爪。他在大量的材料统计基础上,对交际文化的具体分类进行了有益的尝试。首先将交际文化分为语言交际文化和非语言交际文化两大类,然后各有4个小类,共得子项目8项,子项目下还有更为具体的划分。

吕必松(1992)把交际文化分为语言交际文化和非语言交际文化。吴晓露(1993)从编写交际文化教材的角度,主张区分表层交际文化和深层交际文化。

梅立崇(1994)以认知科学为基点将交际文化分为陈述性文化知识和程序性文化知识。前者属于静态范畴,指"跟语言交际密切相关的语言系统(包括语义系统、语法系统、语用系统)中的反映一个民族独特的价值观念、是非标准、社会习俗、心理状态、思维方式、审美情趣等的文化因素";后者属于动态范畴,指"由陈述性文化知识转化而来的一种文化能力"。而转化一般经历前接受阶段、接受阶段和后接受阶段。

也有的学者不囿于交际文化的划分,从新的视角提出了自己对语言教学中文化分类的不同看法。葛中华(1994)将对外汉语教学中的文化因素分为语言文化和超语言文化。前者指"语言基本词汇或表达中所包含的文化意义",后者指"语言在其运用过程中所表达的文化意义",包括情景文化、言语文化、伴随语言手段和用于表意的符号和图画。这种划分有助于分清语言教学中的文化教学和专业文化教学的界线。

我国对外汉语教学界对文化的研究和讨论如此热烈,一方面是受当时我国文化界文化研究热的影响,另一方面是受 80 年代初、中期我国语言学界对文化语言学的研究以及我国外语教学界对文化差异和跨文化交际研究的影响。总之,在如何对待第二语言教学与文化的关系问题上,国内外都曾出现过只重视语言结构而忽视有关的文化教学的现象,也出现过用文化教学取代语言教学或者语言、文化并重的观点。(刘珣,2000)

在这种情况下,为了进一步加强和规范对外汉语教学的学科建设,使之更加健康正常地向前发展。1994 年 12 月,《世界汉语教学》《语言教学与研究》两刊编辑部联合邀请专家、学者在北京召开了对外汉语教学的定性、定位、定量问题座谈会,国家对外汉语教学领导小组办公室以及来自全国有关高校的三十几位专家学者出席了座谈会,会议主要就对外汉语教学的学科性质与内涵、对外汉语教学中语言教学与文化教学的关系问题进行了深入的切磋、研讨,学科内部基本上达成了这样的共识:对外汉语教学应该以语言教学为主,同时紧密结合相关的文化教学。

(四)深入发展阶段

1994 年以后,对外汉语教学界有关语言文化的研究有了深入的发展,并引起了专家学者的关注,将研究推向一个崭新的阶段。首先,明确地将跨文化交际理论列入对外汉语教学的理论体系;其次,指出"关于如何在对外汉语教学中更自觉地进行文化因素教学的研究,是当前对外汉语教学研究的热点之一";第三,文化教材的编写与研究受到关注。要把各项文化教学的内容有计划、有步骤地组织到对外汉语教学中去,最直接的途径是通过文化教材的编写。

张英(2001)通过分析日本的汉语教材指出,中国对外汉语文化教材在形式和观念上都与国外同类教材存在一定的差距,尤其是缺乏针对性,难以兼容国外的教学体制和学习对象需求。因此,张英(2004)指出,应该制定对外汉语文化教学等级大纲和文化教材等级标准,完善教材体例,使教材更具科学性、规范性和系统性。

赵宏勃(2005)指出,文化教材决定文化教学的质量。他从教学实践出发,认为对外汉语文化教材应具备基础性、学术性、趣味性,注重文化差异。

陈绂(2006)详细介绍并分析了美国《21 世纪外语学习标准》的核心主题——五个"C",并以此为基础阐述了 AP 汉语与文化课程教材的编写理念。这一教材编写研究所呈现出的针对性及其所提出的文化与交际相融合的理念具有一定的参考价值。

赵金铭(2009)建议对外汉语教材应根据学习者的国别、文化背景、层次、年龄、教育传统等因素进行编排,做到区域化、类型化、多样化、多元化、本土化和个性化。

林珍华(2009)将对外汉语文化教材区分为语言文化教材和文化教学教材两类,并分别将其对应至初级和中高级阶段的教学。这一分类虽然以知识文化的占比为主要依据,在一定程度上忽视了交际文化以及跨文化能力培养的重要性,但是她指出的教材的不足之处仍有一定的借鉴意义,如缺少编写理论和大纲的指导、对教学对象的针对性不足等。

周小兵、罗宇等(2010)依据学习目标、学习对象、内容选择、语言难度和练习设计等指标对 9 本具有代表性的对外汉语文化教材进行了统计分析,其结论同样显示出教材缺乏针对性,且跨文化体验型练习设计不足。

殷鹏(2011)从跨文化的角度对《中国概况》和《汉语文化双向教程》两本对外汉语文化类教材进行了分析,进而指出文化类教材在文化包容与尊重、话语风格、选材趣味性和猎奇尺度的把握三方面还存在不足,对教材编写者的跨文化意识提出了更高的要求。

秦艳华(2021)分析了《中国概况》和《中国文化》两本文化教材,指出其中存在文化内容不均衡、缺少中外文化对比等问题。针对中高级中国文化课教材,提出了选取恰当的文化内容、科学控制词汇的难度、合理组织课文的形式、科学设计课后的习题、紧跟时代发展的潮流等编写建议。

除专门的文化教材外,一些学者对其他教材中出现的文化因素也进行了探讨,并对教材中文化内容的编排原则、出现的问题以及解决问题的方法等提出了各自的看法。

李泉(2011)考察了几十本不同时期、各个种类的对外汉语教材,对当前教材文化内容的呈现摆脱"厚古薄今"、侧重"古今兼顾,以今为主"的做法表示赞同,并提出了更加详细的呈现原则。同时,他也认同采用"文化即生活"的广义文化定义。

骆真(2013)指出现行教材在编写时并未注重结构、功能和文化相结合的理念,而多以语法结构为主。在文化内容的呈现方式上,纯文字方式的比重过大,非文字方式略显不足。

柯莹(2019)梳理了《发展汉语》与《汉语教程》两套初级阶段对外汉语综合教材中的文化项目,依据语言教学服务原则、针对性原则、代表性原则、体现社会发展变化的原则以及知识性原则指出两套教材在文化项目编排内容上各有优劣,并据此提出了相关编排建议。

洪婷(2021)分析了《风光汉语·初级读写》(Ⅰ、Ⅱ)和《发展汉语·初级综合》(Ⅰ、Ⅱ)中的文化因素,并认为对外汉语初级教材中存在交际文化因素比重较小、文化因素趣味性不够、呈现方式单一、对比性不足的问题,并针对性地提出了增加交际文化因素的数量和比重、注重文化因素选取的趣味性、使文化因素呈现方式多样化、有对比性地编排的建议。

对外汉语文化教材的整体格局是"繁荣而不系统、热闹而不规范、多样而不成熟"。(张英,2004)在众多的对外汉语文化教材中,找一本教师易教、学生愿学、被学界接受、好评度高的实用教材,成了棘手的问题。长期以来,文化教学一直是国际中文教育领域的一个突出问题,出台专门的文化大纲也一直是学术界的诉求。

2022年由华语教学出版社出版的《国际中文教育用中国文化和国情教学参考框架》(以下简称《参考框架》)是语合中心发布的国际中文教育领域第一部文化教学大纲,其对中国文化和当代国情的教学内容和目标进行梳理和描述,为各国开展中国文化和国情教学提供了科学参考和依据。

在《参考框架》中,有针对性地增加了与中文学习和跨文化交际密切相关的文化因素,如语言交际、非语言交际、交往习俗、语言中的文化等,可见当前学界对跨文化相关的问题日益重视。徐琦珑(2023)以《参考框架》为依据,选择《发展汉语》综合系列教材,对其中的语言交际类文化项目进行统计与分析,对学习者进行语言交际类文化项目相关的问卷调查,并以此为基础提出教材编排和文化项目教学的相关建议,这些研究都是很好的尝试。相信未来以《参考框架》为依据和参考的各类研究成果将会不断涌现,学界关于文化教学及教材编写的研究将得到更加深入的发展。

三、对外汉语教学中文化教学的内容

以上已经谈到,现在学科内部基本上达成了这样的共识:对外汉语教学应该以语言教学为主,同时紧密结合相关的文化教学。与对外汉语教学最相关的文化教学的内容到底是什么? 这是我们面临的又一个具体问题。

(一)关于文化教学的内容的主要观点

关于对外汉语教学中文化教学的内容的讨论,代表性的观点主要有以下两种:

其一,文化教学的内容主要是探索和介绍外语词语的文化背景。在语言词汇系统中都有一批直接或间接地反映民族文化的词汇,汉语学习者要想学好汉语,必须要学习并掌握这些具有丰富文化内涵意义的文化词。王国安(1996)指出:"文化词指那些直接反映中国独特文化,包括精神文化和物质文化的词语。"①学界对文化词的概念界定并不统一,各家对文化词的分类也会有所不同。王德春(1990)率先开展"国俗语义学"的理论研究,其主编的《汉语国俗词典》是第一部收录"国俗词语"的词典,列出七种反映我国特有事物和概念的词语或具有特殊民族文化含义的词语,也可以理解为文化词。具体分为以下七类:①反映中国特有的事物;②外语中无现成对应的词语;③具有特殊民族文化色彩的词语;④具有特殊历史文化背景意义的词语;⑤国俗熟语;⑥具有两种以上国俗语义的词语;⑦具有修辞意义的人名。②

其二,要从跨文化交际的角度出发,采用对比的方法揭示对外汉语教学中的文化因素。文化因素是指与对目的语的理解和用目的语表达密切相关的文化因素,主要是隐含在目的语的结构系统和表达系统中反映该民族的价值观念、是非取向、衣食住行、风俗习惯、审美情趣、道德规范、生活方式、思维方式等方面的特定的文化内涵。具体来说,这类文化因素体现在目的语的语汇系统、语义系统、语法系统和语用系统中,它们对语言的理解和运用有着重要的甚至是不可或缺的规约作用。这些文化因素实际上也就是一种文化背景知识。

吕必松(1992)认为,语言交际文化的内容分为三大类:词汇系统中的语言交际文化因素、语法系统中的语言交际文化因素、语用系统中的语言交际文化因素。陈光磊(1992)从语言结构、语义和语用三方面列出应教授的文化内容。张

---

① 王国安:《论汉语文化词和文化意义》,《中国对外汉语教学学会第五次学术研讨会论文选》,北京语言学院出版社 1996 年版,第 398 - 410 页。

② 王德春:《汉语国俗词典》,河海大学出版社 1990 年版。

占一、毕继万(1991)则把非语言形式也包括在教学内容之内,主张从语言、文化、交际三方面入手,从表层和深层两个层面上揭示跨文化交际中的误解和冲突。

(二)关于文化教学的三个层次

究竟如何确定对外汉语教学中文化教学的内容? 刘珣(2000)认为,确定文化教学内容应体现语言的、交际的、对外的 3 条原则,也就是与语言的学习和使用紧密相关并且体现汉语文化特点的、为培养跨文化语言交际能力所必需的、针对外国学习者实际需要的那部分文化。具体说来,与对外汉语教学相关的文化教学应是 3 个层次,即对外汉语教学学科范围内语言的文化因素、基本国情和文化背景知识以及虽然不属于本学科、但属于本学科所设专业(如汉语言专业、中国语言文化专业等)所需要的专门性文化知识。①

第一个层次是语言的文化因素。其实,从语言教学的第一课开始,所教的语言本身就包含着文化因素,比如最简单的问候语"早上好",与英语的"good morning"在语面意义上相同,在功能—意念上也一样,都是用于打招呼问早安,但在具体使用上却有明显差异,也就是时限不同。"good morning"可以用于整个上午,"早上好"只限于一早,如果上午十点了还对中国人说"早上好",恐怕就有点不太得体了。因此,在知道了汉语"早上好"的意义与功能之后,还要懂得语用的文化规约才能运用得体、恰当。

可见,文化因素也是语言教学不可缺少的组成部分。不过,学生要很好地理解和掌握它,必须靠教师在课堂教学中时时提醒,通过有目的地揭示和对比引起学生注意,还要靠学习者自己长期深入体验,才能真正地理解和运用。

这类文化因素不是一般性的文化背景知识,而是指导交际行为的文化规约,这种规约是长期文化积淀的结果,是约定俗成的行为规范和心理模式,是在语言和交际中的具体体现。这些规约隐含在语言交际行为和非语言交际行为当中。(毕继万,张德鑫 1996)我们十分赞同这样的看法。关于这方面的内容下面将专题介绍。

第二个层次是基本国情和文化背景知识。虽然与语言结构没有直接的关系,也不一定造成交际中的误解,但却是掌握目的语和进行目的语交际所必需的。如中国的首都、中国的长城、长江和黄河、中国的人口与民族等知识,这些可以说是提炼出来的知识文化,都是外国学生感兴趣也是必须要了解的情况,是与交际有直接关系的文化部分。

---

① 刘珣:《对外汉语教育学引论》,北京语言文化大学出版社 2000 年版,第 131 - 133 页。

第三个层次是专门性的文化知识。这部分内容就是属于知识文化了。一般是为高年级开设的文化课，如中国文学史、中国历史、中国经济等，有一定的专门性、系统性和完整性。这种知识文化是否需要讲解，是否需要开设，要视学生的要求和具体情况而定，如有关中国茶文化知识的介绍。

四、对外汉语教学中的语言文化因素

本节内容是前面谈到的文化教学内容的第一层次的细化。

汉语课中的文化教学内容，主要指的就是交际文化，也就是对语言交际起规约作用的"隐含在语言系统中的反映一个民族的心理状态、价值观念、生活方式、思维方式、道德标准、风俗习惯、审美情趣等的一种特殊的文化因素"。（吕必松，1996）语言文化因素是与语言教学关系最紧密的文化教学内容。

为了把这些文化内容显露到语言层面上来，便于在教学中加以说明，也便于学习者理解和掌握，陈光磊（1997）曾经提出把这些特殊的文化因素划分为语构文化、语义文化和语用文化。[①]下面根据陈光磊的文章分别进行分析和介绍。

（一）语构文化

语构文化是指词、词组、句子和话语篇章等语言结构本体所包含和所显示的文化特点，反映了民族的心理模式和思维模式。

比如，汉语用"们"表示人物名词的多数，英语用"-s"表示名词多数；母语为英语的学生往往把"-s"的用法迁移到"们"上，就会出现这样一些病句："在美国大学们的中文系不很多""在饭馆里我遇到了两个上海师大同学们"。这是因为学生还不明白汉语的称数计量的方式同英语的称数计量方式是有所不同的。

汉语的称数法大致有两种：第一种是"数·量·名"的方式，如"三张纸""五位老师"，这是计量的称数法，用于人物和事物；第二种是"们"的方式，如"他们""同学们"，只用于指人的名词，这是论群的称数法。计量称数法表示的是累计量、确切量，论群称数法表示的是集合量、模糊量。不能把这两种相对的方式混合使用，例如，不能说"三个同学们"；也不能把指人的论群称数法用于非人物名词，例如，不能说"大学们"。英语的称数法并没有这样的区别，都以"-s"表示。这种差异是称数计量文化差异的语法表现，在教学上应该加以说明。

在对外汉语教学中，一般来说语构文化的内容在教学上可以结合语法教学来进行。

---

① 陈光磊：《关于对外汉语课中的文化教学问题》，《语言文字应用》1997年第1期，第23-26页。

（二）语义文化

语义文化是一种语言的语义系统、主要是词汇中所包含的文化内容和所体现的文化心理。

词汇是语言大系统赖以存在的支柱，是最能反映文化特征的语言要素。在汉语词汇中，能够从某一个或几个层面反映一个民族的社会状况、宗教信仰、风俗习惯、审美情趣、思维方式或心理态势等方面的词汇，就是文化词汇。

在课堂教学中，语义文化的内容可以同词汇教学相结合，挖掘词汇特有的褒贬、情感、象征等方面的文化内涵，挖掘对应词语在文化含义上的不等值性等，都值得作深入研究。

首先，一个民族文化中特有的事物和概念体现在词汇中，而在别的语言中没有对应的词语，这一类词如果不解释，学习者就难以理解。

胡明扬（1996）把这类词分成了以下五类：

（1）受特定自然地理环境制约的语汇：梅雨、梯田、戈壁滩、熊猫等；

（2）受特定物质生活条件制约的语汇：馒头、旗袍、四合院、炕等；

（3）受特定社会和经济制度制约的语汇：科举、支书、下放、"农转非"等；

（4）受特定精神文化生活制约的语汇：虚岁、黄道吉日、红娘、阿Q等；

（5）汉语中特有的熟语、典故：大年初一吃饺子——没外人；牛郎会织女——一年一次。

熟语也是教学重点之一，包括成语、谚语、格言、俗语等，它们是定型的词组或句子构成的"语言块"，其中既凝聚了人类共同的生活感受，也积淀了深厚的民族文化特色。因此，在教学中必须特别注意一些熟语在文化上的差异，避免学生想当然地照着字面去理解。

其次，某一事物或概念虽然在不同的语言中有对应的词语，但词义却存在很大差别，所以，在语言交际中最容易造成误解和障碍。具体分为以下四种情况：

（1）词的内涵意义有差别。例如，"胖"的含义在不同文化中并不相同，斐济以"胖"为美，就像我国的唐代一样；而且不同国家"胖"的标准也不同，中国女孩子超过50公斤的话，可能会说"最近胖了，我要减肥了"，美国女孩可能60公斤才会觉得有点胖。

（2）词义不等值。例如，"叔叔"与英语中的对应词义范围不同，英语中的"uncle"范围大，包括汉语的"舅舅、叔叔、伯伯"等。

（3）词的引申义和比喻义不同。例如，"松竹梅"在汉语中象征人的品德高洁，而在英语中没有这样的意义。

（4）词的褒贬义不同。例如，东西方文化中的"狗"就带有不同的感情色彩。石慧敏（1997）指出，中国人常用"狗"来表示贬义的意思，如"狗仗人势、狗嘴里吐不出象牙"等。日本好像跟中国差不多，"犬（いぬ）"是狗的意思，也可作"走狗、奸细、狗腿子"之解。"犬に論語"比喻与狗讨论，简直是对牛弹琴。"犬も食わない"，连狗都不吃，比喻臭不可闻。英美人都喜欢狗，尽管他们也常用狗来形容人和事，但并无贬义。"A top dog"比喻优胜者。"Love me，love my dog"即爱屋及乌。甚至还有"Man's best friend"（人之良友）的说法，提到的就是"狗"这种动物。①

不同语言之间常用的对应词汇在意义上几乎都具有某种程度的不等值性；这种不等值性，往往就是文化差异的语言表现。这是语言课中文化教学的重点之一。

例如，汉语水平考试（HSK）样题中有这样一个题目：

在"办喜事时，他们的新房很简陋。"这句话中，"新房"的意思是：

A. 新盖的房子　　B. 新买的房子　　C. 刚刷过的房子　　D. 结婚用的房子

这道题考学生对"新房"的理解，从语面意义上看很可能会被理解为 A、B、C 三种意思，也就是它的语面意义，而在汉语中它有着超越一般理念的特指意义，是"新婚卧室"或"结婚用房"的意思。如果学生不知道词语的这种文化含义，也不真正理解"办喜事"的意思，就会发生失误，产生望文生义的结果。

（三）语用文化

语用文化是指使用语言的文化规约，也就是我们使用语言所必须遵循的规则，它是由不同民族的文化特别是习俗文化决定的。语用文化是培养语言交际能力的主要内容，是对外汉语教学中文化因素教学的重点之一。可以和功能意念的教学和语用规则的教学结合在一起。

比如，有学生对老师说："老师，我想找您谈话，您有空吗？"在这儿学生知道要尊敬老师，所以用了"您"，但他不知道整个一句话却违背了中国人尊上的语用规约，因为"找人谈话"在汉语交际中是一种"上对下"的言语行为。

语用知识很难系统化，但我们可以从一些最常见、最常用的语用文化项目着手来进行教学，如称呼、问候与道别、道谢与道歉、敬语与谦辞、褒奖与辞让、宴请与送礼、隐私与禁忌等方面，教会学生怎样使唤这些语言，这对提高学生的语言

---

① 石慧敏：《浅谈比喻与民族差异——中英日比喻和对外汉语教学》，《上海师范大学学报》1997 年第 1 期，第 155－158 页。

文化交际能力很有帮助。刘珣（2000）对以上七类语用文化项目进行了举例说明，具体如下①：

（1）称呼。中国人讲究长幼、尊卑、亲疏的人际关系，对长辈（包括老师）、对上级不能直呼其名。作为"官本位"思想的残留，汉语中常用"姓＋职务/职业"构成称谓，从"某部长"到"某经理""某科长"都可使用，有的还故意省掉副职的"副"字。

（2）问候与道别。"你好"是在不特别熟的人之间比较正式的问候语，而日常用得更多的是根据当时对方的具体情况，提出一些无疑而问的问题，比如"在看书啊？""洗衣服哪？"等；比较熟识的人之间常问"身体怎么样？""工作忙不忙？"等，表示关心但并没有干涉别人私生活的意思。道别时，除了常用"再见"以外，有时还用"走好""慢走""路上小心"等表示关心的话。

（3）道谢和道歉。中国人用"谢谢"这个词的频率大大低于西方人。可能是因为中国人觉得关系亲密的人说"谢谢"会显得"生分"，太客气，太见外了。中国人道歉也用得不如西方人多，过去认为打喷嚏、打饱嗝、咳嗽之类的生理反应是无法控制的，没有道歉的习惯。也可能因为汉语中缺乏语义稍轻的"excuse me"的对应词，一道歉至少就用"对不起"。但现在好像比较多的人开始用"不好意思"了。

（4）敬语与谦辞。对别人表示尊重，对自己则尽量谦逊，这是中国文化最基本的交际规约。比如，应邀作学术报告，开场白中常常会客套一番："事前没有什么准备，谈一些不成熟的看法，抛砖引玉。"报告结束时，会加上这样的话："以上是个人粗浅的看法，拉拉杂杂浪费了大家不少时间，不对的地方还请大家批评指正。"这在中国文化中显得非常得体，而在西方文化中可能被看作"不真诚"，或者被误解为这个人真的没有学问。

（5）褒奖与辞让。谦虚在中国文化里被认为是美德，所以，答复别人的夸奖时常常用"哪里哪里"；当别人对自己的行为表示感谢时，在比较正式的场合还常常回答"这是我应该做的"，这是为了表示谦虚。关于这一点中西文化差异比较大，如果听到"这是我应该做的"，西方人可能就会认为这是你的工作，是分内之事。

（6）宴请与送礼。中国人作客时，当被问到"喝点什么"时，常常是先推让说"不用了"或者说"随便"。其实，这些对西方人来说都是难以理解的习俗。另一

---

① 刘珣：《对外汉语教育学引论》，北京语言文化大学出版社 2000 年版，第 136－139 页。

方面,中国人接待客人时十分热情,不停地劝吃劝喝,尽管菜肴十分丰盛,还一个劲地强调是"便饭""没什么菜""没什么准备",甚至还会当众说自己的妻子"不会做菜",妻子也不会生气。这些都是真诚的谦逊。同样地,中国人送礼时常常贬低自己的礼品的价值,说是"小意思";接受礼品时,通常不当面打开,也不会像西方人那样赞美礼物,而是表示心中的不安,说"太破费了""不好意思"。这样的区别都应该告诉学生。不过,近年来在年轻人中好像渐渐地跟国际接轨了。

(7)隐私与禁忌。西方人的"隐私"观念比中国人强得多。跟外国人交流时,问家庭、年龄之类的语言要慎用。反之,我们要告诉学习者,在西方用得很普遍的"性感"一词,在汉语中有点贬义,当面用来赞扬女性有时会让人不好意思。再如"小姐"之类的称呼,并不适用于任何地方。语言禁忌也是语用很重要的部分。

上面列举的语用文化只是外国留学生在跨文化交际中最先碰到的一些例子。随着学习的不断深入,学生们就会接触到更深层次的民俗文化。比如,中国人常常喜欢利用谐音来表达一些思想内容,汉语中由谐音产生的语言现象很多。

有一句话叫"外甥打灯笼——照旧"。外甥与舅舅是对应的亲戚关系,"外甥打灯笼",暗示灯光照的是舅舅,简化为照舅,谐音为"照旧",因为"舅"与"旧"同音,所以,一说"外甥打灯笼",别人就知道是"照旧"的意思。类似的由谐音产生的语言现象还有"飞机上挂暖壶——高水瓶(平)""小葱拌豆腐——一青(清)二白"等。

有些人起名字也用谐音,比如"杨帆"是"扬帆"(张开风帆,顺利前进)的谐音、"何适"是"合适"的谐音。人们还用谐音来开玩笑,比如,称呼怕妻子的男人是"床头柜(跪)",说他们得了"气管炎(妻管严)"。

我曾经在收音机里听到过一段广告:

男:小姐,请问你对理想的对象有什么要求吗?

女:嗯,其实也没什么特别的,只要投缘就行!

男:那头扁的都不行吗?

这个笑话取的就是"投缘"与"头圆"的谐音。

很多外国商品进入中国时,用了谐音的方法来翻译它的品牌名称。最有名的就是将Coca cola翻译成可口可乐,在汉语里,"可口"是好吃的意思,"可乐"表示值得高兴,这四个字又记音又表意,很快就被中国人接受了。

由谐音产生的风俗习惯也不少。我们送礼物一般不能送伞,也不能送钟,因为"伞"和"散"同音,"钟"和"终"同音,都是不吉利的。"舌"在某些行业也是一个需要回避的字,因为"舌"与"折(蚀)"同音,对商人来说,折(蚀)本当然不好,所以,各地方言都想法回避"舌"字。舌头,在北京话里叫"口条儿",在上海话里叫"门腔"(只指动物舌头),四川、江西一带甚至就叫"招财"。

以上这些是因为谐音不好而不能说、不能用,有些是因为谐音好而被经常使用。

利用谐音,种树也可以祈求好运。京剧大师梅兰芳曾经在他家的院子里种了两棵柿树和一棵苹果树,表达了"事事平安"的愿望。

年画里常有一只喜鹊站在梅树上的图案,意思是"喜上眉(梅)梢";有时,画喜鹊在梧桐树上,叫"同(桐)喜",大家一起高兴的意思。还有蝙蝠这种动物,因为"蝠"与"福"同音,也常常被画在年画上、雕刻在屋檐上。北京恭王府是北京保存最完整的清代王府。恭王府花园中最多的就是"蝙蝠",据说有成千上万只。屋顶长廊、更有蝠厅,还有蝙蝠形状的蝠池,比比皆是,取谐音"遍地是福"之意。

谐音是一种特殊的语言现象,体现了一个国家的民俗文化。虽然其中有迷信的东西,但美好生活是人们共同的追求,谐音只是人们表达愿望的一种方法。

赵贤洲(1989)指出,"第二语言教学必须考虑同步进行第二文化导入,教师在教授汉语时,应该自觉地、积极地、有计划地传播文化知识,培养学生使用汉语的社会规则"。

张英(1994)提出,在不同的学习阶段,文化教学的内容也应该不同,但遵循的规律都是:由少到多,逐渐增加,要与该阶段的语言教学相适应。在对外汉语教学的初级阶段,是以培养学生基本的交际能力为首要任务。她认为在初级阶段,不宜过多地引入语言以外的文化知识,即使有需要,也应该以简单注解的方式呈现,这样可以不分散学生对语言规律的注意力。

李泉(2005)提出,文化教学的根本原则是"语言教学的同时必须教授的是所谓的交际文化;知识文化的教学则要根据学习者的需求和具体的培养目标来决定"。汉语学习者刚开始接触汉语的时候,正是打基础的时候,而他们所接触的语料多来自教材。因此,一本适合的汉语教材,对于汉语教师进行文化教学和学习者学习交际文化都发挥着重要作用。

至于怎样做到有计划、有步骤地进行文化教学,这就需要把应教的文化内容项目化,这不是一件简单的工作,从20世纪90年代初就有不少学者提出要制定文化大纲,提出以文化为纲编制文化项目的构想。因为如果能像编写功能大纲那样,把文化项目分成初、中、高几个等级来编排,对外汉语文化教学及文化教材的编写将会走向规范化和科学性。随着《国际中文教育用中国文化和国情教学参考框架》的出台,文化教学及文化教材的编写又向规范性和科学性迈进了一大步。但我们应该清楚地认识到,文化项目的定量、定性工作将是一个长期的任务,还有待进一步的探讨和研究。

第二节　对外汉语教学中文化类课程的设置

一、文化类课程的性质和意义

高彦德等(1993)在"外国人学习汉语和使用汉语情况的调查"这一研究课题中,发现来华学习汉语的留学生在"目的"一项中有 74% 选择了"为了了解中国",排在所有目的中的第一位。确实,现在大部分外国学生学汉语的目的并非是为了研究汉语,而是为了掌握汉语这个工具,了解中国文化并从事与中国有关的经济、法律、旅游等领域的工作,他们要求学习中国文化,因此,设置文化课程势在必行。另一方面,设置文化课"是为了从更深层次上加强语言教学,并提高语言教学的效率和成功率"。随着对外汉语教学层次的提高和深入,"文化在中高级汉语中越来越大的作用又要求在课程设置中得到相应的体现",因此,要掌握和使用与文化因素紧密糅合在一起的更高层的汉语,必需学习中国文化。(朱丽云,1999)这里所说的文化课指的就是上文提到的第二个层次和第三个层次的文化,即知识文化。

沙平(1999)认为,文化课的设置,在量上不能超过语言课。同时,由于量的限制也决定了文化课的质,文化课的教学侧重基础知识的介绍。文化课程的教学可以给学生提供"知其所以然"的机会,激活他们在语言课上的点滴之思,把他们的文化知识系统化。心理学研究的成果也证实了目的语文化的学习可以帮助学习者克服文化心理障碍,有利于他们打破偏见,引导强烈的学习动机。因此,文化课的设置是对外汉语教学课程体系中的一个重要组成部分,也是对外汉语教学课程研究的重要课题之一。

二、文化类课程的教学形式

首先,在不同的学习阶段,文化课也有不同的形式、内容及不同的"量"。

一般来说,留学生学习汉语基本上可以分为初、中、高三个阶段。杨凡(2011)认为,在初级阶段,文化教学不宜单独列出,而是作为语言技能教学的辅助部分。应该以交际文化为主,以知识文化为辅,使他们更快更好地掌握基本的语言交际技巧,并减少跨文化交际的摩擦和失误,增强汉语学习的信心。中级阶段的留学生已经较好地适应了在中国的学习生活,识字量、语言技能等方面都有了很大的提高,因此,在讲解文化内容时可以更深入、更丰富。这一时期的文化教学中以交际文化为主、以知识文化为辅的基本格局仍应保持,但可以适当地提高知识文化教学的比例。初、中级阶段可以不单独设课,到了高级阶段,随着学生汉语水平的不断提高,他们的学习需求特别是对文化背景知识的需求也会变得越来越大,越来越强烈。因此,在这一阶段的文化教学中可以加大知识文化教学的比重,并主要以设置独立的文化课的形式实现,比如,可以设置中国古代史、中国近现代史、中国文化地理、中国少数民族概况、中国民居、中国诗歌鉴赏、中国哲学史与现代中国等课程供学生选择,激发学生进一步学习汉语的兴趣。

在不同的教学阶段,语言和文化的比重不同,这就需要在不同的教学阶段给语言教学和文化教学确定一个合理的"量"。关于语言教学与文化教学的比重,张英(1994)认为在初级阶段约为 5∶1,中级阶段约为 4∶1,高级阶段则要上升到 3∶1。

对外汉语文化教学的"量"确定之后,还要确定各个阶段文化教学的侧重点。张英(1994)认为:"文化的涵盖面很宽,根据不同的角度,文化有不同的分类。……从文化的结构上还可以分为表层文化和深层文化等。对外汉语文化教学属于'认知即学习'的范畴,而人类的认识规律是由浅入深、由表及里的。因此,我认为,以表层文化和深层文化的分类来确定各个阶段汉语文化教学的内容,是比较科学的。……留学生一踏进中国,首先感知的是中国文化外在的层面,即物的层面,如街道、建筑等,接着便是与其母语文化完全相异的社会文化,包括交际方式、风俗习惯、人文景观等。……所以,初、中级阶段合理、系统地搞好这一层面的文化教学,不仅能提高留学生学习语言的积极性,而且使他们对中国文化有一个较具体、较系统的了解。"[①]随着留学生汉语水平的不断提升,到了中高级阶段,"根据留学生的汉语水平,开设不同的文化质点课(与异质文化最有区别和比较意义的文化点),把留学生的注意力引导到中国文化的深层,即在民族文化中起主导和定型作用的那部分文化,如价值观、道德观、思维方式、民族心理等"。(张英,1994)这样就能实现从"知其然"到"知其所以然"的飞跃。

其次,文化教学在不同的阶段有不同的内容,与之相应的也要有不同的方式或手段。在不同的教学形式中,文化课的定位以及在课程设置中所占的比重也各不相同。

在短期汉语教学中,文化课往往是以文化讲座的形式出现的,主要以了解和

---

① 张英:《论对外汉语文化教学》,《汉语学习》1994 年第 5 期,第 46 - 50 页。

欣赏为目的。如开设中国茶文化、中国民族音乐欣赏、中国武术等讲座,一般安排一周两次,占总学时的六分之一左右。

在长期汉语进修教学中,中国文化课的教学形式一般有两种:一种是讲座,另一种是内容相对完整、较系统的文化选修课,如中国历史、中国文学史、中国哲学、中国宗教、中国文化概论等课程。这些课对中国文化大多是作基本知识、基本情况的介绍,一般都作为选修课。

在汉语言本科专业教学中,文化课则是专业主干课的一部分。根据不同方向的培养目标,文化课不同程度地成了专业选修课、专业必修课。

汉语言专业的培养目标是培养学生熟练地运用汉语的能力,使其具备扎实的汉语基础知识、一定的专业理论以及基本的中国人文知识,成为熟悉中国国情和文化背景的应用型人才。

有课程必然涉及成绩测试,文化课也不例外。赵宏勃(2012)针对文化课程的测试问题进行了专门的探讨,他指出,对外汉语教学中的文化课程测试一般为纯粹型的文化知识测试,难以将文化的学习与语言能力、跨文化交际能力的提高结合起来。随着二语习得理念的改变,带来成绩测试形式的变化。在教学中要重视过程性评价,调整测试内容和形式,有意识地培养留学生的跨文化交际能力。在教学中增加任务型的小组作业,更关注留学生的学习过程,鼓励他们将文化知识的增长应用于交际活动,从而有效地改善文化课程的教学效果。

赵宏勃(2012)指出,在《中国概况》的教学中,改变了只重视评定分数等级和最终检测的做法,开始关注学生的学习过程,将小组作业的表现分数与笔试的成绩评定结合起来。根据教学实践和学生的反馈意见,这种重视学习过程的成绩测试形式有一些积极的作用,可以有效地调动学生的学习积极性。学生在完成小组作业的过程中,将文化知识的增长应用于交际活动,使文化知识帮助交际能力的提高,在一定程度上摆脱了文化学习与语言实践脱节的"困境",在调查中,67%的留学生都对这种评估方式比较肯定。[①]

三、文化类课程的个案分析

《中国概况》是对外汉语教学中一门重要的文化课程,各高校几乎都开设了这门课程,它也是汉语言专业留学生的必修课。

---

① 赵宏勃:《对外汉语教学中文化课程测试的理念与形式》,《教育与考试》2012年第2期,第37-40页。

由于《中国概况》在对外汉语教学中的文化课程中具有一定的代表性,祖晓梅、陆平舟(2006)对《中国概况》的教学内容、方法和手段以及如何处理文化教学与语言教学的关系等方面的改革与实践进行了专题研究,对其他文化课程的建设具有启发意义。[①]以下我们参考祖晓梅、陆平舟(2006)一文,以《中国概况》为例,对文化课程的设置进行举例说明。

《中国概况》旨在全面而概括性地介绍中国的国情和文化背景知识,其性质相当于法语的 civilization 和英语的 cultural studies 课程。传统的《中国概况》课以介绍中国的客观文化知识为主要内容,以教师讲授为主要方法,以文字课本为主要材料。内容十分广泛,既包括历史、文学、艺术等人文学科的内容,又包括政治、经济、风俗等社会科学的内容。祖晓梅、陆平舟认为,选择什么文化内容和如何处理这些文化内容成为这门课程改革的重点问题之一。他们对目前对外汉语教学中通用的《中国概况》教材(王顺洪编著)进行了认真的剖析,对中国文化课的改革提出了建设性意见。

祖晓梅、陆平舟(2006)认为,《中国概况》课的内容选择应该遵循三个原则:其一,从文化是人们的生活方式和体现在象征符号中的意义系统上来理解文化的定义;其二,把文化知识理解为包括客观文化因素与主观文化因素的结构化信息;其三,把价值观念和行为模式看作文化本质特征的标志。正是遵循这样的原则,他们确定了中国概况课的主要内容包括自然环境、中国人与人口、少数民族、传统思想、政治制度、经济生活、教育、婚姻与家庭、饮食方式、传统节日、社交方式、休闲生活。其中,"社会交往"和"休闲方式"两个章节就是新增加的内容。同时删除了过去《中国概况》课中文学、历史和艺术等内容,从而避免了课程的重叠和内容的重复。《中国概况》课内容改革的另一个重要方面是把学习者的自身文化纳入教学内容,这是由对外汉语教学培养跨文化能力的目标所决定的。

新的《中国概况》课不仅在教学内容上,而且在教学方法、教学手段上都进行了大胆的尝试。中国人的生活方式成为教学的中心内容;采用人种学方法、语言教学与文化教学相结合的方法和多媒体教学手段,观察和访谈为学生提供了真实的经历和感受;学生成为文化学习的主体,师生互动和生生互动增加,使在文化课程中培养语言交际能力的说法成为可能。这些改革措施为《中国概况》课注入了全新的理念。这项研究成果为其他文化课程的改革提供了有益的参考。

---

① 祖晓梅、陆平舟:《中国文化课的改革与建设——以〈中国概况〉为例》,《世界汉语教学》2006年第3期,第121-127页。

第三节　对外汉语文化教材的编写

　　语言学习的过程往往也是外国学习者文化适应的过程，文化内容的学习是语言学习必不可少的组成部分。与汉字、词汇、语法教学有完备的等级体系，有明确的教学大纲相比，文化教学则一直有些滞后。多年来，学界逐渐形成了这样的认识：制订文化大纲，研制具体的文化项目，把各项文化教学的内容有计划、有步骤地组织到对外汉语教学中去，然后通过文化教材的编写加以体现。

　　各类教学大纲是总体设计、课堂教学、教材编写及学习测试等的依据和参考，文化教学也不例外。本节首先梳理历年来关于文化大纲和文化项目的研究现状，然后简要分析文化教材的编写及文化教材研究状况，以供同行参考。

一、文化大纲与文化项目研究现状

（一）文化大纲的相关研究

　　学界关于文化大纲制定的讨论至少在 20 世纪 90 年代就开始了，学者们分别从制定文化大纲的必要性以及制定大纲内容的设想等方面提出了看法。

　　陈光磊(1994)最早提出制定文化大纲的构想①。他从文化测试的角度入手，认为制定与词汇、语法等级相适应的文化大纲是保证文化测试设计更科学、更好把握的必要保证。陈文指出，随着对外汉语教学中文化内容导入的系统化、项目化、数量化，文化测试也将设计得更科学、更好把握。拟制与词汇、语法等级大纲相应的文化大纲正是达到这样要求的必要条件。文章认为，拟制文化大纲基于以下两点基础：对语言教学中所应当包含的文化因素的认识和确定；对语言教学中进行文化教学的原则、方法的认识和应用。拟制文化大纲，就要对语言课中所要求的文化作内容上的分项列目，以便同语法点那样将它分布于教学过程之中。当然，文化项目的确定比语法点要烦难得多。令人鼓舞的是，不少志士正在知难而进，为科学地确立文化项目勤求探讨。他进一步认为，一个适合的文化大纲，如果"以语言为本位对语言教学中的文化项目进行等级标准设计和作出等级划分，或许还是比较合适的"。

　　赵贤洲(1994)的观点与陈光磊不谋而合，他在《对外汉语文化课发展刍议——关于教学导向与教学原则》一文中也强调了制定文化大纲的必要性②。

---

① 陈光磊：《从"文化测试"说到"文化大纲"》，《世界汉语教学》1994 年第 1 期，第 25 - 29 页。

② 赵贤洲：《对外汉语文化课教学刍议——关于教学导向与教学原则》，《汉语学习》1994 年第 1 期，第 53 - 56 页。

他认为，"《汉语水平等级标准与等级大纲》从一个侧面说明了语言与文化的关系。文化有相对的独立性，因而有必要制定大纲，但前提是它包容于汉语水平标准的整体之中。"

林国立(1997)分别从文化和文化因素、文化大纲与语音、语法、词汇、功能大纲的联系与区别、文化大纲的基本内容、文化大纲内容的取舍和文化大纲内容的表述等方面，全面阐述了对制定文化大纲的观点。[①]关于文化大纲的基本内容，他认为，"文化大纲要解决的是'中国人为什么这么说''这么说的含义是什么'的问题。所谓'为什么这么说'和'这么说的含义'，实质上就是究竟是什么样的思想观念、哪些心理特征、什么样的生活方式以及哪些风俗习惯使中国人形成了这样的语言表达方式和表达习惯"。由此林文认为，"文化大纲的基本内容是中国人的民族观念、民族心理、民族的生活方式和风俗习惯"。他提出制定文化大纲时在内容取舍上要遵循四条原则：共性原则、共时性原则、从众性原则和实践性原则。关于文化大纲的表述形式及与功能、语言三要素的等级对应关系，林文的观点是："文化大纲的表述应该以观念为纲，以语言表达方式为目"，"语言教学过程中，语音、语法、词汇、功能和文化因素的对立分布，是文化大纲内容取舍和表述的一个重要参照系"。

张英(2009)[②]通过对基础理论和已有成果的梳理和研究，就文化大纲的性质、任务、基本框架以及与其他语言类大纲的关系等基础性理论问题进行相应的讨论。在对比、分析了上述提到的林国立和陈光磊对于文化大纲的专题论述之后，她认为陈光磊(1994)、林国立(1997)的"文化纲目"中包含着不可分割的三个因素：文化(语言的)、结构(语言的)、功能(语言的)，这正是1988年国家汉语国际推广领导小组办公室正式提倡的"结构—功能—文化"相结合的教学原则。《汉语水平等级标准和等级大纲》研究小组在《编制说明》中指出："对外汉语教学正在形成富有中国特点的教学法体系，向'结构—功能—文化'相结合的道路前进。因此，以'结构—功能—文化'相结合的教学法原则作为制订本《标准和大纲》的指导思想。"[③]

张英(2009)进一步指出，"结构—功能—文化"相结合中的"文化"，包括文化因素和文化知识两个方面，文化因素存在于语言形式之中，属于语言的文化要

---

① 林国立：《构建对外汉语教学的文化因素体系——研制文化大纲之我见》，《语言教学与研究》1997年第1期，第17-29页。

② 张英：《"对外汉语文化大纲"基础研究》，《汉语学习》2009年第5期，第93-100页。

③ 中国对外汉语教学学会组织研制：《汉语水平等级标准和等级大纲》(试行)，北京语言学院出版社1988年版。

素,是语言技能教学的一部分。由于隐含于语言形式之中,是语言要素的有机部分,其教学应该融于语言教学之中,次第等级应该以语言为本。文化知识指的是跨文化交际涉及的文化,其内容应以观念、规约等为次第等级,此类的"文化"可分项列目,因而可以制订出独立的大纲。

　　与语法、词汇等纯语言类大纲不同的是,文化大纲应该是一个开放型的大纲。语言的听、说、读、写技能可以分项训练,四项技能的差异也会因人而异。但是就语言技能本身来说,由低到高、循序渐进是一个客观规律,因而教学大纲相对是一种线形状态。文化教学则有些不同,除了语言的文化因素外,非语言形式之内的文化存在着两种需求:一种是跨文化交际必须掌握的文化,即可能在跨文化交际中成为交际障碍的那部分文化内容,这是第二语言学习者都需要掌握的;另一种是不同个体的需求。留学生学习汉语的目的不同,汉语技能、跨文化交际能力是基本的目标,除此之外,每个人还有其他目标,即个体需求和文化学习取向有所不同,而一定语言水平基础上的文化兴趣的差别,在留学生中是一种普遍现象,因此,文化大纲的基本框架应该是一种有主干有分支的树状结构,而非"线形"结构,即具有可选择性的开放形态。

　　以上学者们关于文化大纲的研究和探讨,其宗旨和目的都是在于推动对外汉语教学文化大纲研制的向前发展,这些成果都为未来文化大纲的诞生提供了理论和实践的基础。由教育部中外语言交流合作中心组编、由华语教学出版社于 2022 年 3 月出版的《国际中文教育用中国文化和国情教学参考框架》(以下简称《参考框架》),作为国际中文教育领域第一部文化教学大纲,可谓历年来学界这方面研究的集大成者,为各国开展中国文化和国情教学提供了科学参考和依据。为了进一步满足海外学习者了解中国文化和国情的需求,提高文化教学的质量和效果,语合中心在《参考框架》的基础上还组编了《应用解读本》。该书是《参考框架》的配套资源,对《参考框架》进行了详细解读和阐述,为各国开展中国文化和国情教学提供实用案例和教学指导。

　　(二)文化项目体系的相关研究

　　关于文化项目分类问题的研究,前人有的在探讨文化大纲时提及,也有的做了一些专门研究。下面简要进行梳理和介绍。

　　鲁健骥(1990)[①]提出,在对外汉语教学的初级阶段,语言教学要想和介绍文

---

　　① 鲁健骥:《对外汉语教学基础阶段处理文化因素的原则和做法》,《语言教学与研究》1990 年第 1 期,第 37－46 页。

化结合,那汉语教材应该是"以语言形式为主,与文化项目紧密结合"。他认为文化介绍应与语言教学的阶段相适应,他还探讨了在汉语教学的基础阶段,在语言教学中介绍文化时要侧重介绍当代中国社会中具有普适意义的、能有助于培养学生使用所学语言进行交际的文化,要遵循针对性和准确性原则。

很多学者曾就文化项目提出过自己的分类。陈光磊(1992)从语构、语义和语用三个方面对文化进行划分,文章认为对外汉语文化教学中应当注入习俗文化、体态文化、心态文化、思维文化、汉字文化、历史文化等文化项目。

魏春木、卞觉非(1992)将文化项目划分为 114 项,一共有四层,第一层分为文化行为项目和文化心理项目;第二层中,文化行为项目又分为介入性文化行为项目和非介入性文化行为项目;文化心理项目则分为社会价值观、人生价值观、伦理价值观和自然观。第三层和第四层进行了更为细致的划分。这种文化项目的分类层次性很强,符合第二语言教学阶段性的特征。

卢伟(2005)[1]针对《乘风汉语》中的中国文化内容进行研究,提出将中国文化内容划分为 10 个总类、31 个子类和 190 个文化因素。其中,10 个总类包含生活方式、健康、风俗习惯、社会交际、教育、社会结构、时间观、空间观、象征观、价值观。相比于魏春木、卞觉非(1992)的分类,卢伟的划分虽然是基于《乘风汉语》这套教材的文化内容提出的,但对文化项目的研究仍有一定的参考意义。

2011 年年底,中山大学国际汉语教材研发与培训基地获批国家汉办"国际汉语教材编写标准"的研发项目,于 2012 年 7 月完成了《国际汉语教材编写指南》(以下简称"指南"),《指南》中有一份《国际汉语分类文化项目表》。此表是在对 3 212 册国际汉语教材中的显性文化点进行统计和考察的基础上总结出来的,文化项目一共分为 4 个层次,第一层的项目有 5 项,包括中国国情、社会交际、生活方式和风俗习惯、成就文化、思想观念。第二层的项目一共有 38 项,第三层的项目共有 179 项,第四层的项目共有 61 项。周小兵(2019)[2]在总结现有的文化项目分类的基础上,基于国际汉语教材语料库开发出一份中华文化项目表。该项目表一共 3 层,第一层有 5 个项目,第二层有 46 个项目,第三层有 212 个项目。这项研究在现有国内外二语文化教学理论的基础上,利用大型国

[1] 卢伟:《"乘风汉语"的中国文化教学研究》,《〈乘风汉语〉教学设计与研究》,刘颂浩主编,世界图书出版公司出版 2005 年版。

[2] 周小兵、谢爽、徐霄鹰:《基于国际汉语教材语料库的中华文化项目表开发》,《华文教学与研究》2019 年第 1 期,第 50 - 58 页。

际汉语教材库,开发了一个新的中华文化项目表,并标注了各文化项目在教材库中的频次和实例,弥补了以往文化项目表在系统性、涵盖面以及辅助信息内容上的不足,是开发国际汉语中华文化项目表的一次新尝试。这个项目表一定程度上可以为文化教学的总体设计、课堂教学、教材编写与研究提供更科学的指导框架。

《国际中文教育用中国文化和国情教学参考框架》(2022)力求全面、系统、客观地介绍中国文化和当代国情,分级目标为初级(小学)、中级(中学)、高级(大学及成人)。文化项目第一层分为“社会生活”“传统文化”“当代中国”三大板块。第二层初级(小学)的“社会生活”下面分为“饮食、居住、衣着、出行、家庭、节庆、休闲、语言交际、非语言交际、交往、语言与文化”这 11 个项目,“传统文化”下面分为“文化遗产、文学、艺术、发明”这 4 个项目,“当代中国”下面分为“地理、教育、语言文字”这 3 个项目。第二层中级(中学)的“社会生活”下面分为 12 个项目,在初级的基础上增加了“消费”这一项,“传统文化”下面分为6 个项目,在初级的基础上增加“历史、哲学”这两项,“当代中国”下面分为 10个项目,在初级的基础上增加了“人口与民族、政治、经济、文学艺术、科技、传媒、对外关系”这 6 项。第二层高级(大学及成人)的“社会生活”下面共 13 项,在中级的基础上增加了“就业”一项,“传统文化”下面共 8 项,在中级的基础上增加了“宗教、中外交流”这两项,“当代中国”下面共 11 项,在中级的基础上增加了“社保”,并把中级的“对外关系”改成“对外交流”。由于中国文化深远悠长,当代中国日新月异,所以,《参考框架》中的三级项目仅以阐述教学内容和目标,提供文化点举例的方式,为开展中国文化和国情教学提供参考框架。以“社会生活”中“语言交际”类项目为例,初级(小学)的“语言交际”类文化项目主要包括“称呼语”“打招呼”“感谢”“告别”“亲属称谓语”,中级(中学)的“语言交际”类文化项目主要包括“礼貌用语”“介绍”“寒暄”“道歉”,高级(大学及成人)的“语言交际”类文化项目主要包括“称赞、请求、拒绝等言语行为”“语言交际风格”“礼貌原则”,且每一个等级的“语言交际”类文化项目的教学内容和目标都进行了文化点的举例。但是,个别教学内容和目标下面没有举出具体的文化点,如“非亲属称谓用法的亲属称谓语”和“影响中文礼貌原则的文化因素”。“亲属称谓语”一项有较明确的判断标准,即在语言交际中对非说话人亲属使用亲属称谓语的情况。而“礼貌原则”一项则较为抽象,缺少实际的、明确的语言点举例和分类标准。总之,《参考框架》是关于中国文化和国情通识教育的参考框架,文化教学既可以在中文的语言教学中展开,也可以通过独立的文化课程和讲座来实施。

二、文化教材编写的探索与实践

"教材是教育思想和教学原则、要求、方法的物化,是教师将知识传授给学生、培养学生能力的重要中介物。它不仅是学生学习的依据,也体现了对教师进行教学工作的基本规范"。(李扬,2002)

对外汉语文化教学从 20 世纪 80 年代中期开始进行理论探讨,到后来开设课程和出版专门的教材,已经走过了近二十年。其成果如何,检验的途径之一就是看对外汉语文化教材的建设。(张英,2004)

(一)专用文化教材的编写

张英(2004)收集并分析了专为开设文化课程而编写的课本或教科书,将 20 世纪 90 年代以来对外汉语文化教材的总体特点概括为以下四点:

(1)种类和数量逐年增加,但是缺少经典性教材;

(2)教材使用对象的涵盖面比较宽,但缺少定位准确的教材;

(3)教材的内容相当宽泛,但缺少科学、规范和系统。几乎所有的文化教材,编著者都力图用"广角"来介绍中国文化或中国文化的某一领域。给人的感觉是编著者不是想包罗万象,就是要涵盖古今,似乎都在追求一种完备和系统。

(4)教材体例自由多样,但文化教学的目标并不十分清楚。对外汉语文化教材的编写体例,表现出比汉语精读、口语、阅读等教材更为自由多样的形式,既有与语言教材接近的编写体例,即内容分为课文、生词、注释、练习等若干部分;也有专业教科书的体例,即分章、分节介绍;还有的是分为若干文化专题,采用的是讲座的体例。

赵宏勃(2005)认为,现有的文化教材虽然比较丰富,既有针对本科生的系列文化教材,也有针对语言进修生的综合文化教材,还有不受课堂约束的课外阅读读物。但这些教材的针对性大多只是体现在编写思路上,编写者意识到课本使用者的特殊性,在材料选取和语言应用上费了一些心思,但这些教材多多少少地存在针对性不强的问题,内容上或过于庞杂,追求完备和系统,或过于专业,容易使学生在艰涩的词汇面前望而却步。

从以上分析中可以看出,在教材编排过程中,由于文化项目的编选缺乏统一的标准,体现在语音、词汇、语法、功能项目中的文化因素大多由编者凭个人喜好选择,文化项目呈零敲碎打、东鳞西爪的分布,主观随意性较大。因此,教材中选择编排适度的文化项目是必要的,也是必需的。(孙清忠,2006)

祖晓梅、陆平舟(2006)以《中国概况》为例,通过个案分析,指出了当前对外汉语教学文化教材的不足之处。他们认为目前对外汉语教学中通用的《中国概况》教材(王顺洪编著)包括 14 个专题:地理、历史、人口、民族、传统思想、科技、教育、政治制度、经济、文学、艺术、风俗习惯、旅游和外交,内容涉及的范围非常广泛,几乎包括中国文化的各个方面,但是这些文化内容都属于客观文化的范畴,主观文化方面的内容,如人们的价值观念和行为模式等,教材基本没有涉及。

为此,他们对《中国概况》进行了再版。新版《中国概况》的主要内容包括自然环境、中国人与人口、少数民族、传统思想、政治制度、经济生活、教育、婚姻与家庭、饮食方式、传统节日、社交方式、休闲生活。新增"社会交往"和"休闲方式"两个章节,删除了旧版《中国概况》课中的文学、历史和艺术等内容。

新版《中国概况》以中国人的生活方式为主要内容,以价值观和行为模式为基本线索,以渗透主观文化为教学目的,以跨文化比较、人种学方法、文化教学与语言教学相结合为教学方法,以多媒体课件为教学手段,为汉语学习者把握中国文化本质特征提供了独特视角和有效途径。

(二) 贯穿文化项目的教材编写

"对外汉语文化教学的内容,在各个阶段并不具有随意性,它既要考虑到人们由浅入深的认知规律和由表及里的文化结构特点,又要兼顾目的语学习者的现实需求,使学习者的交际能力不断提高。"(陈光磊,1992)

关于汉语口语教材在文化项目编排上的主要做法,孙清忠(2006)认为,当前国内对外汉语口语教材在文化项目编排上主要有 3 种代表性的做法。

(1) 教材以文化因素为隐线,但是初、中、高级 3 个阶段不单独列出文化项目。以陈光磊主编的《汉语口语教程》(A 种本)(北京语言文化大学出版社,2000年)为例,这套教材 3 个阶段分别以情景、功能和话题为纲,以文化项目作为隐线,文化项目隐含在课文和课后练习(包括复述原句、熟读句子、话题讨论等)中。这种做法一方面可以分阶段地照顾到不同语言技能的训练,降低文化学习的难度,易于使学生在潜移默化中习得文化项目;另一方面,文化项目没有凸显系统性,比较零散,而且学生只是机械性地训练,也就缺乏对文化项目的真正理解和掌握。尤其是在高级阶段安排的文化项目难度比较大,不太符合学生的实际。例如,这套教材(高级上)的部分文化意义较重的课文有第四课——安乐死、第五课——恋爱观、第十三课——婚外恋、第十四课——黄昏恋等。

(2) 初级阶段不单独列出文化项目,但课文中有讲解交际文化项目内容的短文;中高级阶段专门设计文化项目。以马箭飞主编的《汉语口语速成》(北京语言文化大学出版社,2000 年)为例,在初级阶段《入门篇》对话中穿插文化因素,

《基础篇》和《提高篇》短文中介绍文化项目,注释中解释文化词语;在中高级阶段(包括中级篇和高级篇)编排了专门的文化项目。这样做可以使留学生在初级阶段集中学习语言知识,强化语言能力训练,符合初级阶段文化教学服从于语言教学的规律;但是《入门篇》没有设计文化项目,过分强调语言知识的学习,忽视文化的介绍,使得语言项目与文化项目"两张皮",互不搭界。

(3)明线和暗线相结合,初、中、高级 3 个阶段都安排文化项目。以戴桂芙主编的《初级汉语口语》(北京大学出版社,2009 年)为例。这套教材在初级阶段就以附文形式单独设计了文化项目,3 个阶段都按梯次由易到难地安排了文化项目。教材较好地处理了语言学习和文化项目编排的矛盾,课文对话和短文中不出现文化项目的介绍,而是在课后"你知道吗"作单元总结式的安排;另外,教材文化项目的选排充分考虑到学生的接受程度,由浅入深,在已学课文的基础上,做归纳式总结,使得学生易于接受。

根据对以上三种教材的考察,从与教学阶段相适应来看,孙清忠(2006)认为上面第三种做法更为可取。每个阶段都应适度安排一定的文化项目,但是必须注意文化项目选编的顺序和系统性。一般地说,交际文化教学的内容和阶段要同语言教学相结合,力争同步并进。根据口语教材自身的特点,同时考虑到学生的语言水平和接受能力以及文化项目内部的层次性和系统性,应该按照不同的教学阶段由浅入深、循序渐进地安排文化内容。因此,各个阶段都应适当地设计一定的文化项目,以便于克服口语交际的障碍,使得学生理解、掌握并运用与口语密切相关的交际文化。至于安排文化项目的数量多少,要充分考虑到课文内容和学生的实际水平。

三、文化教材编写研究现状

在新的发展形势下,对外汉语文化教材到底应该如何建设? 各方面的有关专家给出了许多有益的建议和意见。

(一)从宏观角度的编写研究

朱丽云(1999)认为,文化课教材的编写必须大纲领先。在确定大纲的前提下,文化课教材编写尤其是汉语言专业本科生的文化教材应考虑以下四个问题:

(1)编写几套统一的文化课教学教材。因为文化类各学科的内容相对客观,容易形成共识,而汉语言专业的本科生所掌握的基础文化知识基本上符合文化课教学大纲的水平。所以,编写几套统一使用的教材是可行的。

(2)文化课教材编写要注意和汉语言教材的互补性、衔接性、层次性以及交又性。文化课教材编写当然要以各文化学科的理论为指导,系统地反映该学科的基本概念和基本内容,同时又要围绕着语言教学这个中心,要求在文化课教材中处理好文化知识学习与语言学习的衔接问题,使文化课教学既能扩大学生的文化知识面,又能扩大学生的汉语言基础知识。

(3) 文化课教材最好以点带史。文化课大都有史和点的关系。教学实践表明,以点带史的教材容易操作,容易体现语言教学的特点和规律,容易被留学生接受。因为世界各国的历史时间大同小异,但是其中的文化内涵有质的区别,易于文化比较,引起学生的兴趣。另一方面,一个文化点就是一个有始有终的事实,或者是一个生动具体的故事,作为信息记忆,这个点是形象的。再把这些历史点用史作为线索串联起来,形成一个完整体,给学生一个完整的概念,影响比较深刻。

(4) 体现语言教学的编写体例。文化课教学离不开语言教学的因素。因此,文化课教材在编写体例上也可参照语言课教材的编写体例:列出生词,加以外文翻译,进行特有文化知识点的注释等。

张英(2004)认为,要解决文化教材编写中出现的问题,首先要做以下几项工作:制定对外汉语文化教学大纲;制定对外汉语文化教学等级大纲的原则;明确、规范文化教材的体例和教学形式。

赵宏勃(2005)认为,文化教材与语言教材不同,具有自身的独立性,缺乏适用的文化教材将直接影响到对外汉语教学的质量。赵文在分析现状的基础上提出了以下文化教材的编写思路:

(1) 文化教材应兼顾基础性和学术性。各门中国人文知识课程都应遵循本学科的内在发展规律,从学科的基本要求出发,讲授相关学科的基础知识。但是基础性的知识并不意味着放弃对学术性、系统性的追求,可以尝试将前沿的理论研究以深入浅出的方式融合到教材中。

(2) 要重视文化差异。很多学生认为,如果在介绍中国历史时能够同时兼顾同一时期自己国家的历史,就更能引起他们的兴趣;如果在介绍中国传统节庆文化时,引导学生对自己国家的节日风俗进行比较,也能使他们更加关注中华文化与其他文化的交流与融合。当然,这样的文化教学单凭教师一己之力是很难实现的,更需要在教材编写时下大力气,提供相关的背景知识,为教师的出色发挥提供条件。

(3) 要注重趣味性。在历史、风俗、地理等教材中,简单的阐述是远远不够的,可以提供图片、报纸、杂志、音乐、电影等不同来源的资料,在使教材图文并茂、生动活泼的同时，从中发掘学生兴趣与中国文化相关的切入点，引导学生讨论对中国文化的感受。

（二）从微观角度的编写研究

有些学者以某一类教材文化项目的选择与编排为研究对象，提出了一些具体的建设性的建议。孙清忠（2006）从对外汉语口语教材入手，探讨了口语教材中文化项目的选择和编排问题。从文化项目选编的代表性、针对性及处理方式多样性三个方面对对外汉语口语教材中文化项目的编写作了尝试性的探讨。下面根据孙清忠（2006）的摘要进行简单介绍。①

1. 文化项目选编的代表性

（1）选择的文化项目应具现实共通性，应考虑中国文化的发展性。孙清忠认为，既然交际文化项目的教学是为了更好地让留学生理解交际对话中的文化内涵，所教的文化项目当然应是现实中常用的，应是全民族的、具有全民共享性、全民倾向性的观念。交际文化应是"当代活生生的文化现象"（张占一，1990），是"当代具有普遍意义的活文化"（孟子敏，1992）。

（2）选择的文化项目应是正面、健康、得体的。北京大学出版社 1997 年版的《高级汉语口语》（上册）第 28 课有一段家长指责孩子不如邻居家孩子聪明的对话，课文想以此来体现中国家庭中大多数父母都对孩子抱有殷切的期望，却不经意地反映了中国人重虚荣、爱攀比的传统心理，意图是好的，但效果可能是相反的。因此，在文化选择取向上，应"以树立当今国人形象为务，力戒渲染消极文化。对传统文化的简单肯定或否定都会使自己陷入尴尬境地"（赵金铭，1997）。在教材中导入文化项目时，必须注意文化的层次性，即文化品位，介绍的应是最具普遍性、有正面教育意义的文化因素。

（3）选择的文化项目应是以我为主、凸显民族文化的特色。留学生在学习汉语文化的过程中，凭着母语的文化习惯与中国人交际，常常会出现文化冲突。在编写对外汉语口语教材时，面对文化上的差异，是迁就他们，采取回避的态度，还是将文化习惯展示给他们看呢？我们认为，坚持以我为主应是教材编写采用的正确态度。我们不应该因为留学生短暂的文化不适而在教材的编写和文化教学上有所迁就。比如，中国人打招呼的方式往往是据景问话，如"吃了吗？""看什么书呢？""在哪儿买的？""多少钱？"等，这种问候方式容易引起西方人误解甚至

---

① 孙清忠：《浅析对外汉语口语教材中文化项目的选择和编排》，《暨南大学华文学院学报》2006 年第 2 期，第 32 - 41 页。

反感,以为中国人喜欢探问他们的隐私。这就需要我们在讲解这些句子时告诉学生,这些问句并非实问,只是中国人对自己熟悉的人表达关切的一种习惯方式。

2. 文化项目的编排应具有针对性

(1) 文化项目的编排应与教学阶段相适应。文化项目的安排受语言形式的制约,因此,安排文化项目必须遵循与留学生的语言水平和交际需要保持同步的原则。我们认为,对外汉语教材文化项目应作等级安排,按一定的步骤分阶段、分层次地设计。

孙清忠认为,初级阶段的文化项目主要包括:①语言交际文化:习俗文化见面语(称谓、问候、告别、赞辞、祝愿、禁忌、购物、礼貌、自谦、祝愿、待客等)和有文化附加义的词汇(时间词、数量词、方位词、颜色词、否定词、比喻用词等);②非语言交际文化:以体态语为重点,包括基本姿势(如身体姿势、面部表情、目光交流、手部动作等)和礼节动作(如握手等)等,穿插介绍副语言、环境语和客体语等。中高级阶段的文化项目着重讲解一些与语言相关的专门性交际文化知识,主要包括:①由于文化差异引起的词语(成语、典故、歇后语、惯用语、俚语、俗语、谚语、格言等)的文化意义;②特殊语句语篇结构(四字词语、对偶句、回文句和章回体等);③不同的心理价值观念(时间观、空间观、价值观、民族心理、思想意识、思维方式、道德标准等)以及一些非语言交际文化项目等。

(2) 文化项目的编排应充分考虑对外汉语教学中存在的文化依附矛盾。文化依附矛盾就是"教师因教学对象为异文化群体成员而进行文化选择时和留学生因学习内容为汉语言文化而进行文化选择时所表现出来的矛盾"。(孟子敏,1997)当前口语教材文化项目的编排,缺少对文化依附矛盾的专门研究。反映在教学上就会出现"来自不同文化背景的人进行交际时,他们通常按照自己的价值体系判断对方的行为",(周健,2001)或是自觉不自觉地"背叛"自己的文化群体,依附汉文化以适应汉语学习,文化依附矛盾也就由此产生。对此,在口语教材编写上应该提高对文化依附矛盾问题的认识,以便于增强留学生的跨文化交际能力。

3. 对文化交际项目的编排处理方式可灵活多样

主要有以下四种方式:

(1) 课文本身直接介绍文化项目,课文内容围绕该文化项目展开。

(2) 通过情景对话展示,即把相应的文化内容融入具体的情景对话之中,这有时需要对情景作一定说明。例如,购物可有不同对话设计,分别在超市、商店和小摊上,这些对话体现的文化项目是说明购物时交际的对象、方式以及价钱的选择是不一样的,这在对话中应指明交际的情景。

(3)采用注释的方式,对于特殊的表达方式和隐性的、有文化内涵的词语等,可采用在篇末注释的方式。例如,"夜猫子"比喻喜欢晚睡或习惯经常开夜车的人。《初级汉语口语》(2)第169页有如下对话:

"小王是个夜猫子,晚上两点以前没睡过觉。"

"我可当不了夜猫子,每天晚上一到十点就困。"

(4)阅读材料式,对于中国特有的文化习俗、习惯用语等可用此方式。部分口语教材课文或者单元后附有"小知识"或"你知道吗?"等阅读材料,就是专门针对教材中这类文化项目的解释或者总结。

由于目前我国的对外汉语教学界还没有专门的文化大纲,孙清忠(2006)在分析文化项目选择的代表性原则和对外汉语口语教材的特点的基础上,同时参考了国内学者对交际文化的分类,对交际文化项目进行了筛选和归类的尝试。他首先把交际文化分成语言交际文化与非语言交际文化,语言交际文化又分成日常言语行为和心理价值观念,日常言语行为下面再细分为四类。非语言交际文化分成体态语、副语言、客体语和环境语。这样的分类尝试是很有意义,也是值得肯定的。

徐琦珑(2023)以《国际中文教育用中国文化和国情教学参考框架》为依据,分析了《发展汉语》综合系列教材中语言交际类文化项目的编排情况,并指出该系列教材中存在语言交际类文化项目数量及比例失衡的问题。文章认为,语言交际类文化项目与语言教学密切相关,呈现出不分你我、彼此交融的性质,因此,应该更加清晰地反映这一趋势——数量及比例随层级的上升而提高。在初级阶段,即《发展汉语·初级综合》(Ⅰ Ⅱ)中,教材编排了数量最多的语言交际类文化项目,尤其是诸如"打招呼""感谢""礼貌用语"等日常交际中常用的文化项目。对于零基础和初级阶段的学习者,尤其是来华留学生来说,保证最低限度的日常交流、使其获得运用汉语满足生存需求的能力是至关重要的。因此,《发展汉语》在初级阶段关于语言交际类文化项目的编排是合理的,但《发展汉语》在中高级阶段则呈现出数量下降的趋势。文章建议在《发展汉语·中级综合》(Ⅰ)中增加"告别"文化项目,如"再见""我得走了""拜拜"等,并提高"打招呼""请求"和"拒绝"文化项目的数量,而在《发展汉语·高级综合》(Ⅰ)中增加"打招呼""感谢""告别""寒暄"等文化项目,并且提高"礼貌用语"等文化项目的数量。又如,在《发展汉语·高级综合》(Ⅱ)中既增加语言交际类文化项目的总量,又增加高级文化项目的数量,比如"请求""拒绝"和"语言交际风格"等。通过增加一部分缺失的文化项目和一部分数量较少的文化项目,平衡不同层级教材内文化项目的比例,教材可以更加全面地呈现语言交际类文化项目,从而更加符合学习者在不同阶段的认知特点,满足学习者在不同阶段的学习需求。

另外,在《参考框架》的编写原则中,系统性原则强调文化教学的内容不仅包括中国的传统文化,还应包括当代中国的国情信息,进而从多维度、多视角展现立体、真实、全面的中国。在《参考框架》的使用说明中,强调教学内容的编排应该遵照"古今兼顾、立足当代"的原则,强调中国文化的当代意义。可见《参考框架》十分看重文化项目的当代性。徐琦珑(2023)建议教材应增加当代文化项目的比重,以适应飞速发展的中国社会背景。

总之,优秀的文化教材是提高文化教学质量的突破口,以优秀的教材带动文化的传播,这是对外汉语教学界的重要使命。因此,加强文化教材的研究和编写既是对外汉语教学学科发展的需要,也是国际中文教育发展的要求。

第七章 汉语国别教材的编写与研究

随着世界各国学习汉语的人数的日益增多,国际中文教育事业出现了迅猛发展的势头,教材建设也受到了前所未有的重视,尤其是针对不同国别的本土化教材研究和编写,受到越来越多学者的关注。

改革开放初期,中国大陆的汉语教材主要服务于来华留学生,适用于不同母语者,尽管基本上是用英语作为教学媒介语,此类教材可以称为普适性教材。那时,海外出版的教材极少,因此,一些普适性教材,如《实用汉语课本》等,在不同语区、国家使用。由于没有考虑使用地的特点,此类教材使用中会遇到一些困难。20世纪90年代以来,在本地学汉语的人日益增多,一些语区、国家开始编写适用于本地区的教材。此类教材有多种称呼,如本土性、国别化、区域化、语别化、在地化等。(周小兵等,2018)本章探讨的此类教材也是广义的,对国别化或本土化等概念不作细致的区分。

第一节 汉语教材的国别化问题

一、教材国别化的由来

随着汉语学习和汉语教学的不断国际化,海外学习汉语人数的不断增多,学习者的学习目标和需求也日益多元化。在此背景下,面向海外的教材编写问题或者说教材的国别化问题受到了广泛重视,发表了不少重要文章,如赵金铭(2009、2010、2014)、顾安达等(2009)、狄国伟(2013)、郭熙(2013)、吴应辉(2013)、周小兵等(2013)等,他们广泛地探讨了教学环境及海外汉语教学的多样性与汉语教材编写、海外汉语教材的现状与需求、汉语教材本土化的问题与对策等问题。(李泉,2015)

关于教材国别化观念的由来,李泉(2015)认为,一方面是基于20世纪90年代中后期国内外一些学者认为通用型教材缺乏针对性,不能满足海外汉语教学需求而提出编写国别教材,例如,任远(1995)、杨庆华(1995)、徐家祯(1997)等。

另一方面是基于进入新世纪以来"走出去"需要而提出教材编写应国别化。进入21世纪以来,对外汉语教学的发展战略发生了重大转变,工作重心从将外国人"请进来"学汉语,向汉语加快"走出去"的转变。

甘瑞瑗(2004)较早地将国别化定义为"针对不同的国家而实行不同/差别的汉语的教学与研究"。许琳(2007)表示,"我们正在着手对'走出去'的汉语教材从根本上进行改革,改革的目标是教材的'三贴近',即贴近外国人的思维、贴近外国人的生活、贴近外国人的习惯。编写方式是中外合作。"梁冬梅(2008)指出,"不少专家学者已经意识到编写国别汉语教材的重要性",但目前一些所谓的国别汉语教材在针对性方面做得还远远不够,"没有充分考虑学习者的特点,没有考虑学习者的母语和汉语之间的差别","教材内容没有与当地情况适当结合,没有针对学习者的难点设计练习"。

二、教材国别化的研究

(一)关于教材国别化的界定

关于汉语教材国别化或本土化的界定,学界有不同的观点。

赵金铭(2014)认为,目前国际汉语教育的国际化、本土化、国别化的提法被广泛使用,但其所指不明,内涵和外延均不明确,容易造成思想混乱。

周小兵(2014)指出,本土化的含义是:教材的研发和编写要考虑和反映学习者所在国的真实情况,考虑当地学习者的学习特点、难点设计教学点与顺序、教学方式等,以改善效果,减少冲突,适合外语在当地的教和学。有人认为用本土性更好,本土性的含义是:在教材中注意目标语国家的社会文化跟学生母语国家社会文化的适当融合,参照母语特点和学习难点来教目标语,而不是只讲当地社会文化。国家汉办与中山大学共建的国际汉语教材研发与培训基地,收集汉语作为外语的实体教材近万册。统计发现,国外编写的教材,本土性比国内教材突显。原因是国外教材在某一语区、国家使用,面向特定的母语者;国内教材大多在目标语环境使用,面向多种母语者。如今海外学习者占绝大多数,海外汉语教材当然需要本土性。好的本土性教材,必须有当地教师参与编写。1998年美国出版的《中文听说读写》、2003年法国出版的《汉语入门》,都在当地被广泛使用。

把以某种语言为媒介语的汉语教材译成其他媒介语,加几个当地词语,减少体量,这只是表层本土性。在学习点选择与排序、教学方法及练习方式使用等方面全方位考虑学习者的特点,基于文化、语言对比和学习难点的设计,才能把本土性渗透到学习各层面。

李泉(2015)指出,近年提出的教材国别化的理念和导向不符合教材编写多元化原则,多元化才是第二语言教学和教材编写的常态。现有教材国别化的理据并不充分,教材编写要贴近外国人的思维、生活和习惯的观点值得质疑。国际汉语教材编写应体现汉语汉字的特点及其教学规律,国别型教材的内容应主要贴近"中国故事",适当地贴近人类共同的情感和价值观,有限地贴近"外国故事"。"国别化"与"国别型"虽一字之差,但内涵相去甚远。不必高估国别型教材的作用和价值,它的某些优势并非唾手可得;不必低估通用型教材的作用和价值,它的某些弱势并非那么严重。教材编写与研究应秉持多元化的原则,在此前提下,汉语母语国应更多地研究和编写有创新示范意义的各类通用型教材,国别型教材主要应由有关国家自己去编写。李泉、宫雪(2015)探讨了通用型、区域型、语别型、国别型四类汉语教材的内涵和特点、适用范围和编写理据、设计和编写要求以及四类教材的共性与个性。

(二)孔子学院教材本土化的探讨

孔子学院的建立给世界汉语教学带来了前所未有的机遇,但与此同时也带来了课程设计、教材选用、教学方法等方面的挑战。

海外孔子学院到底需要什么样的汉语教材?关于这个问题,俄罗斯孔子学院院长进行了专题讨论①。以俄罗斯孔子学院面临的问题为例,对俄罗斯而言,孔子学院成立后,针对成人的非学历汉语教学得到了空前迅速的发展,但是教学法和新教材开发还处在缓慢成长与发展的阶段。最近几年新汉语教材大量问世,如《快乐汉语》《新实用汉语》等,都是好教材,但俄罗斯孔子学院的教学实践表明,从现有教材之中还是很难挑出完全适合于本地教学条件的教材,所以,教材仍然是个大难题。

俄罗斯圣彼得堡孔子课堂外方主任韩丹星认为,教材的定位就是以学习者的需求为标准。然而,学习者是谁?他们需要的是什么?从圣彼得堡孔子课堂招生情况和周围社会发展状况来看,他认为,现在俄罗斯学习汉语人数增长更快的群体为成人非汉语语言专业的中青年和中小学生。但在众多的教材中,为他们选择适合的教材时遇到的问题是:成人教材大多内容含量大,更适合语言专业的学习者使用;儿童教材连续性差,没有适合的配套教材。再者就是虽然有俄语注释的教材,但大多是将原英语版翻译成俄文,即没有突出俄语为母语的学生学习汉语的重点与难点。因此,目前急需开发零起点、非汉语言专业、俄语为母语

---

① 参见《孔子学院院刊》2010年第2期。

的成人使用教材以及零起点、俄语为母语的中小学生使用教材。

俄罗斯国立人文大学孔子学院外方院长易福成认为,现有的汉语教材之所以不大适合于在俄罗斯孔子学院使用,是因为其具有以下缺陷:(1)针对性不强,不完全适合在非母语环境下面向成年学员的汉语教学,教材的使用者不清楚等;(2)难度过大,教材中会出现课文难度突增、每一课的词汇过多、重复率不足、练习不足等现象;(3)信息量不足,课文中所阐述的国情、历史及文化知识不足;(4)语法解释繁琐或过难,内容(选材)与学员的实际需求联系不足,缺乏实用性,汉字教学缺乏系统性等。

俄罗斯远东国立大学孔子学院中方院长林春泽认为,目前绝大部分的对外汉语教材都是由汉语教师编写完成的,而且许多编者从事国际汉语教学只有几年,因此,教材有很多局限性。应组织有开发语言教材经验的人、有开发国际汉语课程经验的人、有丰富的国际汉语教学经验的教师、教材版面设计人员等专业人士组成一个专业团队来共同开发国际汉语教材。

可见,紧密结合当地实际情况与学习者需求进行教材编写是当务之急。教材编写要体现国别意识和地域特色,也就是教材的本土化问题已经引起大家的重视。

易福成指出,目前同时出多语种教材已成为主流,因此,几乎所有主要教材都可以找到俄文版本,但教材的本土化远远不限于简单的翻译工作。真正意义上的本土化教材应以两国文化差异、两种语言之间的语法差异与语法比较、双语翻译练习等题目为其重点内容。

韩丹星认为,所谓本土化,最重要的一点应强调不同语种母语的学习者在学习汉语时的重点与难点的不同,应突出两种语言使用的差别,而绝非简单地从一种语言翻译成另一种语言。教材中有关文化的部分也需考虑到不同国家的差异。比如,中国人讲求双数,在饭店如果客人定了单数的菜,有些店家会送上一碟小菜来成双,为求个吉利;俄罗斯人双数是对逝者,特别是送花时,给活人送单数,给死人才送双数!教材应在有助于学习者了解中国文化和社会的同时,注重突出民族习惯的差异,这一点也很重要。

孔子学院的快速发展,使教材编写面临着许多问题,比如,编写理念不适应海外教学环境,多语种教材短缺,文化辅助读物不足,本土化特征不强,数字化资源落后,推广渠道不畅等。缺乏教材或缺乏合适的教材成为海外孔子学院或中文机构进行汉语教学时面临的突出问题。因此,解决教材本土化问题成为紧迫任务。

三、教材国别化的类型

周小兵等(2018)指出,20 世纪 90 年代以后,有些教材开始注意本土性。如针对泰国儿童的《汉语入门》(任景文,2008)、针对韩国儿童的《好棒儿童中国语》(김명화、이윤화,2011)、专为母语为英语的海外中学生编写的《快乐汉语》等。张洁(2019)指出,就教材种类来说,既有适用于海内外通用的对外汉语教材,也有专门针对某个国家编写的本土化汉语教材。

自 20 世纪末开始,本土性汉语教材飞速发展,出现了多种类型①。

(1)国外教师主导编写,如美国的《中文听说读写》(姚道中、刘月华,1997)、法国的《汉语语言文字启蒙》(白乐桑、张朋朋,1997)、德语区的《中国话》(柯佩琦、曹克俭,2008)、《中国字》(柯佩琦,2009)。

(2)中外教师合编,如《意大利人学汉语》(F. Masini 等,2006)、《泰国人学汉语》(徐霄鹰、周小兵,2006)。

(3)中外教育机构合作编写,如英国麦克米伦公司和中国外语教学与研究出版社的《走遍中国》(丁安琪,2009);中国教师编写,如李明晶(2002)针对韩国学习者特点编写的《中级汉语会话课本》。

(4)孔子学院教师编写,如哥伦比亚安第斯大学孔子学院编写的《循序渐进汉语》(张慧晶等,2009)。

周小兵等(2018)认为,国别化教材其主要优势为:(1)使用当地学习者的母语作为教学媒介语;(2)适合当地制度,尤其是教育制度;(3)适合并反映当地的社会文化;(4)考虑当地人学习汉语的特点、难点。

第二节 国别教材的多元化探索与研究

教材的编写和开发在努力实现多元化、立体化、数字化及网络化的同时,也越来越重视国别化。本节从本土化的角度对一些国家或地区相关教材的编写与研究做一些介绍。

---

① 周小兵、张哲、孙荣、伍占凤:《国际汉语教材四十年发展概述》,《国际汉语教育》2018 年第 4 期,第 76 - 91 页。

一、一版多本教材的本土化

（一）一版多本教材的缘起

20 世纪出现一种带本土性的特殊教材，即对中国版教材进行改编的教材。如苏联和俄罗斯专家"仿照"《实用汉语课本》编写的《实用汉语教科书》（以下简称"教科书"）（Kondrashevsky，1989）和《实用汉语新编》（以下简称"新编"）（Karapetyanz，2003）。21 世纪，则出现了"一版多本"，即从英语母版改编成其他教学媒介语的教材。为了解决不同国家汉语教材短缺的问题，国家汉办在2005 年实行了对"精品教材"的多语种化，即将一种版本的教材翻译成多国语言。这种翻译不是简单的直接翻译，而是对教材进行的二次加工，因此出现了"一版多本"教材的编写。所谓"一版多本"是指在一种教学媒介语（如英语）版本的基础上进行其他教学媒介语（如法语、德语、西班牙语、阿拉伯语）版本二次开发的汉语教材（周小兵、陈楠，2013）。

在开发的过程中，应充分考虑母语国的国情、语言特点、生活习俗、文化特点等，比如：在语音方面主要采取母语相同音、二语相同音、相近音＋区别等注释的方式；在词汇方面主要采取删减和替换人名、地名、机关团体名、货币、食物、节日等方面的词汇，并适当加入一些高频词；在语法方面通过母语与目的语的语言对比，确定难点，并重点加以解释和练习，有目的地利用母语的正迁移，同时减少母语的负迁移；在文化方面，在语言表达方式中隐含母语国文化，比如：改变人物的姓名和身份等，另外为尊重该国宗教文化而改编相关内容等。这些做法为教材的本土化进行了有益的探讨（周小兵、陈楠，2013）。

（二）俄罗斯"仿造版"教材分析

中国版汉语教材的本土化，目的是让汉语国际教育更好地针对当地语言文化和社会实际，提高汉语教学效率。早期汉语教材未考虑本土化问题，在国外使用有一定困难。后来开始尝试"一版多本"，在英语媒介语的汉语教材基础上，开发其他媒介语教材。同时也有国外教材编者，仿造中国教材编写本国教材。如仿造《实用汉语课本》编写的俄罗斯教材《实用汉语教科书》和《实用汉语新编》。周小兵（2019）《俄罗斯"仿造版"汉语教材的改编研究》一文系统考察两册教材对原版教材的改编及其与俄罗斯汉语教学的关系，考察点有：结构的增加与补充，语音、语法、词汇、文化等方面的增删与修改。考察发现，俄版教材并非只是简单"仿造"，而是根据俄罗斯汉语教学的具体需求，对原版进行多方面的改编。文章尝试运用外语教学本土化理论分析俄版教材改编中的本土性。下面我们根据周小兵(2019)一文,对"仿造"《实用汉语课本》编写的俄罗斯教材《实用汉语教科书》和《实用汉语新编》(以下简称《教科书》和《新编》)进行简要介绍。①

1. 关于新增板块内容

(1)《教科书》新增板块。

第一是情景练习,如:

1) 你想知道你的中国朋友什么时候过生日,他现在多少岁。

a. 亲自问他;b. 通过共同好友问他。

第二是听写练习,包含供教师选择使用的汉字听写与翻译练习。如:

2) 用汉字写下列句子(有拼音);汉字转成拼音和相反;中文句子翻译成俄文和相反。

教材编者认为,加入新练习的目的是让学习者根据不同的交际任务激活语音、词汇和语法能力。新增板块有利于俄罗斯学生多做练习;也符合俄罗斯教师课后布置听写的习惯。

(2)《新编》新增板块。

第一是"汉字"。用俄语解释偏旁部首外,并布置相关作业和练习;如:

1) 将某汉字写五次,说明汉字偏旁的名称、汉字问答。

第二是"家庭作业",包括翻译、交际练习和写作,类似《教科书》的听写练习。如:

2) 回答问题、翻译下列句子、分组对话、交际练习、听录音听写。

第三是"教师语法",对课程语法点进行比较详细、深入的解释,为教师在课堂进行语法教学讲解做好准备。如:

3)"来"和"去"用法的补充说明。"来"和"去"表示的方向不一定符合说话人的立足点,如:今天晚上我来找你,我们好好儿地谈一谈。我七点才回去,你什么时候来?

给教师详细介绍语法点说明,可以帮助教师有效地解释各个语法点。考虑到一些语法点的解释难度,编者用这个板块帮助老师理解、解释语法点的用法,加入汉俄语言对比。与此同时,也可以让感兴趣的学习者参考学习。

2.《教科书》和《新编》新增的本土词汇

为适应俄罗斯汉语教学,《新编》《教科书》都增加了一些反映当地社会生活

---

① 周小兵:《俄罗斯"仿造版"汉语教材的改编研究》,《云南师范大学学报(对外汉语教学与研究版)》2019年第1期,第25-32页。

的本土词汇。这些词汇多是专名,主要出现在练习板块;但数量不多,课文中比例极少,说明词汇本土性程度不够高。

(1)《教科书》新增本土词汇有 7 类:

① 人名:尼古拉、达尼亚、列娜、米莎。

② 地名:俄罗斯、俄国、基辅罗斯、莫斯科、圣彼得堡、符拉迪沃斯托克。

③ 语言文字:俄汉词典。

④ 机关团体名:莫斯科大学。

⑤ 节日节气:圣诞树、彩灯。

⑥ 文学:小红帽。

⑦ 替代,指用本土词汇替代原版教材中的词语。有以下两类:1.“法语”改成“俄语”。2.“帕兰卡”“古波”改成“玛莎”“安德烈”。

(2)《新编》新增本土词汇

新增本土词汇有以下 6 类:1.俄罗斯人名:米莎、萨沙、玛莎、彼得罗夫。2.俄罗斯地名:莫斯科、俄国。3.语言文字:俄语。4.机关团体名:亚非学院、莫斯科大学。5.饮料:俄罗斯伏特加、茶加糖。6.名人:普希金。该教材还有结合本土词汇的练习,如:让学习者用中文向中国人介绍普希金和伏特加。

3.《教科书》和《新编》新增的文化内容

(1)《教科书》新增内容有:

① 中国国情:中国人民币元与货币历史。

② 语言文字:世界各国汉语名称的来源。

③ 生日:中国人怎么样过生日? 增加的目的,是促进对中国日常生活和交际的了解。

(2)《新编》新增内容有:

① 语言对比:俄语 отдыхать 和汉语“休息”有何不同?

② 等级观念:如果翻译汉语古代作品,并强调中国文化的特点,应该怎样翻译“先生”?

③ 语言文字:文言文和白话文,台湾注音,西里尔字母汉语拼音,外文名用汉字的表达。

④ 文学:李白和中国的韵文、中国文学四君子、陈毅和他的小诗《梅花》《大闹天宫》、白话诗。以上古代文化内容的增加对初级学习者的难度较高。

⑤ 时间观念:中国的时间传统表示、中国人对“昨天”和“今天”的概念。 如:汉语:昨天晚上我睡得不好。俄语:Сегодняяплохоспал.(今天我睡得不好)中国

人讨论睡眠质量以上床时间为标准,俄罗斯人以起床时间为标准。不同思维可能会导致偏误出现。

⑥ 空间观念:中国人的"回国"概念。中国人说"回国"是指回自己的国家。俄罗斯人没有这样的观念。

该教材面向攻读东方学专业本科生,他们要修读中国历史和文学课。新增加项目是为了让学生加深了解中国国情和历史。可以说,这些修改符合本土化另一个目标:适合当地教学制度,适合特定专业的教学大纲。

以往汉语教学界认为,《教科书》《新编》基本上是"仿造"《课本》。周小兵(2019)系统考察发现,俄版教材其实对原版教材进行了较大的修改和补充。从每课基本内容看,《教科书》增加了情景练习、听写练习两个板块,《新编》增加了家庭作业练习、汉字、教师语法 3 个板块。此外,对原有板块也做了不少补充和修改。

周小兵(2019)通过 3 套教材系统对比发现,两套俄版教材在语音、语法、词汇、文化等方面对原版教材进行了很多改编。如:(1)对一些语音、语法难点和文化差异进行包含俄汉对比在内的有针对性的讲解及练习。(2)增加了一些俄罗斯本土词汇。(3)增加了大量交际性练习,尤其是较多地运用实践方式展示文化内容,通过练习让学生把握跨文化交际。(4)根据俄罗斯大学东方学专业的要求,增加了一些中国历史和中国文学的知识内容。

从整体上来看,俄版教材的改编,适合俄罗斯的汉语教学,能帮助俄罗斯教师进行高效率地备课和教学实施,能促进俄罗斯学生的汉语学习和系统练习。相对而言,后出版的《新编》改编力度比较大,本土性效应更为明显。

二、日韩本土化教材的编写与研究

(一)日本汉语教材编写的现状及特点

日本汉语教材多如牛毛,这是每一位在日本从事汉语教学的教师都有的感受。就数量而言,每年仅白帝社、白水社、骏河台、朝日社等几家大的经营汉语教材的出版社所出版的汉语教材就有几百种,加上三修社、金星堂、同学社等出版社出版的汉语教材及与汉语教学相关的书籍,总量甚为壮观。(张英,2001)笔者在日本进行汉语教学及研究多年,也深有同感。

1. 日本汉语教材的分类

据津田量(2010)①分析,日本学汉语的人群有两大类:一类是在校生,大约

———————————

① 津田量:《日本汉语教材综合研究及分析》,《汉语学习》2010 年第 2 期,第 105 - 112 页。

25—30万人。在校生中包括以汉语为第二外语的学生和汉语专业的学生。前者又分为大学生和高中生。近年,高中生的人数逐年增加,1986年,日本仅有46所高中开设中文课程,2007年则增至500余所;另一类为自学汉语人群,共100多万人。日本现行汉语教材不下2 000余种。但目前对日本汉语教材的研究以及对日本汉语教育发展形势的研究还很不够。

张英(2001)①指出,日本汉语教材多,分类也比较细致,但是各个出版社分类的标准不尽一致。有的出版社按照汉语教材的水平等级进行分类;有的出版社按照教材的功能进行分类;有的出版社按新刊和既刊加汉语教材的水平等级来分类;白水社的分类是综合的,既按汉语教材的水平等级分类,也按教材的功能分类。为了推销发行,出版社还特地在目录的前边增加新刊教材和好评教材两类。

津田量(2010)把日本市场上的汉语教材分成课堂用教材和课堂外教材。课堂用教材的结构一般是按初、中、高等级进行划分,属于综合性教材,很少按听、说、读、写的功能来划分。从津田量对200多种教材的考察来看,70%以上是基础教材,还有一部分是中级教材,基本上没有高级汉语教材。课堂外教材的结构多以功能划分类别,如语法教材、写作教材、阅读教材、听力教材、会话教材、词汇教材、考试对策用书等。以上提及的这些课堂外汉语教材,基本上是较为严格地按照HSK、中国语检定考试(以下简称"中检")等汉语考试等级标准进行划分。"中检"辅导书和模拟试题类的教材,初、中、高级别用书齐全。

以上提及的课堂用教材和课堂外教材编写者以大学教授为主,或由日本老师和中国老师合作编写而成。笔者曾与龙谷大学教授金子真也合作编写《上海びより》2005年由(日本)好文出版社出版,教材在龙谷大学使用了很多年,期间经过多次修订。

中日或日中合作编写的汉语教材占有相当大的比例,少则占三分之一,多则占一半。值得注意的是,在阅读教材和参考书方面,中日合作的很少;在出版社推荐的好评书方面,日中合作编写的教材多于中日合作编写的教材,日本人编写的教材多于中国人编写的教材,这是值得认真研究的现象(张英,2001)。

2. 日本本土化汉语教材的特点

首先:是汉语教材的水平等级结构。

张英(2001)考察发现,日本出版社所推出的汉语教科书目录,看不到高级汉

---

① 张英:《日本汉语教材及分析》,《汉语学习》2001年第3期,第61-68页。

语教材的踪影,完全由初、中级教材一统天下,特别是初级教材,有的出版社层次分得很细。比如骏河台就分为发音、入门、初级;白帝社则在初级和中级之间加了过渡教材。日本汉语教材的水平等级结构最厚重的部分是初级,最薄弱的部分是高级。如果以国家汉办所制定的对外汉语教学等级大纲来衡量,严格地说,日本出版的汉语教材没有真正的高级汉语教材。

其次:是汉语教材的内容和容量。

张英(2001)指出,单从量上看,日本的初级汉语教材大部分属于"没有压力"的量,特别是在汉字书写方面,日本学生不必像欧美学生那样花那么多时间,学习者只要有效地利用课堂上的学习,就可以轻松过关。从具体的生词和语法点来看,日本的初级汉语教材又有一定的难度,一些在中、高级阶段才学习的词汇和语法,在初级教材中也时常出现。有些编写教材的老师不了解词汇和语法的等级,完全按照自己的感觉来编写教材,因而词汇和语法超纲的情况很多。从这个角度看,某些初级教材的难度超过了学习者的水平。

在课文的选材方面,日本的初级汉语教材全部是以日常生活为内容的。这是编写初级外语教材的一般规律。值得注意的是,部分初级教材也融入了文化的内容。比如,朝日社出版的、由日本人编写的《中国的人民国家语言》,每两课之间有一篇用日语编写的中国文化及国情介绍,诸如中国的电影、中国史与长江、中国的少数民族、改革开放的中国、中国概要、百姓生活等。有的教材则一开始就介绍汉语知识或文化知识,如骏河台出版的、由日中合作编写的《现代中国语》,开篇就是"关于中国语",通过日语和汉语的对比,把汉字与拼音、简体字与繁体字、中国语与汉文等问题进行简要介绍,使学生对所学语言的文化背景有个初步的了解,这对增强学生学习汉语的兴趣有着重要作用。

日本中级汉语教材的课文,非常重视中国的文化和国情。所有的中级教材,几乎都是以文化或现实社会生活为内容的。由于受课本使用者汉语水平的限制,中级教材所涉及的文化和国情虽然还是表层的,但范围比较广。比如,骏河台出版社出版的、由中日合作编写的《话说中国》,内容有:自然地理与民族;都市;万里长城与兵马俑;苏州、杭州与桂林;教育制度;名酒、名菜和名茶;饺子与小吃;书画与工艺美术品;节日;国民生活;家庭生活;风俗习惯。三修社出版的、由日中合作编写的《现代中国展望台》,内容有:中日汉字交流;热门专业;喝茶的讲究;敬烟;宴会;中国人的生意经;下班后的业余生活;大众音乐;体育;小议中国女性;贵族学校;民工潮。大多数中级汉语教材仅从名称就可以感受到其文化含量。比如:白水社出版的《中国历史文化风俗》《中国生活通讯》;白帝社出版的

《中国文化漫步》《今日中国》；朝日出版社出版的《中国人生活素描》；金星堂出版的《中国的文化与传统》《中国风俗文化简介》，等等。

日本中级汉语教材的练习设计，表现出各行其道的特点。有的教材的着眼点是语法和词汇，练习形式多达 5—6 项；有的教材的着眼点是文化和社会背景，练习只设讨论题一项，看起来更像文化教材；有的教材二者兼顾，既有语法和词汇方面的练习，也有文化和社会方面的讨论题。总之，对中级汉语教材的理解和定位似乎不太一致，教学目的也不十分明确，因而在内容安排和练习设计上的随意性较大，显得不够科学和严谨。

津田量（2010）指出，日本课堂用汉语教材较少为汉语专业教材，大部分是第二外语教材。日本的第二外语开课情况是每周约 1—3 课时。与之相配合，汉语教材大多是以学期或学年为单位编写。每本教材基本上为一个学期或者一学年的教学量。初级教材的内容以日常生活为背景，包括发音、语法、词汇和课文。发音部分分为 3 课或 4 课，语音教学的时间大致相同，正文部分多则 20 课，少则 10 课。10 课大致为一学期的教材。20 课则供一学年使用。采取句型或对话的形式是编写初级外语教材的一般规律。中级教材在内容结构方面比初级教材更具多样性，但中级教材的内容几乎都以文化或现实社会生活为主。大部分课堂教材没有译文，练习题也没有解释和答案，所以，课堂教材不适合学生自学，必须有教师在课堂上讲解，学生才能合理使用。津田量（2010）进一步指出，日本目前除高中汉语教材以外，课堂用教材都没有标准。如朝日出版社的初级汉语教材的词汇量之间有 3 倍的差距，同一个出版社出版的初级汉语教材之间在内容、单词总量和难易度上都没有统一标准，不同的出版社就更是如此了。

第三：是汉语教材的形式特点。

日本汉语教材的形式结构，指的是文字、图画、版面设计及附属录音磁带等方面的组合与比例。根据张英（2001）的观察，日本汉语教材形式方面的活力，突出地显示在音、像、图及文字的组合与编排上，尤其是初级汉语教材，几乎都有的教材都是声、像、图相配合，可谓是"立体化"的语言教学。比如，拼音阶段有发音器官图、声调图、所发音节的词义图；进入课文阶段，有课文主题图画或照片、会话场景插图、名胜、名物及风土民俗照片等。这些插图和照片，一方面可以帮助学习者把汉语的音和义结合起来，便于掌握；另一方面，生动的图画可以使枯燥的练习显得有趣，提高学习者的积极性。

在文字的编排方面，有些教材设计得更为精巧。比如三修社出版的、由舆水优编写的《中国语速成》，用红黑两色套版印刷，把发音要点、日汉语音的异同、词语使用注意事项、易于出现的语法错误等，以红笔批改的形式随文标出，教学重点、难点显得非常醒目，这样的设计新颖、活泼、鲜明，会给学习者留下深刻的印象。

日本的初级汉语教材大都有配套的听力磁带。近几年，由于光盘普及，汉语教材的磁带也上升为光盘，各个出版社免费赠送给老师们的教材，光盘就附在书的后面，非常便利。

在日本，使用哪个出版社的汉语教材，完全由任课教师决定。为了争取更多的发行量，出版社自然也考虑为教师提供便利。形式之一就是在赠送给老师汉语教材的同时，附上一个印有"教授用资料"的小册子，内容是每课的习题答案、课文的译文等，部分还附有练习题等。使用这样的教材，老师几乎不用自己动脑子。而学生用教材是没有译文、练习题及答案等内容的。

（二）国内教材的"韩国化"现象①

随着学生人数的增加，汉语教学在韩国的外语教学中的地位逐年提升，已成为第二大外语。汉语热的升温，势必涉及教材。

韩国汉语教材的编写有着悠久的历史，《老乞大》《朴事通》都是 14 世纪流行于高丽的汉语教材，作为具有代表性的汉语口语教材，它们在朝鲜古代的汉语教学中发挥了巨大的作用。七百多年过去了，如今如果我们留意一下韩国各大书店的书架，到处都可以看到汉语教材的身影。既有纸质教材，也有音像教材、多媒体教材等；既有口语听力的，也有阅读语法的，还有应对 HSK 考试的各类辅导教材。

另外，在韩国各大学中文系内部还有为数不少的汉语教材，它们一般都是教授自己所编并在某出版社出版，印数不多，也不在书店公开上柜，是该教授课程的指定用书，往往只供本校中文系学生使用。

除了教材数量、品种迅速增加外，韩国汉语教材的来源也日益丰富。20 世纪 90 年代中韩建交以前，韩国的汉语教材不仅数量少，而且编写者主要是韩国人，或者是从中国台湾来韩国学习而后任教的中国人，比如，学文社就连续出版发行了刘春花编写的《基础中国语会话》《实用中国语会话》《韩中贸易会话》《现代中国语 900》《现代中国语 500》《教养中国语》等，这些教材明显地带有台湾的语言特色。如今不仅有韩国人自己编写的教材，而且还从中国大陆引进了大量

①　石慧敏：《大陆汉语教材的韩国化过程——兼谈教材的针对性问题》，陆建非主编：《双语双文化论文集》，上海三联书店 2009 年版，第 55－62 页。

的汉语教材。

　　2005 年,笔者曾作为客座教授去韩国首尔(当时称汉城)的一所大学任教,初到韩国任教,面对韩国的汉语教材,突然有一种错觉:自己看的是汉语教材吗?汉语教师看不懂汉语教材了,即使是以前在国内熟悉的那几本教材,比如《汉语口语速成》《汉语会话 301 句》等也变得"不认识"了,因为里面随处可见韩语。在教学过程中,笔者跟着教材经历了一个"韩国化"的过程。

　　自 20 世纪 90 年代开始,中国汉语教材开始被大量引进,经过"韩国化"后上市。在韩国用得比较多的主要是马箭飞等的《汉语口语速成》,还有康玉华、来思平的《汉语会话 301 句》、北京大学出版社出版的《初级汉语口语》《中级汉语口语》、赵金铭、苏英霞、胡孝斌的《通向汉语之路》等。

　　下面以当时使用的《汉语口语速成》为例,对教材的"韩国化"改造进行一些介绍和分析。

　　1.《汉语口语速成》中文版简介

　　《汉语口语速成》(以下简称《速成》)这套教材是为短期来华留学生编写的,一共五册,分别适应具有《汉语水平等级标准与语法等级大纲》(1996)中初、中、高三级五个水平的留学生的短期学习需求。其中,《汉语口语速成基础篇》适合具有初步听说能力、掌握汉语简单句型和 800 个左右词汇的学习者。这本教材以交际任务项目作为教学的主要内容,展示了从开学之初的"认识一下"到校园生活中的吃、住、外出做客、旅行以及学期结束时的"告别"等场景的会话,教师在使用这本教材时总体来说感到得心应手,学生也觉得可以学以致用,因此,这套教材在韩国也较受欢迎。

　　2.《汉语口语速成》韩文版的特点分析

　　(1) 教材语言。

　　首先《汉语口语速成》韩文版取名为《신공략——중국어》(《新攻略——中国语》)。六册分别取名为기초편(基础篇)、초급편(初级篇)、실력향상편(实力向上篇)、프리토킹편(自由对话篇)、고급편(高级篇)、완성편(完成篇)。教材中的生词的词性、词义用韩文翻译,课文注释、语法点、练习要求、练习标题都是韩文。

　　韩国化后教材方便了韩国学习者,却使不懂韩文的中文教师使用起来困难重重。比如入门篇(上)(即韩文版"基础篇")第七课"你身体好吗?",这一课有三个练习分别是:

　　① 朋友见面,互相询问对方身体、学习、生活等方面的情况。

　　② 选用下面的副词和形容词描述一个人或一个地方。

③ 听一听、找一找、说一说。

但如果教师使用的是韩文版的教材,整个练习要求就全部是韩文的。如下所示:연습문제

① 친구끼리 만나 상대방의 건강이나 학습, 생활 등에 대해 물어보는 상황을 가정하여 대화를 나누시오。

② 주어진 부사나 형용사를 이용하여 어떤 사람, 혹은 어떤 지방에 대해 묘사해 보시오。

③ 녹음을 듣고 질문에 답하고, 녹음을 따라해 보시오。

(2) 教材图片。

中国版教材的插图不管是人物还是建筑都画得比较简单,整体比较粗糙,人物大都粗粗壮壮,发型大都过时,也许是觉得语言教材主要是学语言,不是欣赏图片,总之,不太讲究审美。而韩文版在这方面作了很大的改动,人物改成了可爱的卡通人物,建筑物也比较精致,色彩是比较柔和的黑白。这些插图虽然既不豪华也不鲜艳,但看得出是从学习者的角度出发、为他们学习服务的,尤其是为他们看图说话时服务的。

(3) 教材排版。

教材体例上没有什么大的变化,分别是生词、课文、注释、语法、综合练习。但在一些细节上韩文版作了一些改动。

① 将课文题目与生词表之间的"题头"略去。中文版这一部分插图有些还可以,一看就能起到提示的作用;但有一些就显得有些粗糙,比如第十二课"要红的还是要蓝的"这一课的题头,一个四方形格子中粗粗大大地写着几种蔬菜的价格,"西红柿　每公斤　3 元",既不好看,又与课文学习内容不一致,因为课文中练习的都是"一斤"。

② 生词表中的专名直接放在最后,不单独列出。

③ 语法点的提示列表也不再单独列出,直接进入一个个语法说明。

④ 增加了一些中国文化知识,比如入门篇(上)(即韩文版"基础篇")中的第六、第八、第十三课后面分别有一页,叫作"休闲一页",介绍中国的基本常识、中国的主要节日、自行车王国——北京以及中国的公共交通工具等。用韩文介绍,并附一些照片,旨在让学生在课余时间多了解中国的情况。

⑤ 使用彩色排版。版面比较赏心悦目,比如,生词一个词和另一个词用白色与粉色相间,看起来比较舒服。

⑥ 教材一般都有塑料封皮,封底有套子,内装录音磁带、CD,一到两盒不

等。这种包装既保护了书,磁带和书又合为一体,方便携带。当然,缺点在于有强制搭卖之嫌。

从以上介绍可以看到,汉语教材本土化有利有弊。虽是一个途径,但要适度。单从学习者的角度考虑,长期使用这样的教材,学生学了一年、两年以后,对汉语的一些术语还是一无所知,会影响他们在汉语学习方面的进一步发展。

当然,教材本土化不失为一种好的方法,一定程度上既保证了教材的质量,同时也便于外国学生的学习,从更高层面上来说,也有助于汉语国际推广事业。分析韩文版教材的特点,有助于启发我们编写国别教材的思路,提高各类教材的针对性。如何根据汉语特点,从不同国家学习者的认知规律和认知特点出发来编写国别教材,应该引起我们的关注。

三、东南亚本土化教材的编写与研究

(一)东南亚各国汉语教材现状分析

这里主要根据沈毅、陈丽梅(2014)①的考察和统计,就东南亚各国汉语教材的总体情况作简要介绍。

1. 东南亚各国使用的汉语教材概况

据沈毅、陈丽梅(2014)的考察,在东南亚使用的汉语教材共 38 种;其中,中国内地高校研发或出版的汉语教材有 23 种,如杨寄洲的《汉语教程》、北京华文学院编写的《中文》、李晓琪主编的《博雅汉语(初级起步篇、准中级加速篇、中级冲刺篇、高级飞翔篇)》等;中国台湾、香港等地编写的汉语教材有 2 种,即中国台湾侨务委员会的《印尼版新编华语课本》及《生活的智慧》(繁体);本土教材有 11 种,如张君松的《泰国人学中文》、新加坡教育部课程规划与发展司小学华文课程组的《小学华文》、东爪哇华文教育统筹机构教材编写小组的《育苗华语》等;中外共同编写的教材 1 种,即徐霄鹰、周小兵的《泰国人学汉语》;此外还有中国国内通用的中小学教材《西游记》试听教材。可见,专门面向东南亚汉语教学的教材数量较少。

目前东南亚国家使用的汉语教材没有统一的标准。泰国主要使用《汉语教程》《实用汉语课本》《基础汉语》《体验汉语》《汉语会话 301 句》《长城汉语》《快乐学中文》等;越南主要使用《汉语教程》《桥梁》《汉语听力课程》《汉语口语教程》

---

① 沈毅、陈丽梅:《东南亚国家汉语教材建设发展战略》,《云南师范大学学报(对外汉语教学与研究版)》2014 年第 3 期,第 39 - 44 页。

《汉语听说教程》等；缅甸主要使用混合型课本，有中国台湾教材、新加坡教材和国内教材。

2. 东南亚各国汉语教材存在的主要问题

沈毅、陈丽梅（2014）考察后发现，东南亚各国汉语教材总体来说主要存在本土化教材稀缺和教材内容有待创新这两个突出问题（沈毅、陈丽梅，2014）。例如，虽然《汉语教程》（北京语言大学出版社，2004）这套系列教材的语音学习较完整，语法教学清晰，教师用书、课文和练习题合为一体，但由于该系列教材的课文设计对象最初是以西方学习者为主，对于东南亚学生学习而言，纵使已有翻译本，但其部分内容仍不太适用，尤其是在文化差异方面，不能满足东南亚学习者的需求。

又如，教材编写虽然注重了实用性和趣味性，但内容设计主要是针对欧美学生，这容易让东南亚国家的学习者缺乏学习兴趣。在现行的对外汉语教材中，诸多教材主要照顾到编写内容的实用性和趣味性，如《长城汉语》（北京语言文化大学出版社，2005）整个教学模式采取以多媒体课件学习与面授教学和文本练习册相结合的主要学习方式。主体教学内容分为《生存交际》《交际扩展》和《自由交际》3个阶段，各个阶段既相互衔接又各自独立。课文故事性强，生动有趣，语言口语化，地道实用，语法介绍简明，配有大量循环渐进式练习。虽然《长城汉语》以循序渐进和交际任务实现了教材内容的系统性，以故事性编著和动漫人物设计实现了教材的趣味性，以多媒体网络技术和多种产品形态实现了教材资源的立体化，但因设计的学习对象主要是以西方学习者为主，未针对东南亚的学习者，在部分内容上，东南亚学习者会感到陌生；在文化上，无法产生对比。

此外，现行的东南亚汉语教材除了在内容的设计上以面向欧美学生进行设计外，在课文的注释上用英语注释，这也不利于东南亚国家学习者的学习，特别是对于英语水平不高的学生，教材中的英语注释反而增加了学习的难度。

沈毅、陈丽梅（2014）认为，以上两方面突出地体现了现行东南亚汉语教材缺乏的本土化内容，这些在教材编写时都有待改进。

3. 东南亚各国汉语教材本土化的方向

语言教学包括语音、词汇、语法等方面的教学，确实要做到教材编写国别化或本土化，就要在这些方面结合该国国情进行因地制宜、因材编教。以泰国为例，在泰语中主要有升调、平调和降调，其中，又有轻重降调和升调，这使得泰语发音时音高发音变化不太明显。升调有的升的幅度较大，降调又不是全部降，平调不是高平。而汉语发音阴阳上去，抑扬顿挫。

学习汉语语音时,泰国学生容易受母语的负迁移影响,最普遍的现象就是把泰语中的降调发成汉语中的去声、平调发成阴平、升调发成阳平。这样的差别如果能在编写泰国汉语教材时加以重视,进行适当地对比,有些发音问题就能防患于未然。

再比如教材词汇的本土化问题。在汉语教材中有大量的北京烤鸭、面条、西红柿鸡蛋汤等具有中国特色的词汇出现,在编写面向泰国学生的本土化教材时,可以同时增加一些具有泰国特色的词汇,如粿条、课室、一客点心、红毛丹等。这样可以方便学生进行操练,也更能引起学习兴趣和共鸣。

在语法方面,第二语言学习者普遍会把外语的语法与自己的母语进行比较,所以,在编写国别化汉语教材时,可以利用两种语言的相似之处帮助学生学习,找到语法的不同之处作为重点和难点讲解。比如,泰国学生受母语语序的影响,在使用"是……的"这种句型造句时容易出现"我今天是去购物的",这是由于学生直接套用了泰语语序。因此,在编写面向泰国学习者使用的汉语教材时,就可以针对容易产生偏误的语法点进行说明,设计相关的练习,帮助学习者掌握这些重点和难点。

语言和文化密不可分,在推广汉语的同时,我们也越来越重视中国文化的传播,作为国别化教材,文化差异也是编写时特别要注意的方面。比如,佛教在泰国占有很重要的地位,在编写教材时可以加入一些佛教文化与词语;在介绍节日时,可对中泰相关节日进行对比,如宋干节与中国的国庆节;提到体育运动时,可将泰国的藤球与我国的乒乓球进行对比。总之,国别化教材可以帮助学生更好地关注和理解两国文化的差异,促进两国文化的传播与交流,也可以更好地提升学生学习汉语的兴趣。

(二)马来西亚本土教材的编写与研究

1. 马来西亚汉语教材研究现状

随着对外汉语教学事业的不断发展,汉语作为第二语言的教学在世界各国受到越来越多的关注。在众多的国别中,马来西亚凭借其优越的地理位置和独特的人口结构背景,在汉语教学事业上得到了较为全面的发展,在这个过程中,汉语教材的需求量越来越大,学习者对教材也提出了更新的要求,此时,教材的编写和研究成为一项迫切的任务。为了更为深入地了解和掌握目前马来西亚汉语教材尤其是本土化教材的编写和研究现状,我们对此进行了有针对性的考察。

根据对前人研究成果的考察与统计,目前在马来西亚使用的教材大致可以分为两类：一类是中国编写的通用型教材，另一类是马来西亚自己编写的本土教材。

叶婷婷、吴应辉(2010)在《马来西亚的汉语作为第二语言教学教材探析》一文中将马来西亚华语作为第二语言的教材分为五类：(1)国民小学华语作为第二语言的教学用书《国小华语》；(2)私立语言中心汉语教材；(3)大学华语作为第二语言教学教材；(4)国家公共行政学院的材料；(5)各类汉语水平测试材料。这种分类主要是根据教材的使用机构/对象不同划分的，五类教材对应的不同机构/对象分别为小学、私立语言中心/社会人士或外国人、大学、国家公共行政学院/政府官员公务员、参与汉语水平测试者。

Hoe Foo Terng(2014)在他的论文中将马来西亚国立大学使用的汉语教材大致分为四类：一是中国编写的对外汉语教材；二是马来西亚本土编写的华语教材；三是根据中国的对外汉语教材和马来西亚本土编写的华语教材改编的教材；四是学校自编的教材。我们认同 Hoe Foo Terng 对教材的分类。总的来说，从教材的编写者国别来看，教材可以分为中国学者编写的汉语教材和马来西亚本土学者编写的汉语教材，以及少量外国学者编写的教材。从汉语教材的编写组织来看，可以分为统编教材和自编教材，统编教材是中国或马来西亚的教育部门组织研发的教材，自编教材是马来西亚学校或学者个人根据一定的社会需求自编的教材。这些教材五花八门、各具特色，能够适应马来西亚当地教学对象的不同需求，但是教材的水平等级参差不齐，仍需规范。

值得注意的是，Hoe Foo Terng 曾通过问卷调查的形式，对马来西二十多个国立大学汉语教材使用的情况进行统计，统计结果发现，使用中国学者编写的汉语教材的学校比例为 36.8%，使用当地华裔教师编写的具有本地色彩的国别化汉语教材的比例则高达 63.2%。由此可见，在中国和马来西亚出版的众多教材中，马来西亚更倾向于使用自编的本土化教材，使用本土化汉语教材甚至成为一种趋势。

2. 马来西亚本土化教材的编写现状

根据以上研究我们了解到，马来西亚本土化教材在汉语教学中占有较大的优势，马来西亚更喜欢选择本土化教材作为汉语教学教材，这并不难理解。就世界范围来看，现在大多数国家所使用的汉语教材，大部分是中国为来华留学生所编写的通用教材，这种普遍通用的教材，在国内基本上还可以满足汉语教学的需要，一旦拿到外国去，由于语言文化背景的差异性，教师和学生往往都感觉无法适从。虽然目前我国学者已编写一些国别教材，但是这些教材还远远不能满足各类学习者的需求,与外国人的语言学习需要契合度还不够高。而由外国学者编写的本土化教材,贴合其国家自身文化习俗和学习者的特点,具有很高的针对性和实用性,能够适应当地学习者的需要,对汉语初学者十分有帮助。不少学者都对马来西亚本土化汉语教材进行了较为细致的研究,并对它们的优点和缺点进行了考察。

叶婷婷、吴应辉(2010)指出,马来西亚华语作为第二语言教学教材的研发已经初见雏形,教材具有浓厚的本土化色彩和鲜明的国际化色彩,但是教材的等级水平和内容结构仍参差不齐,有待改进。

王文英(2016)对马来西亚初级汉语教材《华语》的词汇、语法、内容等方面进行考察后,对《华语》教材的优缺点进行了总结,他肯定了《华语》的适应性,指出《华语》在趣味性、词汇讲解、文化项目编排等方面还有较大的进步空间。

杨芳(2019)从教材编写原则、教材内容等方面对马来西亚汉语教材《基础华语1》进行了研究,并总结了其优点和不足。该教材的优点是:(1)符合现代教学理念,注重实用性;(2)把以学生为中心作为教材编写原则;(3)教材的体例设计较为合理;(4)配套使用的汉字练习簿可以促进学习者掌握正确的汉字书写笔顺与读音。该教材的缺点是:(1)体例设计形式固定,缺乏创新性;(2)课文形式单一,未设计短文型;(3)词语注释方式单一,部分解释不明确;(4)文化因素中没有系统的中国文化知识模块;(5)课文配图方面没有起直观性作用;(6)练习题内容简单,习题数量少,分配不合理。

Nur Afifah Binti Elias(2021)对马来西亚本土汉语教材《华语入门》和《华语》的本土化表现进行分析并总结其本土化特征,从马来西亚教材使用者的角度对教材在本土化方面的优点和不足进行了考察并提出了改进建议。

下面分别从教材的编写原则、教材的形式内容、教材的文化因素等方面对马来西亚本土化教材进行分析。

马来西亚汉语教材的编写遵循针对性原则和实用性原则。

从针对性方面来看,目前马来西亚华语作为第二语言教学教材几乎都是针对汉语初级学者编写的,面向的对象主要有五类:(1)国小的马来西亚小学生、印度裔小学生以及少数华裔小学生;(2)马来西亚的大学生;(3)社会人士或专业人士;(4)外国人;(5)政府官员。为了适应马来西亚汉语教学的特点,教材对语音、词汇、语法部分都进行了本土化处理,在语音方面,教材的设计考虑到学习者的学习特点,对马来西亚学习者常见的语音偏误进行重点练习,具有较强的针对性;在词汇方面,本土化教材在词汇注释部分加入了母语注释,更方便学习者理解词汇的意义,教材还选取了一些富含当地特色和文化的词汇,据 NUR AFIFAH BINTI ELIAS(2021)统计,三册《华语入门》中就纳入有 97 个本土化词汇,占词汇总量的 11.79%,可见词汇的本土色彩十分鲜明;在语法方面,为降低马来西亚学生学习语法的困难,大多教材都通过对话和例句的形式学习语法,不设专门的语法教学。

从实用性方面来看,马来西亚本土化汉语教材都比较注重汉语学习者听、说、读、写技能的提高,几乎所有教材都是集听、说、读、写和练习于一体的综合教材。教材所选的话题贴近学习者的日常生活,便于学以致用,教材十分注重语言的交际功能和学生的实践操练,具有较高的实用价值。

值得注意的是,与通用教材相比,马来西亚本土化教材虽然具有更高的针对性和实用性,但是却缺乏了科学性。叶婷婷、吴应辉(2010)就指出,目前马来西亚的汉语教材水平等级还没有明确统一的标准,教材编写者大多是根据自己的教学经验进行编写,这种情况下编写的教材很可能会产生教材之间不能衔接以及教学内容不符合大纲的问题。由此可见,马来西亚本土化教材的科学性和系统性还有待提升。

在内容形式上,马来西亚本土化教材的内容主要以日常生活的情境为主,如餐厅点菜、自我介绍、询问地点等,绝大多数内容是以情境会话的形式来编写的,教材的话题涉及个人信息、校园生活、文化交际等方面,这些话题都是初学者必学的话题。除此之外,教材还加入了马来西亚学生感兴趣的一些共同话题,如喜欢的运动、喜欢的旅游城市等,考虑到了学生的个性需要。李禄兴、王瑞(2008)在讨论国别化对外汉语教材的特征时指出:"课文要适当照顾本国的一些情况,包括谈论本国的事物、现象、文化、风情、建筑、自然等。"马来西亚教材做到了这一点,很多本土化教材的封面、插图或照片都来自马来西亚各种族人民的生活的真实写照,这些图片含有马来西亚的地方标志、特色服饰、食物等,具有较为鲜明的马来西亚色彩,如《国小华语》的图片生动,趣味性很强。但是,大多数教材图片并不多,色彩上以黑白为主,较为单调枯燥。

在文化方面,除少量中国文化外,马来西亚本土教材还在课文中加入了一些关于马来西亚文化的内容,如传统节日、宗教信仰等,这些内容贴近马来西亚学习者的生活和环境,会让学生产生熟悉的感觉,可以提高学生的学习兴趣。不过,一些教材几乎完全没有涉及中国文化,如《华语》和《华语入门》。语言是文化的载体,语言教学离不开文化教学,二者相辅相成,共同构成语言学习的全过程。对于这两者的学习绝不能孤立开来,汉语教学离不开中华文化的传播,对于文化的学习也可以更好地促进学习者对语言的了解与掌握。因此,马来西亚本土化教材在编写过程中不仅应当体现本土文化,也应当向学习者介绍中国文化。

虽然马来西亚目前本土化汉语教材的数量不少,但根据我们对现有研究成果的考察,马来西亚汉语教材的质量参差不齐,尤其是科学性和系统性方面尚有待提高。要使本土教材更具有针对性、实用性、科学性和系统性,首先,需要建立一套本土教材的评估标准,对现有教材进行评估。其次,在充分了解教材现状的基础上,编写者不能仅凭教学经验来编写,还需要树立大纲意识,比如以《国际汉语教学通用课程大纲》、《国际中文教育中文水平等级标准》等为编写依据,以保证教材的科学性。第三,要重视两国语言文化对比。编写者要结合本国的文化背景,充分了解学习者的年龄、水平、需求等因素,重视语音/词汇/语法等语言要素以及文化的对比。最后,重视本土教师和中国教师的合作,发挥中外双方之优势,才能编写出真正适合本土的优秀汉语教材。

以上以举例说明方式,简要地介绍了一些国家和地区国别化或者说本土化教材的编写和研究现状。李泉(2015)指出,未来汉语教材的格局应该是通用型和本土化并存。通用型教材主要由中国来编写,并且努力编写出具有引领、示范和模式化作用的精品教材。姜丽萍(2018)认为,本土化教材应包括五个要素:一是教材容量本土化;二是各类注释母语化;三是难点讲解对比化;四是部分话题本土化;五是文化内容跨文化化。国别化教材主要由中外合作编写或教材使用国自行组织编写。无论哪种教材,都要以大纲或所在区域或国家的汉语能力标准为参照,编写出在同一标准框架下的针对性、个性化教材。

主要参考文献及对外汉语教材
研究文献辑录

　　说明:这里包括本书的主要参考文献,同时收录了 1980—2022 年在《世界汉语教学》《语言教学与研究》《汉语学习》《华文教学与研究》《云南师范大学学报(对外汉语教学研究版)》《海外华文教育》《国际中文教育》《对外汉语研究》等涉及对外汉语教学的主要刊物、论文集中刊载的有关对外汉语教材编写研究的论文,还有相关的研究生学位论文。

1. 白乐桑:《汉语教材中的文、语领土之争:是合并,还是自主,抑或分离?》,《世界汉语教学》1996 年第 4 期。

2. 毕继万、张德鑫:《对外汉语教学中语言文化研究的问题》,《中国对外汉语教学学会成立十周年纪念论文选》,北京语言学院出版社 1996 年版。

3. 卜佳晖:《关于对外汉语教材生词处理的思考》,《云南师范大学学报》2004 年第 1 期。

4. 蔡丽:《印尼正规小学华文教材使用及本土华文教材编写现状研究》,《华文教学与研究》2011 年第 3 期。

5. 蔡丽、贾益民:《海外华语教材选词共性分析》,《暨南学报(人文科学与社会科学版)》2004 年第 2 期。

6. 陈晨:《培养初步成段表达能力的新型初级口语教材的编写》,《海外华文教育》2005 年第 1 期。

7. 陈绂:《五个"C"和 AP 汉语与文化课教材的编写》,《语言文字应用》2006 年第 1 期。

8. 陈绂:《如何使海外汉语教材更具国别性——以编写美国 AP 中文教材为例》,《云南师范大学学报(对外汉语教学与研究版)》2014 年第 2 期。

9. 陈绂主编:《汉日汉语教学国际研讨会文集》,中国社会科学出版社 2001 年版。

10. 陈楠、杨峥琳:《基于学习策略的汉语教材练习本土化研究》,《世界汉语教学》2015 年第 2 期。

11. 陈莹:《口语教材述评》,北京语言文化大学 2000 届硕士学位论文。

12. 陈颖、冯丽萍:《论语言教学环境对本土教材编写的影响——兼谈泰国中学汉语本土教材的编写》,《云南师范大学学报(对外汉语教学与研究版)》2014 年第 2 期。

13. 陈灼:《制定〈中级汉语教材词汇大纲〉的原则及理论思考》,《语言教学与研究》1995 年第 4 期。

14. 陈灼:《语言学习与习得——从〈桥梁——实用汉语中级教程〉的编写谈起》,《语言文化教学研究集刊》1997 年第 1 期。

15. 陈阿宝:《对外汉语教学研究》(复旦大学国际文化交流学院论文集),山西人民出版社 2002 年版。

16. 陈光磊:《语言教学中的文化导入》,《语言教学与研究》1992 年第 3 期。

17. 陈光磊主编:《语法研究与对外汉语语法教学》(复旦大学国际文化交流学院论文集),山西人民出版社 2002 年版。

18. 陈水胜:《海外华文教材建设的回顾与展望》,《海外华文教育》2010 年第 4 期。

19. 陈晓蕾:《海外华文教材研究状况述评》,《海外华文教育》2015 年第 2 期。

20. 陈晓燕:《对汉语阅读课教材编写的思考——从两种教材的比较谈起》,《煤炭高等教育》1995 年第 2 期。

21. 程乐乐:《关于初级汉语读写教材生词编选的探讨》,《汉语学报》2001 年第 3 期。

22. 程相文:《论〈汉语普通话教程〉的总体设计》,《语言教学与研究》1996 年第 3 期。

23. 程相文:《对外汉语教材的创新》,《语言文字应用》2001 年第 4 期。

24. 程相文:《汉语作为第二语言教材发展的三种形态》,《语言教学与研究》2004 年第 1 期。

25. 程晓堂:《英语教材分析与设计》,外语教学与研究出版社 2002 年版。

26. 褚佩如:《〈外交公务汉语〉的编写特点》,《世界汉语教学》2004 年第 2 期。

27. 戴浩一:《时间顺序和汉语的语序》,《国外语言学》1988 年第 1 期。

28. 邓恩明:《编写对外汉语教材的心理学思考》,《语言文字应用》1998 年第 2 期。

29. 邓恩明:《加强对外汉语教材"词组层级"的建设》,《汉语学习》1998 年第 3 期。

30. 邓氏香:《对中国国内编写对外汉语教材的建议》,《云南师范大学学报》2004 年第 2 期。

31. 董明:《隋以前汉字汉语在日本的传播》,《汉日汉语教学国际研讨会文集》,中国社会科学出版社 2001 年版。

32. 董琳莉:《如何解决对外汉语教材编写中的超纲词问题——以〈博雅汉语·中级·冲刺篇(Ⅰ、Ⅱ)〉为例》,《海外华文教育》2012 年第 4 期。

33. 董琳莉:《谈高级口语教材生词选取与编排的若干问题及解决对策——以〈高级汉语口语〉(北大版)为例》,《华文教学与研究》2013 年第 2 期。

34. 董淑慧:《汉语教材编写的本土化特征——基于〈汉语教科书(1954)〉与通用性教材、"一本多版"的比较》,《海外华文教育》2014 年第 1 期。

35. 范毓民:《欧美汉语教材(教材翻译)》,北京语言文化大学出版社 2004 年版。

36. 方环海:《语言知识的认知特性与教材的编写策略》,《海外华文教育》2010 年第 3 期。

37. 方丽娜:《国别化教材的设计与编写——以〈悦读华文,细品文化〉为例》,《海外华文教育》2010 年第 2 期。

38. 方清明:《对外汉语教材词性标注问题研究》,《华文教学与研究》2007 年第 2 期。

39. 方欣欣:《汉语口语课本题材内容可行性的抽样调查》,《汉语学报》2000 年第 2 期。

40. 房宁、李思暧:《马来西亚国民中学华文教材编排研究:以初中华文教材为例》,《云南师范大学学报(对外汉语教学与研究版)》2012 年第 5 期。

41. 冯蒸:《近三十年国外"中国学"工具书简介》,中华书局 1981 年版。

42. 冯丽萍:《泰国中学汉语教材需求分析与教材编写设计》,《云南师范大学学报(对外汉语教学与研究版)》2014 年第 2 期。

43. 付克：《中国外语教育史》，上海外语教育出版社 1986 年版。

44. 高明杰：《初级对外汉语教材的任务型练习研究》，上海师范大学 2008 届硕士学位论文。

45. 高彦德等：《外国人学习与使用汉语情况调查研究报告》，北京语言学院出版社 1993 年版。

46. 耿虎：《对外汉语教学史研究的一部力作——〈古代汉语汉字对外传播史〉评介》，《语言文字应用》2004 年第 1 期。

47. 顾顺莲：《对外汉语教材编写与对外汉语研究》，丛铁华主编《汉语教学新理念》，北京大学出版社 2004 年版。

48. 郭媛：《初级对外汉语教材比较研究——以〈体验汉语基础教程〉和〈博雅汉语〉（初级起步篇）为例》，苏州大学 2013 届硕士学位论文。

49. 郭琳：《初级汉语教材语言点表述考察及多媒体表述研究》，北京语言文化大学 2005 届硕士论文。

50. 郭晓麟：《对外汉语教材语法教学示例的基本原则——以趋向结构为例》，《语言教学与研究》2010 年第 5 期。

51. 郭志良、杨惠元、高彦德：《〈速成汉语初级教程·综合课本〉的总体构想及编写原则》，《世界汉语教学》1995 年第 4 期。

52. 郭作飞：《〈朝鲜时代汉语教科书丛刊〉简评》，《世界汉语教学》2005 年第 4 期。

53. 韩萱：《全球视阈下的对外汉语教材评述》，《云南师范大学学报（对外汉语教学与研究版）》2009 年第 4 期。

54. 韩秀娟：《近十年来国际汉语教材的本土化与国别化研究综述》，《汉语学习》2020 年第 6 期。

55. 郝琳：《对初级对外汉语教材文本真实性、典型性、得体性的若干考察》，《华文教学与研究》2013 年第 3 期。

56. 郝美玲、刘友谊：《留学生教材汉字复现率的实验研究》，《语言文字应用》2007 年第 2 期。

57. 郝瑜鑫：《定量研究与汉语学习词典编纂理念的创新》，《云南师范大学学报（对外汉语教学与研究版）》2013 年第 5 期。

58. 何宝璋、罗云：《汉语国别化教材编写新尝试：〈Routledge 现代汉语课程〉》，《海外华文教育》2010 年第 3 期。

59. 何富腾：《马来西亚国立大学华语课程教材的研究》，《海外华文教育》2014 年第 1 期。

60. 何干俊：《论对外汉语教学的师资及教材建设》，《南昌教育学院学报》2001 年第 3 期。

61. 何悦恒：《印尼华文教材发展概况、问题及建议——基于〈汉语〉与〈一千字说华语〉的分析》，《海外华文教育》2014 年第 3 期。

62. 洪炜：《〈博雅汉语〉（起步篇）的分析与评估》，《海外华文教育》2008 年第 3 期。

63. 侯仁锋、申荷丽：《教材·测试与日本汉语教学初级阶段词表词汇的相关性考察》，《海外华文教育》2015 年第 4 期。

64. 胡波：《三部汉语听力教材分析》，《世界汉语教学》2000 年第 2 期。

65. 胡建刚：《对外汉语教材三圆点式省略号的分布、动因及其规范》，《汉语学习》2009 年第 2 期。

66. 胡明扬：《对外汉语教学基础教材的编写问题》，《语言教学与研究》1999 年第 1 期。

67. 胡双宝:《识字与口语并重的汉语教材——评白乐桑主编〈说字解词〉》,《汉字文化》2002 年第 4 期。

68. 胡文仲:《介绍一套具有中国特点的交际英语教材》,《外语界》1991 年第 3 期。

69. 胡希明:《教授成人学习中文的教材与教学法》,《语言教学与研究》1991 年第 4 期。

70. 黄方方、孙清忠:《浅析对外汉语初级口语教材的课文编排:以〈初级汉语口语〉、〈汉语口语教程〉、〈汉语口语速成〉为例》,《华文教学与研究》2010 年第 2 期。

71. 黄锦章、刘焱主编:《对外汉语教学中的理论与方法》,北京大学出版社 2004 年版。

72. 黄勤勇:《多媒体对外汉语教材的作用及发展战略》,《世界汉语教学》1999 年第 2 期。

73. 汲传波:《对外汉语口语教材的话题选择》,《云南师范大学学报(对外汉语教学与研究版)》2005 年第 6 期。

74. 汲传波:《中级综合汉语教材语体不对应研究》,《云南师范大学学报(对外汉语教学与研究版)》2009 年第 6 期。

75. 纪晓静:《试论多媒体在对外汉语教学中的作用》,《外语电化教学》2002 年第 10 期。

76. 姜安:《对外汉字初级教材评价研究》,北京语言大学 2007 届硕士学位论文。

77. 姜蕾:《基于教材分析的“中学交际话题表”编写设想》,《语言教学与研究》2013 年第 2 期。

78. 姜丽萍:《汉语教材编写的继承、发展与创新》,《华文教学与研究》2018 年第 4 期。

79. 蒋文燕:《国别化汉语教材的出版模式、编写理念与推广策略——以〈匈牙利汉语课本〉为例》,《云南师范大学学报(对外汉语教学与研究版)》2014 年第 1 期。

80. 金悦:《情境教学在少儿对外汉语教学中的运用——试谈〈国际少儿汉语〉的编写》,《海外华文教育》2010 年第 1 期。

81. 金志军:《中国大陆对外汉语初级听力教材的演变与发展》,《云南师范大学学报(对外汉语教学与研究版)》2008 年第 1 期。

82. 金志军:《东南亚学生初级听力教材使用情况的调查研究》,《云南师范大学学报(对外汉语教学与研究版)》2010 年第 2 期。

83. 津田量:《日本汉语教材综合研究及分析》,《汉语学习》2010 年第 2 期。

84. 竟成主编:《〈对外汉语论丛〉第二集》,上海外语教育出版社 2002 年版。

85. 濑户口律津子:《琉球官话课本研究》,香港中文大学中国语文研究中心 1994 年版。

86. 李慧:《对外汉语教材中语块的呈现方式及其改进建议》,《云南师范大学学报(对外汉语教学与研究版)》2013 年第 2 期。

87. 李明:《近 20 年短期速成初级汉语教材发展概览》,《云南师范大学学报(对外汉语教学与研究版)》2007 年第 3 期。

88. 李明:《面向海外的速成汉语教材编写探讨》,《海外华文教育》2011 年第 4 期。

89. 李泉:《近 20 年对外汉语教材编写和研究的基本情况述评》,《语言文字应用》2002 年第 3 期。

90. 李泉:《论对外汉语教材的趣味性》,《中国对外汉语教学学会第七次学术讨论会论文选》,人民教育出版社 2002 年版。

91. 李泉:《论第二语言教材评估》,《汉语研究与应用》第一辑,中国社会科学出版社 2003 年版。

92. 李泉：《论对外汉语教材的针对性》，《世界汉语教学》2004 年第 2 期。

93. 李泉：《对外汉语教学理论思考》，教育科学出版社 2005 年版。

94. 李泉：《论对外汉语教材的实用性》，《语言教学与研究》2007 年第 3 期。

95. 李泉：《文化内容呈现方式与呈现心态》，《世界汉语教学》2011 年第 3 期。

96. 李泉：《汉语教材的"国别化"问题探讨》，《世界汉语教学》2015 年第 4 期。

97. 李泉、宫雪：《通用型、区域型、语别型、国别型——谈国际汉语教材的多元化》，《汉语学习》2015 年第 1 期。

98. 李泉、黄政澄、赵燕琬、马燕华：《〈新编汉语教程〉的设计、实施及特点》，《语言教学与研究》1996 年第 2 期。

99. 李泉、金允贞：《论对外汉语教材的科学性》，《语言文字应用》2008 年第 4 期。

100. 李泉、杨瑞：《〈汉语文化双向教程〉的设计与实施》，《中国对外汉语教学学会第六次学术讨论会论文选》，华语教学出版社 1999 年版。

101. 李燕、张英伟：《〈博雅汉语〉教材语料难度的定量分析——兼谈影响教材语言难度的因素和题材的选择》，《云南师范大学学报（对外汉语教学与研究版）》2010 年第 1 期。

102. 李杨：《评〈桥梁——实用汉语中级教程〉》，《语言教学与研究》1998 年第 2 期。

103. 李杨主编：《对外汉语教学课程研究》，北京语言文化大学出版社 1997 年版。

104. 李白坚、丁迪蒙：《试论对外汉语教学及教材改革》，《上海大学学报（社会科学版）》1994 年第 6 期。

105. 李海燕：《从教学法看对外汉语初级口语教材的语料编写》，《语言教学与研究》2001 年第 4 期。

106. 李继先：《试论初级对外汉语教材的编写问题》，《清华大学学报（哲学社会科学版）》1995 年第 4 期。

107. 李嘉郁：《关于当前华语教材建设的几个问题》，《海外华文教育》2007 年第 3 期。

108. 李禄兴、王瑞：《国别化对外汉语教材的特征和编写原则》，《汉语国际教育标准与多元化教学——第九届国际汉语教学研讨会论文选》2008 年。

109. 李清华：《〈汉语水平词汇与汉字等级大纲〉的词汇量问题》，《语言教学与研究》1999 年第 1 期。

110. 李如龙：《论对外汉语基础教材建设》，《海外华文教育》2010 年第 2 期。

111. 李绍林：《对外汉语教材练习编写的思考》，《云南师范大学学报（对外汉语教学与研究版）》2003 年第 3 期。

112. 李无未、陈珊珊：《日本明治时期的北京官话"会话"课本》，《世界汉语教学》2006 年第 4 期。

113. 李无未、岳辉：《对外汉语教学课本中的"变调"符号问题》，《汉语学习》2003 年第 6 期。

114. 李香平：《留学生高级班汉字课汉字知识教学与教材编写研究》，《语言教学与研究》2008 年第 4 期。

115. 李香平：《当前留学生汉字教材编写中的问题与对策》，《汉语学习》2011 年第 1 期。

116. 李晓亮：《对外汉语教材的几个问题》，《世界汉语教学》1996 年第 4 期。

117. 李晓琪：《汉语国际推广事业中的教材建设》，《世界汉语教学》2007 年第 3 期。

118. 李晓琪:《初级汉语教程语法项目分布考察及思考》,《中国人民大学对外语言文化学院编》,《汉语研究与应用》第二辑,中国社会科学出版社 2004 年版。

119. 李欣蓓:《从对外汉语教材话题的选择看编写者文化态度——基于三部对外汉语教材话题的分析》,《云南师范大学学报(对外汉语教学与研究版)》2014 年第 5 期。

120. 李雪梅:《对编写意大利本土化汉语教材的思考》,《海外华文教育》2010 年第 3 期。

121. 李杨、刘进:《对外汉语本科教育二十年》,《中国对外汉语教学学会第六次学术讨论会论文选》,华语教学出版社 1999 年版。

122. 李忆民:《视听说对外汉语教材编制初探——〈国际商务汉语〉的总体构想与编制原则》,《汉语学习》1999 年第 1 期。

123. 李逸津:《俄罗斯汉语教学与汉学研究的发端》,《天津师范大学学报》2004 年第 4 期。

124. 梁焱:《海外汉语教材"文化意识"的考察与思考——以俄罗斯、中亚地区为例》,《云南师范大学学报(对外汉语教学与研究版)》2011 年第 4 期。

125. 梁宇:《任务型教学法在对外汉语写作教材中的体现——评〈体验汉语写作教程〉系列教材》,《海外华文教育》2008 年第 4 期。

126. 梁宇:《基于"学习者感受"的体验式国际汉语教材设计》,《语言教学与研究》2011 年第 4 期。

127. 梁宇:《国际汉语教材评价指标体系建构——基于 21 世纪国外 3 份英语教材评价量表视角》,《云南师范大学学报(对外汉语教学与研究版)》2015 年第 4 期。

128. 梁宇:《教师为评价者的国际汉语教材评价标准实证研究》,《国际汉语教育》2017 年第 3 期。

129. 梁爱贞:《对外汉语中级口语教材的成段表达练习题考察》,北京语言文化大学 2002 届硕士学位论文。

130. 林欢、刘颂浩:《基础听力教材编写四题》,《汉语学报》2000 年第 1 期。

131. 林敏、吴勇毅:《对外汉语教材评估:学习者的视角》,中国人民大学对外语言文化学院编《汉语研究与应用》(第四辑),中国社会科学出版社 2006 年版。

132. 林馨、刘姝墨、张洁琳、方环海:《英国汉学中汉语国别化教材初探——萨默斯〈中文基础〉(1864)述评》,《海外华文教育》2012 年第 4 期。

133. 林凯祺、何富腾:《说马来语学生的汉语教材:以砂拉越大学为例》,《海外华文教育》2013 年第 3 期。

134. 林珍华:《对外汉语文化教材研究述评》,《海外华文教育》2009 年第 4 期。

135. 刘峰:《对留学生初级听力教材的设想》,《云南师范大学学报(对外汉语教学与研究版)》2004 年第 2 期。

136. 刘弘、董彩凤:《任务型汉语口语教材练习指令语特点研究》,《云南师范大学学报(对外汉语教学与研究版)》2013 年第 6 期。

137. 刘弘、蒋内利:《近十年对外汉语教材研究特点与趋势分析》,《国际汉语教学研究》2015 年第 1 期。

138. 刘弘、姚示言:《对外汉语本科专业基础教材参考文献的内容分析》,《云南师范大学学报(对外汉语教学与研究版)》2014 年第 6 期。

139. 刘进：《论中级口语教材评估》，北京语言大学 1999 届硕士学位论文。

140. 刘曼、张美兰：《清代著名的满汉双语教材〈清文指要〉(百章)及其价值》，《海外华文教育》2012 年第 1 期。

141. 刘珣：《新一代对外汉语教材的展望——再谈汉语教材的编写原则》，《世界汉语教学》1994 年第 1 期。

142. 刘珣：《对外汉语教育学引论》，北京语言文化大学出版社 2000 年版。

143. 刘珣：《汉语作为第二语言教学简论》(汉语教师培训系列教材)，北京语言文化大学出版社 2002 年版。

144. 刘珣：《为新世纪编写的〈新实用汉语课本〉》，《暨南大学华文学院学报》2003 年第 2 期。

145. 刘珣、邓恩明、刘社会：《试谈基础汉语教科书的编写原则》，《语言教学与研究》1982 年第 4 期。

146. 刘德联：《汉语中级口语教材评述及编写尝试》，《北大海外教育》，北京大学出版社 1997 年版。

147. 刘乐宁：《论汉语国别教材的适用性》，《海外华文教育》2010 年第 2 期。

148. 刘颂浩：《关于对外汉语教材趣味性的几点认识》，《语言教学与研究》2008 年第 5 期。

149. 刘潇潇：《海外华文教材语法项目的定量统计与分析》，《海外华文教育》2009 年第 4 期。

150. 刘娅莉：《词汇巩固策略在初级汉语教材练习中的运用——兼谈与海外英语教材的对比》，《华文教学与研究》2012 年第 4 期。

151. 刘英林：《〈国际中文教育中文水平等级标准〉的研制与应用》，《国际汉语教学研究》2021 年第 1 期。

152. 刘英林、马箭飞：《研制"音节汉字词汇等级划分"探寻汉语国际教育新思维》，《世界汉语教学》2010 年第 1 期。

153. 刘元满：《高级口语教材的话题、情景和话轮》，《北京师范大学学报(社会科学版)》2008 年第 5 期。

154. 刘元满：《基于主题的汉语教材分期研究》，《国际汉语教育》(中英文)2017 年第 3 期。

155. 刘正文：《对外汉语阅读教材的创新——评〈中级汉语阅读教程〉》，《世界汉语教学》2001 年第 2 期。

156. 柳燕梅：《从识记因素谈汉字教材的编写原则》，《汉语学习》2002 年第 5 期。

157. 柳英绿、金基石主编：《对外汉语教学的理论与实践》，延边大学出版社 1997 年版。

158. 六角恒广[日]：《日本中国语教育史研究》，王顺洪译，北京语言学院出版社 1992 年版。

159. 六角恒广[日]：《日本中国语教学书志》，王顺洪译，北京语言文化大学出版社 2000 年版。

160. 六角恒广[日]：《日本现代汉语名师传》，王顺洪译，北京大学出版社 2002 年版。

161. 卢伟：《对外汉语教学中的文化因素研究述评》，《世界汉语教学》1996 年第 2 期。

162. 卢伟：《因特网第二语言学习课件的设计原则与制作方法刍议》，《对外汉语论丛》第二集，上海外语教育出版社 2002 年版。

163. 卢伟：《关于对外汉语教材研发几个问题的思考》，《海外华文教育》2009 年第 2 期。

164. 卢小宁：《关于对外汉语汉字教材的思考》，《天津外国语学院学报》2001 年第 2 期。

165. 鲁健骥：《对外汉语教学学科建设的一个重要课题——谈对外汉语教学历史的研究》，《中国对外汉语教学学会第六次学术讨论会论文选》，华语教学出版社 1999 年版。

166. 鲁健骥主编：《中国对外汉语教学学会成立十周年纪念论文选》，北京语言学院出版社 1996 年版。

167. 陆明：《从口语与口语教学特点看口语教材——谈〈新编口语教程〉的编写原则与特点》，《外语界》2001 年第 2 期。

168. 罗宇：《美国大学初级汉语教材汉字的选取与呈现》，《海外华文教育》2013 年第 2 期。

169. 罗青松：《对外汉语写作教学研究》，中国社会科学出版社 2002 年版。

170. 罗青松：《试论对外汉语写作教材的使用》，《海外华文教育》2007 年第 2 期。

171. 吕必松：《对外汉语教学探索》，华语教学出版社 1987 年版。

172. 吕必松：《对外汉语教学发展概要》，北京语言学院出版社 1990 年版。

173. 吕必松：《华语教学讲习》，北京语言学院出版社 1992 年版。

174. 吕必松：《对外汉语教学概论（讲义）（续五）》，《世界汉语教学》1993 年第 3 期。

175. 吕必松：《对外汉语教学概论（讲义）》，《世界汉语教学》1996 年第 2 期。

176. 吕必松主编：《语言教育问题论文集》，华语教学出版社 1999 年版。

177. 吕光旦主编：《对外汉语论丛》第一集，上海外语教育出版社 1998 年版。

178. 吕文华：《汉语教材中语法项目的选择和编排》，《语言教学与研究》1987 年第 3 期。

179. 吕文华：《对外汉语教学语法体系研究》，北京语言文化大学出版社 1999 年版。

180. 吕文华：《对外汉语教材语法项目排序的原则及策略》，《世界汉语教学》2002 年第 4 期。

181. 马春林：《〈高级汉语口语〉系列声像教学片的编制与特点》，《外语电化教学》1997 年第 3 期。

182. 马箭飞：《以"交际任务"为基础的汉语短期教学新模式》，《世界汉语教学》2000 年第 4 期。

183. 马箭飞：《任务式大纲与汉语交际任务》，《语言教学与研究》2002 年第 4 期。

184. 马欣华：《关于汉语口语教材的编写问题》，《语言教学与研究》1987 年第 4 期。

185. 牟岭：《准确界定学习者特点——对外汉语教材编写的关键》，《云南师范大学学报（对外汉语教学与研究版）》2008 年第 2 期。

186. 倪明亮：《汉语综合课教材论·文册》《汉语综合课教材论·表册》（汉语国际教育教材研究系列），北京语言文化大学出版社 2012 年版。

187. 倪明亮：《国际汉语综合课教材引论》，北京语言大学出版社 2016 年版。

188. 潘红：《试谈教学法与教材编写原则的协调统一》，《外语界》2001 年第 3 期。

189. 潘艺梅：《20 世纪上半叶日本汉语初级教材初识——"实务"汉语教学的体现》，日本《现代中国语研究》2014 年第 16 期。

190. 齐沛：《从信息处理角度看对外汉语教材建设》，《汉语学习》1997 年第 1 期。

191. 齐沛：《对外汉语教材再评述》，《语言教学与研究》2003 年第 1 期。

192. 祁峰：《报刊阅读课教材编写与教学策略初探》，《海外华文教育》2007 年第 3 期。

193. 钱瑗：《介绍一份教材评估一览表》，《外语界》1995 年第 1 期。

194. 钱玉莲：《偏误例析与对外汉语教材编写》，《汉语学习》1996 年第 3 期。

195. 秦惠兰：《关于短期修学的汉语教材之我见——兼谈针对不同母语的教材研究与开发》，《新世纪　新视野——华东地区对外汉语教学研究论文集》，山西人民出版社 2002 年版。

196. 秦惠兰:《对外汉语教材中的"中国印象"与修辞策略:从〈钱包被小偷偷走了〉谈起》,《云南师范大学学报(对外汉语教学与研究版)》2012 年第 2 期。

197. 任远:《基础汉语教材纵横谈》,《语言教学与研究》1985 年第 2 期。

198. 任远:《新一代基础汉语教材编写理论与编写实践》,《语言教学与研究》1995 年第 2 期。

199. 单丁:《课程流派研究》,山东教育出版社 1998 年版。

200. 单韵鸣:《专门用途汉语教材的编写问题:以〈科技汉语阅读教程〉系列教材为例》,《华文教学与研究》2008 年第 2 期。

201. 邵瑞珍:《学与教的心理学》,华东师范大学出版社 1992 年版。

202. 沈黎:《运用认知语言学理论编写教材练习》,《外语与外语教学》2001 年第 10 期。

203. 沈毅、陈丽梅:《东南亚国家汉语教材建设发展战略》,《云南师范大学学报(对外汉语教学与研究版)》2014 年第 3 期。

204. 盛炎:《语言教学原理》,重庆出版社 1990 年版。

205. 施春宏:《面向第二语言教学的语言学教材编写中的若干问题》,《语言教学与研究》2010 年第 2 期。

206. 施光亨:《历史上的汉语教学:向着第二语言教学走出的第一步》,《海外华文教育》2004 年第 4 期。

207. 施良方:《课程理论——课程的基础、原理与方法》,教育科学出版社 1996 年版。

208. 石慧敏:《"经贸汉语"教学内容的选择与延伸——兼谈"经贸汉语"的教学现状》,暨南大学《广州华苑》2000 年第 4 期。

209. 石慧敏:《"旅游汉语教学"——21 世纪对外汉语教学的重要课题》,暨南大学《华文学院学报》2001 年第 4 期。

210. 石慧敏:《中级阶段汉语听说教学的多边设计之构想》,《〈语言的跨文化桥梁〉——华东地区对外汉语青年教师"课堂教学设计与组织"论文集》,上海交通大学出版社 2004 年版。

211. 石慧敏:《论中高级阶段韩国留学生的成语教学》,《云南师范大学学报(对外汉语教学与研究版)》2007 年第 4 期。

212. 石慧敏:《大陆汉语教材的韩国化过程——兼谈教材的针对性问题》,陆建非主编《双语双文化论文集》,上海三联书店 2009 年版。

213. 石慧敏:《面向日本来华中学生的汉语口语教材的研发》,《海外华文教育》2009 年第 3 期。

214. 石慧敏:《从学习者视角谈初级汉语教材的练习设计问题》,《国际汉语教育研究》(第二辑),高等教育出版社 2012 年版。

215. 石慧敏、姚靓:《少儿汉语二语教学课程设置:教材话题选择与课文内容编排》,贾益民等编著《语言学与华语二语教学:课程设置与测试》,商务印书馆(香港)有限公司出版 2017 年版。

216. 石汝杰:《日本的汉语教科书及其出版情况介绍》,《世界汉语教学》2004 年第 2 期。

217. 史世庆:《谈"视、听、说"课教材的选择和使用方法》,《中国对外汉语教学学会第六次学术讨论会论文选》,华语教学出版社 1999 年版。

218. 史世庆编著:《学汉语卡拉 OK·张大伟和王建华》,中国广播电视出版社 1996 年版。

219. 束定芳、张逸岗:《从一项调查看教材在外语教学过程中的地位与作用》,《外语界》2004 年第 2 期。

220. 束定芳、庄智象：《现代外语教学——理论实践与方法》，上海外语教育出版社 1996 年版。

221. 宋永波：《近年来部分规划教材评介（续一、二）》，《世界汉语教学》1992 年第 1 期。

222. 苏瑞卿：《谈留学生古汉语教材的革新》，《世界汉语教学》2003 年第 2 期。

223. 苏新春、杜晶晶、关俊红、郑淑花：《教材语言的性质、特点及研究意义》，《语言文字应用》2007 年第 4 期。

224. 孙德坤：《组合式——教材编写的另一种思路》，《世界汉语教学》1996 年第 1 期。

225. 孙红娟：《北加州中小学教材使用现状调查研究》，《云南师范大学学报（对外汉语教学与研究版）》2014 年第 2 期。

226. 孙清忠：《浅析对外汉语口语教材中文化项目的选择和编排》，《暨南大学华文学院学报》2006 年第 2 期。

227. 孙瑞珍：《中高级对外汉语教学等级大纲（词汇·语法）》，北京大学出版社 1995 年版。

228. 孙瑞珍、陈田顺：《中高级对外汉语教学等级大纲》的研制和思考，《中国对外汉语教学学会成立十周年纪念论文选》，北京语言学院出版社 1996 年版。

229. 孙雁雁：《对外汉语口语教材编写与研究》，《云南师范大学学报（对外汉语教学与研究版）》2010 年第 3 期。

230. 孙雁雁、李登贵：《回答句的省略形式在初级口语教材编写中的体现》，《海外华文教育》2010 年第 3 期。

231. 孙玉茜：《对初级汉语口语教材的反思》，《西安文理学院学报（社会科学版）》2012 年第 2 期。

232. 谭晓平、杨丽姣：《初级汉语教材练习题中词汇的复现与扩展问题研究——以〈新实用汉语课本 1〉为例》，《云南师范大学学报（对外汉语教学与研究版）》2015 年第 1 期。

233. 唐师瑶、苏新春：《对外汉语初级综合教材的练习有效性研究》，《语言文字应用》2015 年第 3 期。

234. 陶嘉炜：《探索听的规律　编好听力教材》，《新世纪　新视野——华东地区对外汉语教学研究论文集》，山西人民出版社 2002 年版。

235. 陶健敏：《IB"文凭项目"中文课程大纲及相应教材编写策略探讨》，《华文教学与研究》2012 年第 2 期。

236. 田然：《近十五年对外汉语中高级阅读教材编写理念评析》，《云南师范大学学报（对外汉语教学与研究版）》2008 年第 4 期。

237. 田艳、陈磊：《对汉语教材结构体系中练习设置的分析与思考》，《语言教学与研究》2014 年第 3 期。

238. 佟秉正：《初级汉语教材的编写问题》，《世界汉语教学》1991 年第 1 期。

239. 万明高：《音像教材编导制作基础》，北京大学出版社 1997 年版。

240. 万业馨：《如何打破汉字教学的"瓶颈"——以〈中国字·认知〉为例谈汉字教材研究》，《世界汉语教学》2015 年第 1 期。

241. 王飙：《大胆选篇　小心编排——介绍〈中国视点——中级汉语教程〉》，《世界汉语教学》2002 年第 4 期。

242. 王飙:《中国大陆对外汉语视听教材评述与展望》,《世界汉语教学》2009 年第 2 期。

243. 王飙:《试论"精视精读"教学模式与教材编写》,《语言教学与研究》2010 年第 3 期。

244. 王方:《初级汉语教材功能与语法相结合的量化研究》,《汉语学习》2014 年第 3 期。

245. 王蓓华:《汉语的日语借词与对日汉语教材编写建议》,上海外国语大学 2013 届硕士学位论文。

246. 王春红:《对外少儿汉语教材趣味性体现及构想——以〈中文〉和〈国际少儿汉语〉为例》,《海外华文教育》2012 年第 3 期。

247. 王汉卫:《对外汉语教材中的媒介语问题试说》,《世界汉语教学》2007 年第 2 期。

248. 王汉卫:《论对外汉语教材生词释义模式》,《语言文字应用》2009 年第 1 期。

249. 王弘宇:《中国大陆汉语教材出版的成就与不足》,《世界汉语教学》2003 年第 1 期。

250. 王弘宇:《对外汉语教材词类标注的考察角度与处理原则》,《语言教学与研究》2013 年第 5 期。

251. 王洪顺:《六角恒广的日本近代汉语教育史研究》,《汉语学习》1999 年第 4 期。

252. 王际平:《谈谈对外汉语教学中的一对一个别教学模式》,《对外汉语一对一个别教授研究》,中国社会科学出版社 2002 年版。

253. 王建勤:《对外汉语教材现代化刍议》,《语言文字应用》2000 年第 2 期。

254. 王魁京:《第二语言学习理论研究》,北京师范大学出版社 1998 年版。

255. 王顺洪:《日本明治时期的汉语教师》,《汉语学习》2003 年第 1 期。

256. 王素云:《对外汉语教材生词表编译中的几个问题》,《汉语学习》1999 年第 6 期。

257. 王文龙:《汉语口语教材中会话对答结构类型的表现分析》,《华文教学与研究》2013 年第 4 期。

258. 王文龙:《中高级汉语口语教材中的不合意应答》,《云南师范大学学报(对外汉语教学与研究版)》2013 年第 2 期。

259. 王文英:《马来西亚初级汉语教材研究——以马来西亚彭亨大学〈华语〉为例》,河北大学 2016 届硕士学位论文。

260. 王小曼:《论汉语本科专业高级口语教材的编写原则》,《云南师范大学学报(对外汉语教学与研究版)》2005 年第 5 期。

261. 王晓钧:《互动性教学策略及教材编写》,《世界汉语教学》2005 年第 3 期。

262. 王晓娜:《第二语言语体能力的培养与教材虚拟语境的设置》,《汉语学习》2003 年第 1 期。

263. 王衍军:《谈对外汉语"中国民俗"课的教材编写及教学思路》,《华文教学与研究》2007 年第 1 期。

264. 王衍军:《20 世纪 50 年代以来对外汉语精读教材用字情况调查:以五套对外汉语精读教材为例》,《华文教学与研究》2009 年第 2 期。

265. 王尧美:《对外汉语教材的创新》,《语言教学与研究》2007 年第 4 期。

266. 王玉响、刘娅莉:《初级汉语综合课教材词汇的频率与复现》,《华文教学与研究》2013 年第 4 期。

267. 王钟华:《试论对外汉语教学课程规范》,《语言文化教学研究集刊》1997 年第 1 期。

268. 魏红:《泰国中学汉语教材编写和使用中的几个问题》,《云南师范大学学报(对外汉语教学与研究版)》2007年第1期。

269. 魏红：《试论对外汉语教材的评估与使用》，《沙洋师范高等专科学校学报》2009年第1期。

270. 吴碧莲主编：《对外汉语教研论丛》(华东师大论文集第一辑)，华东师范大学出版社1999年版。

271. 吴成年：《对文学作品作为中高级对外汉语教材的思考》，《新疆师范大学学报(哲学社会科学版)》2004年第2期。

272. 吴淮南：《作为外语的汉语口语教材〈朴通事〉和〈朴通事谚解〉》，《南京大学学报(哲学·人文科学·社会科学版)》1995年第4期。

273. 吴思娜：《外国留学生听力课堂活动与教材需求分析》，《汉语学习》2013年第1期。

274. 吴思娜：《外国留学生口语课堂活动与教材需求》，《云南师范大学学报(对外汉语教学与研究版)》2015年第5期。

275. 吴应辉：《关于国际汉语教学"本土化"与"普适性"教材的理论探讨》，《语言文字应用》2013年第3期。

276. 武荣强：《建构主义视野下的中级汉语口语教学研究》，上海师范大学2007届硕士论文。

277. 武氏梅兰：《从培养交际能力角度评析五部初级口语教材》，北京语言文化大学2002届硕士论文。

278. 夏纪梅：《现代外语课程设计理论和实践》，上海外语教育出版社2003年版。

279. 肖菲：《论华文教材练习编写的原则》，《零陵学院学报》2002年第1期。

280. 肖亚西：《基于任务教学法的对外汉语口语教材研究》，上海师范大学2007届硕士论文。

281. 谢祎坤、曾立英：《类词缀在对外汉语教材中的运用》，《云南师范大学学报(对外汉语教学与研究版)》2014年第4期。

282. 辛平：《面向商务汉语教材的商务领域词语等级参数研究》，《语言文字应用》2007年第3期。

283. 徐峰：《有关新加坡小学华文教材中新加坡元素的若干思考》，《海外华文教育》2013年第2期。

284. 徐娟、张普：《基于internet的中级汉语远程教学》，《中国对外汉语教学学会第六次学术讨论会论文选》，华语教学出版社1999年版。

285. 徐蔚：《美国两部汉语教材的对比分析——〈中文天地〉和〈新实用汉语课本〉》，《云南师范大学学报：对外汉语教学与研究版》2011年第2期。

286. 徐昌火：《试论基础表述的组配研究与对外汉语教材编写》，《语言教学与研究》2001年第4期。

287. 徐昌火：《困惑与抉择——对外汉语教材编写的宏观研究》，《新世纪　新视野——华东地区对外汉语教学研究论文集》，山西人民出版社2002年版。

288. 徐家祯：《从海外使用者的角度评论大陆编写的初级汉语课本》，《第五届国际汉语教学讨论会论文选》，北京大学出版社1997年版。

289. 徐晶凝：《基于语言教学的报刊教材编写问题探析》，《华文教学与研究》2011年第4期。

290. 徐丽：《〈官话指南〉在日本汉语教育史上的地位与贡献》，《海外华文教育》2015年第1期。

291. 徐琦珑：《国际中文学习者"语言交际"类文化项目教学研究》，上海师范大学2023届硕士学位论文。

292. 徐子亮:《汉语作为外语教学的认知理论研究》,华语教学出版社 2000 年版。

293. 许琳:《汉语国际推广的形势和任务》,《世界汉语教学》2007 年第 2 期。

294. 许世立:《关于韩国部分高等院校汉语教育的几点思考》,《汉语学习》2004 年第 4 期。

295. 薛艳君:《初级阶段对外汉语精读教材评估指标体系研究》,北京语言大学 2006 届硕士学位论文。

296. 闫丽萍、班振林、吴霞:《中亚地区高校汉语教材使用现状调查》,《云南师范大学学报(对外汉语教学与研究版)》2013 年第 6 期。

297. 岩本真理:《关于 CD 教材的几个问题》,《汉日汉语教学国际研讨会文集》,中国社会科学出版社 2001 年版。

298. 杨芳:《马来西亚北方大学〈基础华语·一〉教材分析与优化建议》,兰州大学 2019 届硕士学位论文。

299. 杨恬:《汉语口语教材中含意知识的呈现》,《海外华文教育》2014 年第 4 期。

300. 杨巍:《关于编写专供日本学生使用的初级汉语教材的思考》,《汉语学报》2003 年第 4 期。

301. 杨翼:《培养成段表达能力的对外汉语教材的结构设计》,《汉语学习》2000 年第 4 期。

302. 杨翼:《对外汉语教材练习题的有效性研究》,《语言教学与研究》2010 年第 1 期。

303. 杨德峰:《对外汉语教材中的注音和拼写问题》,《世界汉语教学》1996 年第 1 期。

304. 杨德峰:《试论对外汉语教材的规范化》,《语言教学与研究》1997 年第 3 期。

305. 杨德峰:《初级汉语教材语法点确定、编排中存在的问题——兼议语法点确定、编排的原则》,《世界汉语教学》2001 年第 2 期。

306. 杨德峰:《中日 90 年代汉语教材之比较》,《汉日汉语教学国际研讨会文集》,中国社会科学出版社 2001 年版。

307. 杨德峰:《上世纪 80 年代以来的对外汉语语法教材的"得"与"失"》,《汉语学习》2012 年第 2 期。

308. 杨惠芬、张春平:《多媒体对外汉语教学——21 世纪对外汉语教学的重要手段》,《中国对外汉语教学学会第六次学术讨论会论文选》,华语教学出版社 1999 年版。

309. 杨惠元:《论〈速成汉语初级教程〉的练习设计》,《语言教学与研究》1997 年第 3 期。

310. 杨继光:《交际法与对外汉语初级口语教学:兼评北大版〈初级汉语口语〉教材》,《成都师范高等专科学校学报》2003 年第 1 期。

311. 杨寄洲:《对外汉语教学初级阶段语法项目的排序问题》,《语言教学与研究》2000 年第 3 期。

312. 杨寄洲:《编写初级汉语教材的几个问题》,《语言教学与研究》2003 年第 4 期。

313. 杨金华:《关于对外汉语中级精读教材的思考》,《汉语学习》1999 年第 4 期。

314. 杨小彬:《我国对外汉语教材编写的成就和问题》,《国际汉语教学与研究》2011 年第 7 期。

315. 杨晓黎:《朝鲜中文教科书〈图像注解千字文〉的功能定位及其启示》,《世界汉语教学》2006 年第 4 期。

316. 杨艳辉:《国别化视野启示下的国内本土化对外汉语教材编写》,《亚太教育》2016 年第 19 期。

317. 杨叶华：《针对缅甸学生编写汉语语音教材的思考》，《云南师范大学学报（对外汉语教学与研究版）》2003 年第 1 期。

318. 杨子菁、严越：《中级汉语精读教材中的词汇选取与处理情况分析》，《海外华文教育》2007 年第 1 期。

319. 姚骏：《论功能语法在中高级口语教学中的运用——以中高级口语教材分析为例》，《华文教学与研究》2012 年第 2 期。

320. 姚道中：《试论非常规学生汉语教材的设计》，《海外华文教育》2010 年第 2 期。

321. 叶婷婷、吴应辉：《马来西亚的华语作为第二语言教学教材探析》，《云南师范大学学报（对外汉语教学与研究版）》2010 年第 4 期。

322. 于锦恩：《民国时期东南亚人士编写的国语（华语）教材研究》，《华文教学与研究》2015 年第 4 期。

323. 于锦恩、谷阳：《民国时期大陆学人所编东南亚华校国语教材的特点——以沈百英所编华校国语文教材为例》，《海外华文教育》2015 年第 2 期。

324. 于锦恩、蒋媛、鹿牧：《国语教材〈新编南洋华侨高小国语读本〉简析》，《海外华文教育》2011 年第 3 期。

325. 余心乐：《谈谈对外汉语教材英文注释与说明的"信"与"达"》，《世界汉语教学》1997 年第 3 期。

326. 俞灏敏：《报刊教学综论》，《中国对外汉语教学学会第六次学术讨论会论文选》，华语教学出版社 1999 年版。

327. 元华：《中国对外汉语教学界文化研究 20 年述评》，《北京师范大学学报》（社会科学版）2003 年第 6 期。

328. 袁斐：《汉语个别授课中教材的选用》，《对外汉语一对一个别教授研究》，中国社会科学出版社 2002 年版。

329. 曾君：《对外汉语教材中的"把"字句考察》，《海外华文教育》2014 年第 4 期。

330. 曾天山：《教材论》，江西教育出版社 1997 年版。

331. 曾毅平：《对外汉语中级阅读教材的语体分布》，《华文教学与研究》2012 年第 2 期。

332. 张丽、姜蕾：《海外儿童汉语教材的课文编写研究》，《海外华文教育》2015 年第 4 期。

333. 张璐：《汉语视听说教材练习编写考察及练习设计改进研究》，《云南师范大学学报（对外汉语教学与研究版）》2015 年第 4 期。

334. 张璐、彭艳丽：《基于影视作品改编的中高级汉语视听说教材语料难度分析》，《世界汉语教学》2013 年第 2 期。

335. 张猛：《日本现代初级汉语会话教材的字、词频分析》，《汉日汉语教学国际研讨会文集》，中国社会科学出版社 2001 年版。

336. 张娜：《菲律宾版〈新编华语课本〉中的注音教材评析》，《海外华文教育》2012 年第 4 期。

337. 张恰：《国外主流的教材设计思想述评》，《外国教育研究》2006 年第 2 期。

338. 张榕：《对外汉语教材中的英文翻译偏误分析及解决方法》，《海外华文教育》2011 年第 3 期。

339. 张英：《语义与文化——兼析日本汉语教材》，《汉语学习》1999 年第 6 期。

340. 张英:《语用与文化——兼析日本汉语教材》,《汉语学习》2000 年第 3 期。

341. 张英:《日本汉语教材及分析》,《汉语学习》2001 年第 3 期。

342. 张英:《对外汉语文化教材研究——兼论对外汉语文化教学等级大纲建设》,《汉语学习》2004 年第 1 期。

343. 张英:《"对外汉语文化大纲"基础研究》,《汉语学习》2009 年第 5 期。

344. 张春兴:《教育心理学》,浙江教育出版社 1998 年版。

345. 张德鑫:《从两个〈课题指南〉看对外汉语教学的学科发展》,《中国对外汉语教学学会第六次学术讨论会论文选》,华语教学出版社 1999 年版。

346. 张德鑫:《威妥玛〈语言自迩集〉与对外汉语教学》,《中国语文》2001 年第 5 期。

347. 张德鑫:《从韩国儿童汉语教材的编写谈起》,《天津外国语学院学报》2002 年第 2 期。

348. 张和平:《浅谈中高级汉语视听说教材及视听说三者的关系》,《汉日语言研究文集一》,北京出版社 1998 年版。

349. 张建民:《华文多媒体教材开发的理论基础和方法》,《海外华文教育》2009 年第 2 期。

350. 张建新:《新一代汉语阅读教材课文选材和编排的原则》,《乌鲁木齐职业大学学报》2000 年第 1 期。

351. 张江元:《马来西亚幼儿华文教材编排体例分析》,《海外华文教育》2014 年第 2 期。

352. 张静贤:《关于编写对外汉字教材的思考》,《语言教学与研究》1998 年第 2 期。

353. 张美兰:《从明清海外商务汉语教材的编撰看商务汉语教材的历史》,《海外华文教育》2011 年第 2 期。

354. 张宁志:《汉语教材语料难度的定量分析》,《世界汉语教学》2000 年第 3 期。

355. 张起旺:《1983—1993 对外汉语教材综述》,《中国对外汉语教学学会成立十周年纪念论文选》,北京语言学院出版社 1996 年版。

356. 张树权:《试论海外华文教材本土化新思路》,《云南师范大学学报(对外汉语教学与研究版)》2014 年第 2 期。

357. 张西平:《明清时期的汉语教学概况——兼论汉语教学史的研究》,《世界汉语教学》2002 年第 1 期。

358. 张雪梅:《关于两个英语教材评估标准》,《解放军外国语学院学学报》2001 年第 2 期。

359. 张亚军:《对外汉语教法学》,现代出版社 1990 年版。

360. 张亚军、卢晓逸:《外国人短期汉语进修教材介绍》,《语言教学与研究》1981 年第 2 期。

361. 张燕波:《关于经贸汉语教材建设的回顾与构想》,《海外华文教育》2009 年第 2 期。

362. 张永昱:《新一代商务汉语教材建设的初步构想》,《东北财经大学学报》2004 年第 4 期。

363. 张占一:《汉语个别教学及其教材》,《语言教学与研究》1984 年第 3 期。

364. 张志毅:《读汉语口语教科书》,《语言教学与研究》1993 年第 1 期。

365. 章兼中:《国外外语教学法主要流派》,华东师范大学出版社 1982 年版。

366. 赵明:《对外汉语中级教材中文化词语收词的定量研究》,《海外华文教育》2010 年第 1 期。

367. 赵新、李英:《中级精读教材的分析与评估》,《语言文字应用》2006 年第 2 期。

368. 赵新、刘若云:《关于外向型汉语词典编写的思考与尝试》,《华文教学与研究》2010 年第 3 期。

369. 赵宏勃：《对外汉语文化教材编写思路初探》，《语言文字应用》2005 年第 1 期。

370. 赵建：《对〈对外汉语教材〉编写的几点意见》，《黑龙江教育学院学报》2002 年第 6 期。

371. 赵金铭：《对外汉语教材创新略论》，《世界汉语教学》1997 年第 2 期。

372. 赵金铭：《论对外汉语教材评估》，《语言教学与研究》1998 年第 3 期。

373. 赵金铭：《魏建功先生在朝鲜教汉语和在台湾推广国语的贡献》，《世界汉语教学》2002 年第 3 期。

374. 赵金铭：《跨越与会通——论对外汉语教材研究与开发》，《语言文字应用》2004 年第 5 期。

375. 赵金铭：《教学环境与汉语教材》，《世界汉语教学》2009 年第 2 期。

376. 赵金铭等编：《对外汉语教学探讨集》（北京地区第一届对外汉语教学讨论会论文选），北京大学出版社 1998 年版。

377. 赵金铭主编：《对外汉语教学概论》，商务印书馆 2004 年版。

378. 赵贤洲：《建国以来对外汉语教材研究报告》，《第二届国际汉语教学讨论会论文选》，北京语言学院出版社 1988 年版。

379. 赵贤洲、李卫民：《对外汉语教材教学论》，上海外语教育出版社 1990 年版。

380. 郑通涛、方环海、张涵：《国别化：对外汉语教材编写的趋势》，《海外华文教育》2010 年第 1 期。

381. 钟启泉：《现代课程论》，上海教育出版社 1989 年版。

382. 周芳：《〈体验汉语〉中小学系列教材的编写理念与实践》，《华文教学与研究》2012 年第 4 期。

383. 周红、包旭媛：《对外汉语写作教材考察与分析》，《云南师范大学学报（对外汉语教学与研究版）》2012 年第 1 期。

384. 周健、唐玲：《对外汉语教材练习设计的考察与思考》，《语言教学与研究》2004 年第 4 期。

385. 周丽英：《浅议多媒体在外语教学中的作用及与之相适应的教材编写思路》，《福建外语》1998 年第 2 期。

386. 周小兵：《汉语国际推广形势下的教材编写与汉语研究》，《海外华文教育》2007 年第 1 期。

387. 周小兵：《汉语教材需要本土化吗》，《国际汉语教学研究》2014 年第 1 期。

388. 周小兵：《俄罗斯"仿造版"汉语教材的改编研究》，《云南师范大学学报（对外汉语教学与研究版）》2019 年第 1 期。

389. 周小兵、薄巍、王乐、李亚楠：《国际汉语教材语料库的建设与应用》，《语言文字应用》2017 年第 1 期。

390. 周小兵、陈楠、梁珊珊：《汉语教材本土化方式及分级研究》，《华南师范大学学报》2014 年第 5 期。

391. 周小兵、陈楠：《"一版多本"与海外教材的本土化研究》，《世界汉语教学》2013 年第 2 期。

392. 周小兵、陈楠、郭珺：《基于教材库的全球华文教材概览》，《海外华文教育》2015 年第 2 期。

393. 周小兵、李亚楠、陈楠：《基于教材库的新加坡华文教材分析与思考》，《云南师范大学学报（对外汉语教学与研究版）》2014 年第 6 期。

394. 周小兵、刘娅莉：《初级汉语综合课教材选词考察》，《语言教学与研究》2012 年第 5 期。

395. 周小兵、罗宇、张丽：《基于中外对比的汉语文化教材系统考察》，《语言教学与研究》2010

年第 5 期。

396. 周小兵、谢爽、徐霄鹰：《基于国际汉语教材语料库的中华文化项目表开发》,《华文教学与研究》2019 年第 1 期。

397. 周小兵、张哲、孙荣、伍占凤：《国际汉语教材四十年发展概述》,《国际汉语教育》2018 年第 4 期。

398. 周小兵、赵新：《中级汉语精读教材的现状与新型教材的编写》,《汉语学习》1999 年第 1 期。

399. 周雪林：《浅谈外语教材评估标准》,《外语界》1996 年第 2 期。

400. 朱勇：《汉语阅读教材编写中的若干对矛盾》,《语言教学与研究》2010 年第 6 期。

401. 朱勇：《对外汉语阅读教材国别化的路径》,《云南师范大学学报（对外汉语教学与研究版）》2013 年第 6 期。

402. 朱立元主编：《新世纪　新视野——华东地区对外汉语教学研究论文集》,山西人民出版社 2002 年版。

403. 朱立元主编：《探索与创新——华东地区对外汉语教学论文集》,北京大学出版社 2006 年版。

404. 朱丽云：《对外汉语教学中国文化类课程定位、定量问题的再分析》,《中国对外汉语教学学会第六次学术讨论会论文选》,华语教学出版社 1999 年版。

405. 朱瑞平：《关于对外汉语教学中"古代汉语"教学及教材建设的几点思考》,《北京师范大学学报（人文社会科学版）》2001 年第 6 期。

406. 朱一飞：《关于按地区（文化群落）编写国外中文系使用的中国文化课教材的一些想法》,《新世纪　新视野——华东地区对外汉语教学研究论文集》,山西人民出版社 2002 年版。

407. 朱志平、江丽莉、马思宇：《1998—2008 十年对外汉语教材述评》,《北京师范大学学报》2008 年第 5 期。

408. Hoe Foo Tern：《马来西亚国立大学华语课程教材的研究》,《海外华文教育》2014 年第 1 期。

409. Nur Afifah Binti Elias：《马来西亚汉语教材本土化研究——以〈华语入门〉和〈华语〉为例》,北京外国语大学 2021 届硕士学位论文。

410. L.G.亚历山大：《语言教学法十讲》,科学技术文献出版社 1983 年版。

411. 威妥玛：《语言自迩集》第二版（Published at the Statistical Department of the Inspectorate General of Customs）, Shanghai, 1886.

412. Nunan. J.：*Syllabus design*. Oxford University Press，1991.

413. Van Ek. J.：*Threshold English*. Oxford University Press，1975.

后　　记

　　2004 年上海师范大学对外汉语学院正式成立,随着语言学及应用语言学研究生学位点的落户,通过申报、遴选,我也有幸成为一名硕士生导师,这个"头衔"给我压力,也催人奋进。由于多年从事对外汉语教学与研究工作,在前期相关科研及实践的基础上,我自 2004 年 9 月开始给学院硕士研究生开设"对外汉语教材研究"课程。这门课程在以现代汉语本体研究为主流的学院中稍显"冷门"。2010 年,学院开始招收汉语国际教育专业硕士,"三教"问题日益受到关注,我在教材研究与编写的优势也得以发挥。如今对外汉语学院走过了建院将近 20 年的光辉历程,作为其中的一员,我们也不负韶华各自走过了难忘的 20 年。呈现在大家面前的这本书稿本来应该更早一些完成的,其间因出国研修、博士论文、科研项目结项等各种原因,竟不知不觉中耽搁到了现在。不过我始终相信,一切都是最好的安排。这本书作为一个美丽的句号,也将开启我人生新的篇章。

　　本书主要是我在这些年授课讲义的基础上编写而成的,有些部分我曾经以论文的形式在刊物、论文集或会议上发表过,还有些内容是自己编写教材的实例。在多年的备课过程中,我参考了应用语言学以及对外汉语专业的基础教材、第二语言教材相关的图书、对外汉语教材研究的专著,当然还有大量的对外汉语教材编写和研究的论文等文献。关于教学与教材的研究每年成果丰硕,它们给了我充分的滋养,恕不一一列出,在此谨向各位前辈和学者表示衷心的感谢。

　　这里也要对我的历届研究生表示衷心的感谢。感谢我的大弟子 2007 届的硕士研究生武荣强、肖亚西,还有 2008 届的高明杰、孔李茜等同学,他们以极大的勇气选择撰写与教材研究相关的硕士论文,以实际行动对我"对外汉语教材研究"方向进行有力支持;感谢我的硕士研究生李涓、陈萍、陈洪磊、武荣强、房晓蓓、赵翔、范彦和我一起参与了教材《风光汉语·中级泛读》(Ⅰ·Ⅱ)的编写,杨凯、徐天龙、汪小淑等也做了许多有益的工作;感谢我的硕士研究生任蓓为教材《游学中国》《游学上海》进行日语校对和修改工作;感谢我的硕士研究生刘雅琪、谢铭洁、田园、刘佳帮助我收集资料、梳理参考文献，特别是刘雅琪同学，虽然已经毕业离校，但仍抽出业余时间帮助我进行书稿最后的整合和校对。教学相长，借此机会我也要感谢这么多年来选修我这门课程的同学们，他们在学习中遇到的问题以及课堂讨论中提出的意见、建议充实了我书稿的内容。

感谢我的至爱亲朋，感谢我的良师益友，你们一直在背后默默地鼓励和支撑着我。如果没有你们，这本书也许难以在今年面世。

感谢"上海师范大学研究生课程建设项目"的大力支持。感谢范开泰教授，虽已80岁高龄仍欣然同意为拙作作序，这是对我极大的鼓励，也是晚辈的无上荣幸。

限于作者的能力、学力及视野，书中难免会有错误和疏漏之处，谨请专家、同行及同学提出宝贵意见。

石慧敏

2023 年 10 月

图书在版编目(CIP)数据

对外汉语教材概论/石慧敏著.—上海:学林出
版社,2023
ISBN 978 - 7 - 5486 - 1971 - 0

Ⅰ.①对… Ⅱ.①石… Ⅲ.①对外汉语教学-教材-
概论 Ⅳ.①H195.1

中国国家版本馆 CIP 数据核字(2023)第 199323 号

责任编辑 王思媛
封面设计 严克勤

对外汉语教材概论
石慧敏 著

出　　　版　学林出版社
　　　　　　(200001　上海市闵行区号景路 159 弄 C 座)
发　　　行　上海人民出版社发行中心
　　　　　　(200001　上海市闵行区号景路 159 弄 C 座)
印　　　刷　上海商务联西印刷有限公司
开　　　本　720×1000　1/16
印　　　张　17
字　　　数　30 万
版　　　次　2023 年 10 月第 1 版
印　　　次　2023 年 10 月第 1 次印刷
ISBN 978 - 7 - 5486 - 1971 - 0/H·160
定　　　价　88.00 元